처음
만나는
수능어법

예비

매일

3 단계로
훈련하는

영어 수능 어법

중학 영문법을 총정리하고
수능 어법의 기본기를
확실히 다지는

구성과 특징

 **STEP 1**

고교까지 가져갈 중학 영문법 핵심 총정리!
수능 어법 핵심 이론 & EXERCISE

❶ 수능+내신을 동시에 잡는 핵심 어법 포인트 정리

중학 문법 내용 중, 고교에서도 중요한 핵심 개념을 쏙쏙 뽑아 일목요연하게 학습합니다.

❸ 기출+응용문제 확인

실제 수능+학평 기출에는 문법 개념이 어떻게 응용되는지 기출+응용 문제로 살펴봅니다.

❷ 대표 예문 & 암기 포인트 확인

개념마다 풍부하게 수록된 예문으로 살아 있는 문법을 학습하고, 암기 포인트는 반드시 외워둡니다.

❹ EXERCISE

개념을 바로 응용해볼 수 있는 엄선된 기출+변형 예문으로 문법 응용력을 본격적으로 키웁니다.

앞에서 본 개념+예문, 변형 문제로 복습!

REVIEW TEST

❶ 어법 변형 문제풀이

수능+내신 기출 포인트를 완벽히 반영한 복습 테스트로 빈출 개념을 다시 확인합니다.

❷ 핵심 개념 CHECK

문제에 담긴 핵심 개념을 확인하며, 추가로 복습할 부분을 파악합니다.

❸ 문장 해석 CHECK

혼자 해석하기 어려운 문장은 그 의미도 놓치지 않고 복습합니다.

구성과 특징

STEP **3** 수능+내신 어법 실력을 단단히 굳히는
단원 종합 TEST

❶ 내신형 문제 정복

객관식, 주관식, 서술형까지 다양한 유형의
문제로 내신 포인트를 총정리합니다.

❸ 수능형 문제 정복

독해력을 함께 요구하는 수능형 어법 문제를
풀며, 문맥 속에서 출제 포인트를 찾는 방법
을 훈련합니다.

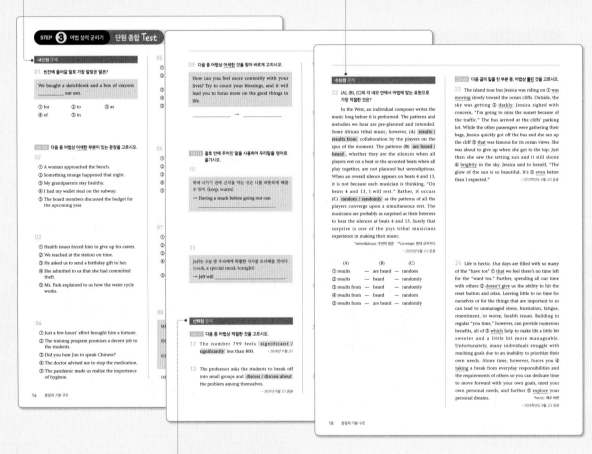

❷ 선택형 문제 정복

양자택일형 어법 문제로 수능에 자주
나오는 개념을 복습합니다.

마무리 복습은 선택이 아닌 필수 코스!

정답 및 해설 & 단어 LIST

❶ 문항별 친절한 해설

숨은 핵심 개념과 출제 포인트를 낱낱이
밝혀주는 상세한 해설과 함께 올바른
문제풀이법을 훈련합니다.

❸ DAY별 필수 단어 LIST

수능+학평에 자주 나오는 DAY별
단어 LIST와 함께, 어휘의 기본기도
길러보세요.

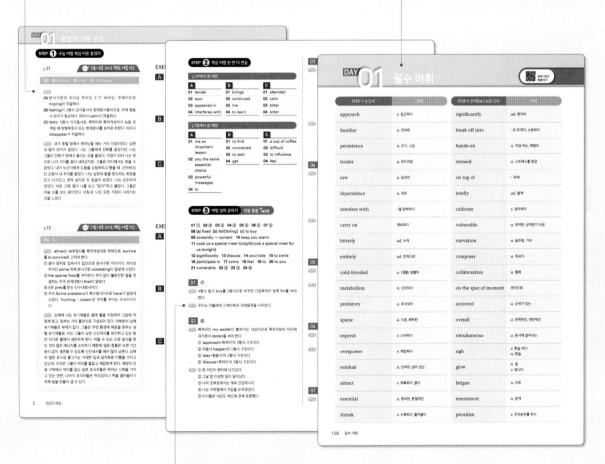

❷ 문장별 정확한 해석

'독해' 안에서 문법을 묻는 수능식
문제에 대비해 친절하고 자연스러운
해석을 제공합니다.

CONTENTS

단 **15**일만에 완성하는
수능 영어 **핵심 어법**

좋은 기출 문장과
기본기 향상을
확실히 이끄는
영어 공부법의 만남

DAY	단원	문법 Point	페이지
DAY 01	문장의 기본 구조	1형식 문장 / 2형식 문장	pp. 10~18
		3형식 문장	
		4형식 문장	
		5형식 문장	
DAY 02	동사	5형식 문장 ① 지각동사	pp.20~28
		5형식 문장 ② 사역동사	
		5형식 문장 ③ to부정사 목적격보어	
		형태상 혼동하기 쉬운 동사	
DAY 03	시제/조동사	현재시제 / 미래시제	pp.30~38
		과거시제 / 현재완료 / 과거완료	
		다양한 조동사	
		조동사+have p.p. / 기타 조동사	
DAY 04	수동태	수동태의 형태와 의미	pp. 40~48
		4형식 문장의 수동태	
		5형식 문장의 수동태	
		수동태 관용표현 / 구동사의 수동태	
DAY 05	to부정사	to부정사의 명사적 용법	pp. 50~58
		to부정사의 형용사적 용법	
		to부정사의 부사적 용법	
		가주어-진주어 구문 / to부정사의 의미상 주어	
DAY 06	동명사	동명사의 명사적 용법	pp. 60~68
		동명사의 의미상 주어 / 동명사의 시제와 태	
		동명사/to부정사를 목적어로 취하는 동사	
		동명사의 관용표현	
DAY 07	분사	현재분사와 과거분사	pp. 70~78
		분사의 역할	
		분사구문의 기본	
		분사구문의 응용	

DAY	단원	문법 Point	페이지
DAY 08	명사절과 부사절	that 명사절 whether 명사절 / 의문사가 이끄는 명사절 시간, 이유, 조건의 부사절 양보, 목적, 결과의 부사절	pp. 80~88
DAY 09	관계사	관계대명사의 종류와 의미 관계대명사의 생략 / 계속적 용법 관계부사의 종류와 의미 복합관계사	pp.90~98
DAY 10	명사와 대명사	명사의 종류 관사의 용법 인칭대명사 / 재귀대명사 부정대명사	pp.100~108
DAY 11	형용사와 부사	형용사의 용법 부사의 역할과 의미 비교구문 최상급	pp. 110~118
DAY 12	가정법	가정법 과거 / 가정법 과거완료 혼합가정법 / 가정법 미래 I wish / as if 가정법 가정법 관용표현 / 가정법 도치	pp. 120~128
DAY 13	특수구문	병렬구조 생략 / 삽입 구문 강조 구문 도치 구문	pp. 130~138
DAY 14~15		**실전 TEST** 기출 변형 30제	pp.140~155
부 록		**DAY별 수능 필수 어휘**	pp. 158~172

최신 **10**개년 고1, 고2,
고3 **기출** 예문 엄선

3단계 반복 훈련으로
중요 기출 어법
완벽 마스터

DAY 01
문장의 기본 구조

Point 01   1형식 문장 / 2형식 문장
Point 02   3형식 문장
Point 03   4형식 문장
Point 04   5형식 문장

수능+내신 핵심 포인트

- ✔ 문장의 주어-동사 파악
- ✔ 문장의 보어가 될 수 있는 품사
- ✔ 자동사로 착각하기 쉬운 타동사
- ✔ 목적격 보어의 종류

주어, 동사, 목적어, 보어는 문장의 구성 요소이다. 이 요소들이 문장 속에서 어떻게 구성되는지에 따라 문장의 형식이 달라진다.

STEP 1 수능 어법 핵심 이론 총정리

01 1형식 문장 / 2형식 문장

동작의 대상인 목적어 없이 '주어+동사'의 뼈대로 구성되는 문장 형태이다.

(1) 1형식 문장

형태 주어+동사(+수식어)

예문 The machine did not work. 그 기계는 작동하지 않았다.
주어 ── 동사

The Sun rises in the east. 태양은 동쪽에서 뜬다.
주어 ─ 동사 ─ 수식어(부사구)

암기 시험에 자주 나오는 1형식 동사

주요 1형식 동사	이동	come, go, arrive
	생사/출현	exist, live, die / appear, disappear
	발생	happen, occur, take place, arise
	증감	rise, fall

(2) 2형식 문장

형태 주어+동사+보어

예문 He still remains a hero. 그는 여전히 영웅이다.   He looks happy. 그는 행복해 보인다.
주어 ── 동사 ── 보어(명사)   주어 ─ 동사 ─ 보어(형용사)

암기 시험에 자주 나오는 2형식 동사

주요 2형식 동사	상태 유지	be(~이다), remain, stay, keep(계속 ~하다)
	상태 변화	become, get, grow, turn(~하게 되다)
	감각/판단 동사	look, feel, sound, taste, smell / seem, appear(~한 것 같다)

> **빈출되는 '자동사+전치사'**
> consist of: ~로 구성되다
> account for: ~을 설명하다
> agree to: ~에 동의하다
> object to: ~에 반대하다
> interfere with: ~을 방해하다
> apologize for: ~을 사과하다
> wait for: ~을 기다리다
> participate in: ~에 참가하다
> depend on: ~에 의지하다
> ⇓
> 하나의 타동사처럼 쓰임

> 부사는 주격보어가 되지 못한다.
> They remain **silent**(silently).

02 3형식 문장

동작의 주체와 대상인 주어, 목적어가 모두 나오는 가장 기본적인 문장 형태이다.

(1) 3형식 문장

형태 주어+동사+목적어

예문 We discussed the issue. 우리는 그 문제를 논의했다.
주어 ── 동사 ── 목적어

The baby began to cry. 아기가 울기 시작했다.
주어 ── 동사 ── 목적어

I don't know how to swim. 나는 수영하는 법을 모른다.
주어 ─ 동사 ── 목적어

(2) 자동사로 속기 쉬운 3형식 동사: 의미상 전치사가 필요해 보이지만 전치사를 쓰면 안 된다.

mention (about)	언급하다	**approach** (to)	접근하다	**marry** (with)	결혼하다
discuss (about)	논의하다	**answer** (to)	답하다	**resemble** (with)	닮다
consider (about)	고려하다	**attend** (at)	참석하다	**greet** (with)	인사하다
address (about)	다루다	**enter** (into)	들어가다	**reach** (at)	도착하다

예문 I **answered** his letter. 나는 그의 편지에 답했다.   She **married** a lawyer. 그녀는 변호사와 결혼했다.

We **entered** the mall. 우리는 매장에 들어갔다.   He **approached** the dog. 그는 개에게 다가갔다.

He **resembles** his uncle. 그는 자기 삼촌을 닮았다.   They **greeted** each other. 그들은 서로 인사했다.

> **목적어의 종류**
> · I like apples. (명사)
> · Mark loved her. (대명사)
> · I wish to travel abroad.
>   (to부정사구)
> · She enjoys watching
>   movies. (동명사구)
> · I think that he is smart.
>   (명사절)

(A), (B), (C)의 각 네모 안에서 어법에 맞는 표현으로 가장 적절한 것은?

When I woke up in our hotel room, it was almost midnight. I didn't see my husband nor daughter. I called them, but I heard their phones ringing in the room. Feeling worried, I went outside and walked down the street, but they were nowhere to be found. When I decided I should ask someone for help, a crowd nearby caught my attention. I approached, **(A)** hoped / hoping to find my husband and daughter, and suddenly I saw two familiar faces. I smiled, feeling **(B)** calm / calmly . Just then, my daughter saw me and called, "Mom!" They were watching the magic show. Finally, I felt all my worries **(C)** to disappear / disappear . · 2023년 고1 6월 응용

문제 해결의 Key

(A) 콤마 앞의 완전한 주절 뒤로 분사구문이 연결되는 자리이다.

(B) Feeling 뒤에 보어가 필요하다.

(C) 지각동사의 목적어가 목적격보어의 행위 주체인 경우, 원형부정사 또는 현재분사를 보어 자리에 쓴다.

EXERCISE

A 다음 문장의 주어, 동사, 보어를 표시하시오. (단, 보어가 <u>없는</u> 문장이 포함되어 있음)

01 The meat became tender enough to eat raw.

02 The milk turned sour overnight.

03 She appeared in my dream last night.

04 A heavy dependence on natural capital interferes with economic growth. · 2020년 3월 고2 응용

B 다음 문장의 주어, 동사, 목적어를 표시하시오.

01 A child brings great joy to their parents.

02 The worried client continued his story.

03 With a friendly smile, Ms. Lee greeted me by name.

04 You need to learn to deal with failures in life.

C 다음 문장에서 어법상 <u>틀린</u> 부분을 찾아 바르게 고치시오.

01 He attended at the meeting yesterday.

02 "Keep calmly and carry on" is a popular phrase that promotes persistence.

03 Good medicine tastes bitterly in the mouth.

04 Type your real name when you enter into the chatroom. · 2021년 6월 고1

03 4형식 문장 '~에게 …을 ~해주다'라는 의미로, 목적어가 2개로 확장되는 문장 형태이다.

(1) 4형식 문장

형태 주어+동사(˚~해주다)+간접목적어(~에게)+직접목적어(~을) → 어순 주의!

예문 She gave him a flower. 그녀는 그에게 꽃을 주었다.
주어 　동사 간접목적어 직접목적어

Nina made her kids strawberry pies. Nina는 자신의 아이들에게 딸기 파이를
주어 　동사 　간접목적어 　　직접목적어 　　만들어 주었다.

암기 대표적인 4형식 동사(=수여동사)

| give | send | bring | write | read | buy | make | offer | promise |
| ask | show | choose | tell | teach | lend | find | build | get |

(2) 4형식 문장의 3형식 전환: 4형식을 3형식으로 바꿀 때, 간접목적어 앞에 전치사를 붙인다.

to를 쓰는 동사	show, teach, tell, give, send, write, offer, sell, pay, allow
	He **wrote** his friend a card. 그는 자기 친구에게 카드를 주었다.
	→ He **wrote** a card **to** his friend.
for를 쓰는 동사	buy, make, find, cook, get, choose, order, build
	She **made** him pizza. 그녀는 그에게 피자를 만들어 주었다.
	→ She **made** pizza **for** him.
of를 쓰는 동사	ask, inquire
	I **asked** him a question. 나는 그에게 질문을 했다.
	→ I **asked** a question **of** him.

4형식 불가 동사(항상 3형식)
: explain, announce, suggest, introduce, confess 등

· He explained **his situation to me**(me his situation).
· Can I introduce **my wife to you**(you my wife)?

04 5형식 문장 목적어를 보충 설명하는 보어까지 있어야 의미가 완성되는 문장 형태이다.

(1) 5형식 문장

형태 주어+동사+목적어+목적격보어 → 의미상 주어-술어의 관계!

예문 We named our child Jake. 우리는 아이를 Jake라고 이름 지었다.
주어 　동사 　목적어 　목적격보어

I want you to finish your homework soon. 나는 네가 숙제를 곧 끝내길 바란다.
주어 동사 목적어 　　　목적격보어

(2) 목적격보어의 종류

명사/형용사 보어	목적어와 동격을 이루거나 목적어의 상태 설명
	She **named** her puppy **Bobby**. 그녀는 강아지를 Bobby라 이름 지었다.
	The news **made** us **happy**. 그 소식은 우리를 행복하게 했다.
to부정사 보어	요구, 기대, 허용 등의 의미를 갖는 동사 뒤에서 목적어의 행위 설명
	I **expect** her **to pass** the test. 나는 그녀가 시험에 통과하길 기대한다.
	She **allowed** him **to go** home. 그녀는 그가 집에 가도록 허락했다.
원형부정사 보어	지각/사역동사 뒤에서 목적어와 목적격보어가 능동 관계일 때 사용
	I **heard** someone **knock** on the door. 나는 누가 노크하는 소리를 들었다.
	She **noticed** them **come** in. 그녀는 그들이 들어오는 것을 보았다.
현재분사 보어	목적어와 목적격보어가 능동 관계일 때 사용
	We **saw** him **crossing** the street. 우리는 그가 길 건너는 것을 보았다.
	She **found** him **shedding** tears. 그녀는 그가 눈물 흘리는 것을 보았다.
과거분사 보어	목적어와 목적격보어가 수동 관계일 때 사용
	He **heard** his name **called**. 그는 자기 이름이 불리는 소리를 들었다.
	I **got** my bike **stolen**. 나는 자전거를 도둑맞았다.

대표적인 5형식 동사
· 명사를 보어로 쓰는 동사
: make, call, name, elect 등
· 형용사를 보어로 쓰는 동사
: make, leave, keep, find 등
· to부정사를 보어로 쓰는 동사
: allow, ask, cause, force, encourage, expect, order, persuade, tell 등
· 지각동사
: see, watch, hear, feel 등
· 사역동사: make, have, let

다음 글의 밑줄 친 부분 중, 어법상 틀린 것은?

Organisms living in the deep sea have adapted to the high pressure by storing water in their bodies, some ① consisting almost entirely of water. Most deep-sea organisms lack gas bladders. They are cold-blooded organisms that adjust their body temperature to their environment, allowing them ② survive in the cold water while maintaining a low metabolism. Many species lower their metabolism so much that they are able to survive without food for long periods of time, as finding the sparse food ③ that is available expends a lot of energy. Many predatory fish of the deep sea are equipped with enormous mouths and sharp teeth, enabling them to hold on to prey and overpower ④ it. Some predators hunting in the residual light zone of the ocean ⑤ have excellent visual capabilities, while others are able to create their own light to attract prey or a mating partner.

*bladder: (물고기의) 부레

• 2021년 9월 고2 응용

문제 해결의 Key

① 분사구문의 능수동은 의미상 주어를 기준으로 판단한다.
② allowing의 목적격보어이다.
③ 관계대명사 that 앞에는 선행사가 나오고, 뒤에는 불완전한 문장이 나온다.
④ 앞에 it이 받을 수 있는 단수명사가 있는지 살펴봐야 한다.
⑤ 주어가 단수인지 복수인지 살펴봐야 한다.

EXERCISE

A 다음 문장의 간접목적어와 직접목적어를 표시하시오.

01 Spending time with Mike's dad taught me an important lesson about money.

02 Both situations offer you the same essential choice.

03 The vivid images send your brain powerful messages.

04 Exercising gives you more energy and keeps you from feeling exhausted.　• 2018년 11월 고1

B 다음 문장의 목적어와 목적격보어를 표시하시오.

01 My parents helped me to find purpose in my life.

02 Gratitude keeps you connected to others.　• 2022년 고2 6월

03 Marie asked me to wait and ran back into the restaurant.　• 2022년 11월 고1

04 Don't let yourself get thirsty because you are making your brain shrink.　• 2013년 9월 고1

C 다음 문장에서 어법상 틀린 부분을 찾아 바르게 고치시오.

01 She made me for a cup of coffee.

02 When you try to push a book along the floor, friction makes this difficultly.　• 2022년 6월 고1

03 We allow other people influence our choices.　• 2022년 6월 고1

04 Every event that causes you to smile makes you feeling happy.　• 2020년 6월 고1

13

번호	**p.11**에서 본 예문 ▶ 다음 중 어법상 적절한 것을 고르시오.	핵심 개념	문장 해석
A 01	The meat became tender / tenderly enough to eat raw.	become은 2형식 동사이다.	그 고기는 날것으로 먹기에 충분히 부드러워졌다.
02	The milk turned sourly / sour overnight.	turn은 2형식 동사(~하게 되다)이다.	그 우유는 하룻밤 사이에 상했다.
03	She appeared / appeared in my dream last night.	appear는 1형식 동사이다.	그녀는 어젯밤 내 꿈에 나왔다.
04	A heavy dependence on natural capital interferes / interferes with economic growth.	interfere는 단독으로 목적어를 취할 수 없는 1형식 동사이다.	자연 자본에 대한 과도한 의존은 경제 성장을 저해한다.
B 01	A child bringing / brings great joy to their parents.	주어와 목적어 사이에는 동사가 필요하다.	아이는 부모에게 큰 기쁨을 준다.
02	The worried client continuing / continued his story.	주어와 목적어 사이에는 동사가 필요하다.	걱정에 찬 그 의뢰인은 이야기를 계속했다.
03	With a friendly smile, Ms. Lee greeted with me / me by name.	greet는 3형식 동사이다.	다정한 미소를 띠고서, Lee 선생님은 내 이름을 부르며 인사했다.
04	You need learning / to learn to deal with failures in life.	need는 to부정사를 목적어로 취한다.	여러분은 인생의 실패에 대처하는 법을 배워야 한다.
C 01	He attended / attended at the meeting yesterday.	attend는 3형식 동사이다.	그는 어제 그 회의에 참석했다.
02	"Keep calm / calmly and carry on" is a popular phrase that promotes persistence.	keep은 2형식 동사이다.	'진정하고 (하던 일을) 계속하세요'는 끈기를 장려하는 인기 있는 문구다.
03	Good medicine tastes bitter / bitterly in the mouth.	taste는 2형식 감각동사이다.	좋은 약은 입에 쓰다.
04	Type your real name when you enter / enter into the chatroom.	enter는 3형식 동사이다.	채팅방에 들어올 때 실명을 적어주세요.

번호	p.13에서 본 예문	핵심 개념	문장 해석
A 01	Spending time with Mike's dad taught me an important lesson / an important lesson me about money.	4형식 문장에서 간접목적어는 직접목적어보다 앞에 위치한다.	Mike의 아버지와 시간을 보낸 것은 내게 돈에 관한 중요한 교훈을 가르쳐줬다.
02	Both situations offer the same essential choice you / you the same essential choice .	4형식 문장에서 간접목적어는 직접목적어보다 앞에 위치한다.	두 상황은 모두 당신에게 똑같은 중요한 선택을 제시한다.
03	The vivid images send your brain to powerful messages / powerful messages .	직접목적어 앞에는 전치사가 필요 없다.	생생한 이미지들은 당신의 뇌에 강력한 메시지를 전달해준다.
04	Exercising gives more energy for / to you and keeps you from feeling exhausted.	4형식 동사 give는 3형식으로 바뀔 때 간접목적어 앞에 to를 쓴다.	연습은 여러분에게 더 많은 에너지를 주며 여러분이 지치지 않게 해준다.
B 01	My parents helped me finding / to find purpose in my life.	help는 to부정사 또는 원형부정사를 목적격보어로 취한다.	내 부모님은 내가 삶의 목적을 찾도록 도와주었다.
02	Gratitude keeps you connect / connected to others.	you는 타인과 '연결되는' 대상이다.	감사는 당신을 다른 사람들과 계속 연결되게 해준다.
03	Marie asked me wait / to wait and ran back into the restaurant.	ask는 to부정사를 목적격보어로 취한다.	Marie는 내게 기다리라고 하고 식당으로 다시 뛰어 들어갔다.
04	Don't let yourself to get / get thirsty because you are making your brain shrink.	let은 사역동사이다.	자신을 갈증 난 상태로 두지 말라. 뇌를 수축하게 만드는 것이기 때문이다.
C 01	She made me a cup of coffee / for a cup of coffee .	직접목적어 앞에는 전치사가 필요 없다.	그녀는 내게 커피 한 잔을 만들어 주었다.
02	When you try to push a book along the floor, friction makes this difficult / difficultly .	make는 5형식 동사이다.	여러분이 바닥을 따라 책을 밀려고 할 때, 마찰력은 이를 어렵게 만든다.
03	We allow other people to influence / influencing our choices.	allow는 to부정사를 목적격보어로 취한다.	우리는 다른 사람들이 우리 선택에 영향을 주도록 허용한다.
04	Every event that causes you to smile makes you feel / to feel happy.	make는 사역동사이다.	여러분을 미소 짓게 하는 모든 일이 여러분을 행복해지게 한다.

내신형 문제

01 빈칸에 들어갈 말로 가장 알맞은 말은?

> We bought a sketchbook and a box of crayons _____ our son.

① for ② to ③ as
④ of ⑤ in

02~04 다음 중 어법상 어색한 부분이 있는 문장을 고르시오.

02

① A woman approached the bench.
② Something strange happened that night.
③ My grandparents stay healthy.
④ I had my wallet steal on the subway.
⑤ The board members discussed the budget for the upcoming year.

03

① Health issues forced him to give up his career.
② We reached at the station on time.
③ He asked us to send a birthday gift to her.
④ She admitted to us that she had committed theft.
⑤ Ms. Park explained to us how the water cycle works.

04

① Just a few hours' effort brought him a fortune.
② The training program promises a decent job to the students.
③ Did you hear Jim to speak Chinese?
④ The doctor advised me to stop the medication.
⑤ The pandemic made us realize the importance of hygiene.

05 주어진 문장의 형식을 잘못 나타낸 것은?

① Realism emerged in France in the 1840s. (1형식)
② The causes of the explosion remain a mystery. (2형식)
③ I finally finished writing my first draft. (3형식)
④ Volunteer work gives me great pleasure. (4형식)
⑤ She told me that she was moving to another city. (5형식)

06 다음 중 밑줄 친 단어의 쓰임이 다른 것은?

① Two big lawsuits made her an excellent lawyer.
② His portraits made him famous.
③ His uncertain attitude made me confused.
④ I made him pack up his books and go to bed.
⑤ She made me a gorgeous wedding gown.

07 빈칸에 알맞은 말이 나머지와 다른 하나는?

① He offers useful information _____ tourists.
② The children asked lots of questions _____ me.
③ The magician asked her _____ come forward.
④ The study of genetics caused us _____ change our way of life.
⑤ The waiter gave good service _____ us.

08 괄호 안에 주어진 말의 알맞은 형태를 각각 쓰시오.

> (a) You'd better have your car ___(fix)___ if you don't want it to break down.
> (b) They observed an apple ___(fall)___ from a tree.
> (c) The salesman persuaded me ___(buy)___ his product.

(a) _____ (b) _____ (c) _____

09 다음 중 어법상 어색한 것을 찾아 바르게 고치시오.

How can you feel more contently with your lives? Try to count your blessings, and it will lead you to focus more on the good things in life.

_____ → _____

10~11 괄호 안에 주어진 말을 사용하여 우리말을 영어로 옮기시오.

10

밖에 나가기 전에 간식을 먹는 것은 너를 따뜻하게 해줄 수 있어. (keep, warm)

→ Having a snack before going out can _____.

11

Jeff는 오늘 밤 우리에게 특별한 식사를 요리해줄 것이다. (cook, a special meal, tonight)

→ Jeff will _____.

선택형 문제

12~21 다음 중 어법상 적절한 것을 고르시오.

12 The number 799 feels significant / significantly less than 800. • 2018년 11월 고1

13 The professsor asks the students to break off into small groups and discuss / discuss about the problem among themselves.
• 2021년 9월 고1 응용

14 Our one-day spring farm camp gives your kids / your kids to true, hands-on farm experience.
• 2021년 3월 고1

15 Force your face smile / to smile even when you are stressed or feel unhappy. • 2020년 6월 고1

16 Ten toy companies will participate / participate in the sale. • 2020년 3월 고1

17 He had heard someone come / to come into his room. • 2021년 9월 고1

18 When you make a person feel / feeling a great sense of importance, he or she will feel on top of the world. • 2019년 3월 고1

19 He decided to write an email of / to the counselor to ask for advice.

20 Since it's the first day of our class, I'll briefly introduce you / to you the basic concepts of social psychology.

21 Relying on only a few varieties of cultivated crops can leave humankind vulnerable / vulnerably to starvation. • 2021년 9월 고2

22 (A), (B), (C)의 각 네모 안에서 어법에 맞는 표현으로 가장 적절한 것은?

In the West, an individual composer writes the music long before it is performed. The patterns and melodies we hear are pre-planned and intended. Some African tribal music, however, **(A)** results / results from collaboration by the players on the spur of the moment. The patterns **(B)** are heard / heard , whether they are the silences when all players rest on a beat or the accented beats when all play together, are not planned but serendipitous. When an overall silence appears on beats 4 and 13, it is not because each musician is thinking, "On beats 4 and 13, I will rest." Rather, it occurs **(C)** random / randomly as the patterns of all the players converge upon a simultaneous rest. The musicians are probably as surprised as their listeners to hear the silences at beats 4 and 13. Surely that surprise is one of the joys tribal musicians experience in making their music.

*serendipitous: 우연히 얻은 **converge: 한데 모아지다

• 2020년 9월 고2 응용

	(A)		(B)		(C)
①	results	—	are heard	—	random
②	results	—	heard	—	randomly
③	results from	—	heard	—	randomly
④	results from	—	heard	—	random
⑤	results from	—	are heard	—	randomly

23~24 다음 글의 밑줄 친 부분 중, 어법상 **틀린** 것을 고르시오.

23 The island tour bus Jessica was riding on ① was moving slowly toward the ocean cliffs. Outside, the sky was getting ② darkly. Jessica sighed with concern, "I'm going to miss the sunset because of the traffic." The bus arrived at the cliffs' parking lot. While the other passengers were gathering their bags, Jessica quickly got off the bus and she ran up the cliff ③ that was famous for its ocean views. She was about to give up when she got to the top. Just then she saw the setting sun and it still shone ④ brightly in the sky. Jessica said to herself, "The glow of the sun is so beautiful. It's ⑤ even better than I expected."

• 2023학년도 6월 고3 응용

24 Life is hectic. Our days are filled with so many of the "have tos" ① that we feel there's no time left for the "want tos." Further, spending all our time with others ② doesn't give us the ability to hit the reset button and relax. Leaving little to no time for ourselves or for the things that are important to us can lead to unmanaged stress, frustration, fatigue, resentment, or worse, health issues. Building in regular "you time," however, can provide numerous benefits, all of ③ which help make life a little bit sweeter and a little bit more manageable. Unfortunately, many individuals struggle with reaching goals due to an inability to prioritize their own needs. Alone time, however, forces you ④ taking a break from everyday responsibilities and the requirements of others so you can dedicate time to move forward with your own goals, meet your own personal needs, and further ⑤ explore your personal dreams.

*hectic: 매우 바쁜

• 2019학년도 9월 고3 응용

DAY 02
동사

Point 01 5형식 문장 ① 지각동사

Point 02 5형식 문장 ② 사역동사

Point 03 5형식 문장 ③ to부정사 목적격보어

Point 04 형태상 혼동하기 쉬운 동사

수능 + 내신 핵심 포인트

- ✅ 지각·사역동사의 목적격보어
- ✅ 목적격보어 '능동 vs. 수동' 판단
- ✅ to부정사를 목적격보어로 취하는 동사
- ✅ 형태가 헷갈리는 자동사-타동사 구별

DAY 02 동사

문장 형식 중 시험에 가장 많이 나오는 5형식 동사를 자세히 알아보자.
추가로, 형태에 주의할 자동사·타동사도 살펴보자.

STEP 1 수능 어법 핵심 이론 총정리

01 5형식 문장 ① 지각동사

지각동사는 인간의 감각과 관련된 5형식 동사로, 원형부정사/현재분사/과거분사를 목적격보어로 취한다.

(1) 지각동사의 목적격보어

[정리] 목적어-목적격보어가 능동 관계일 때: 원형부정사, 현재분사

목적어-목적격보어가 수동 관계일 때: 과거분사

[예문] I saw him **play** the cello.　나는 그가 첼로 연주하는 것을 들었다.
　　　 목적어　목적격보어(능동)

I saw him **playing** the cello.　나는 그가 첼로를 연주하고 있는 것을 들었다. → 진행 강조
　목적어　　목적격보어(능동)

Have you heard a cello **played** live?　첼로가 라이브로 연주되는 것을 들어본 적 있어?
　　　　　목적어　목적격보어(수동)

목적어-목적격보어의 관계
· 능동 관계: 목적어가 목적격보어의 행위를 행하는 주체
· 수동 관계: 목적어가 목적격보어의 행위를 당하는 대상

(2) 지각동사의 종류

주요 지각동사	see, watch, notice, observe, look at(보다)
	He **watched** his son **sleep** in the room.　그는 아들이 방에서 자는 것을 보았다.
	I **noticed** a truck **parked** near my house.　나는 집 근처에 트럭이 주차된 것을 보았다.
	hear, listen to(듣다)
	They **heard** the choir **singing**.　그들은 합창단이 노래하는 소리를 들었다.
	Come **listen to** him **talk** about his trip!　오셔서 그의 여행 이야기를 들어보세요!
	feel(느끼다), taste(맛보다), smell(냄새 맡다)
	He **felt** someone **tap** his shoulder.　그는 누군가 어깨를 두드리는 것을 느꼈다.
	She suddenly **smelled** something **burning**.　그녀는 문득 뭔가 타는 냄새를 맡았다.

02 5형식 문장 ② 사역동사

사역동사 make, have, let은 '(목적어가) ~하게 하다'라는 의미로, 원형부정사/과거분사를 목적격보어로 취한다.

(1) 사역동사의 목적격보어

[정리] 목적어-목적격보어가 능동 관계일 때: 원형부정사

목적어-목적격보어가 수동 관계일 때: 과거분사

[예문] I had him **repair** my smartphone.　나는 그에게 내 스마트폰을 수리하게 했다.
　　　 목적어　　목적격보어(능동)

I had my smartphone **repaired**.　나는 내 스마트폰이 수리되도록 맡겼다.
　　　목적어　　　목적격보어(수동)

have+목적어+현재분사
사역동사 중 have는 원형부정사 대신 현재분사를 보어로 쓸 때도 있다.
I had him **writing(= write)** to her.
(him이 '편지를 쓰는' 주체)

(2) 사역동사의 종류

주요 사역동사	사역동사	make, have, let + 목적어 + 원형부정사/과거분사
		He **let** me **use** his pen.　그는 내게 자기 펜을 쓰라고 허락했다.
		I **had** my nails **done**.　나는 손톱 손질을 했다.
	준사역동사	get + 목적어 + to부정사/현재분사/과거분사
		She **got** me **to tell** her the truth.　그녀는 내가 사실을 말하게 했다.
		He **got** his bike **stolen**.　그는 자전거를 도둑맞았다.
		help + 목적어 + 원형부정사/to부정사
		Maps **help** us **find** our way.　지도는 우리가 길을 찾도록 도와준다.
		She **helped** the old man **to walk**.　그녀는 노인이 걷는 것을 도왔다.

let/help+목적어+be p.p.
let/help의 목적어와 목적격보어가 수동 관계이면 목적격보어 자리에 'be+과거분사' 형태가 쓰인다.
He helped his friend **be elected** president.
(his friend가 '선출되는' 대상)

다음 글의 밑줄 친 부분 중, 어법상 틀린 것은?

Suppose, on your wedding day, your best man delivers a heart-warming, moving toast that makes you ① to cry. You later learn he didn't write it himself but bought it online. Then, would the toast mean less than it ② did at first, before you knew it was written by a paid professional? Most people would agree the bought wedding toast has less value than an authentic ③ one. Although a bought toast might "work" in the sense of achieving its desired effect, that effect might depend on deception. That is, if you ④ purchased a moving masterpiece of a toast online, you would probably cover it up! If a bought toast depends for its effect on concealing its origin, that's a reason to suspect it's a corrupt version of the real thing. Wedding toasts are goods ⑤ that can, in a sense, be bought. But buying and selling them diminishes their value.

*toast: 축사

• 2014년 9월 고1 응용

문제 해결의 **Key**

① 사역동사의 목적격보어이다.

② 대동사 be, do가 나오면 앞에 나온 동사를 살펴봐야 한다.

③ 부정대명사 one은 앞에 나온 단수명사를 받는다.

④ 가정법 과거 문장이다.

⑤ 앞에 선행사가 있으므로 관계대명사 that 자리이다. 뒤에 나온 문장 구조를 잘 살펴봐야 한다.

EXERCISE

A 주어진 단어를 어법에 맞게 변형하시오.

01 We heard him _____ the poem he had written. (recite)

02 Vasha wanted to help her twin _____. (improve) • 2022년 11월 고2

03 One group saw the person _____ more problems correctly in the first half. (solve) • 2019년 3월 고1

04 Scientists had the babies _____ two simple images. (look at) • 2021년 6월 고1

B 다음 문장이 어법상 적절한지 판단하여 O, X로 표시하시오.

01 She got the boys worked in pairs.

02 The police had the child examine by medical staff.

03 If an animal consumes a plant that makes it feeling unwell, it won't eat that plant again. • 2022년 11월 고2

04 His boss had him doing multiple tasks at once, causing him to feel stressed out.

C 다음 밑줄 친 부분을 바르게 고치시오.

01 Don't let the past stopping us from moving ahead.

02 He got a huge bouquet of roses delivering to his girlfriend's home.

03 She noticed the effect while watching waiters served in a restaurant. • 2021년 9월 고1

04 Good managers do not feel threatened if they see one employee to go about a task differently than another. • 2018년 6월 고1

03 5형식 문장 ③ to부정사 목적격보어   to부정사를 목적격보어로 취하는 동사들을 기억해 두자.

(1) 목적격보어로 to부정사를 쓰는 동사

정리 목적어-목적격보어가 능동 관계일 때: to+동사원형

목적어-목적격보어가 수동 관계일 때: to be+과거분사

예문 Do you want me **to help**? 내가 널 도와주길 원하니(내가 도와줄까)?
　　　　　　　목적어　목적격보어(능동)

The loud noise caused students **to be distracted**. 그 큰 소음은 학생들이
　　　　　　　　　　　　목적어　　　　　목적격보어(수동)　　　　　　　산만해지게 했다.

(2) 의미에 따른 동사 분류

소망/기대	want, like, would like, wish, expect, intend, desire
	I **expect** you **to break** your record soon. 난 네가 기록을 곧 깰 거라 기대해.
	I **want** it **to be delivered** by tomorrow. 그것이 내일까지 배달되면 좋겠어요.
권유/설득	advise, urge, encourage, persuade, ask, beg, require, request, motivate
	The doctor **advised** me **not to drive**. 의사는 내게 운전하지 말라고 충고했다.
	He **persuaded** me **to accept** his offer. 그는 내게 제안을 받아들여달라고 설득했다.
강요/명령	force, order, cause, tell, oblige, compel, get
	They **forced** him **to sign** the paper. 그들은 그가 서류에 서명하도록 강요했다.
	The rain **caused** the river **to overflow**. 비로 인해 강물이 넘쳤다.
허용/금지	allow, permit, enable, forbid
	He **allowed** me **to go** home. 그는 나더러 집에 가도 된다고 했다.
	She **permitted** me **to work** from home. 그녀는 내가 재택근무하는 것을 허락했다.

to부정사의 부정 표현
to부정사 앞에 not을 붙이면 부정 표현이 된다.
She told him **not to contact** her again.
('연락하지 말라고' 말한 것)

04 형태상 혼동하기 쉬운 동사   3단 변화형에 주의해야 하는 동사들을 기억해 두자.

현재형	과거형	과거분사	의미
lie	lay	lain	㉑ (사람, 동물이) 눕다, 놓여 있다
lay	laid	laid	㉓ (물건을) 놓다, 두다, 눕히다
lie	lied	lied	㉑ 거짓말하다
rise	rose	risen	㉑ (물가가) 오르다, (해, 달이) 뜨다
raise	raised	raised	㉓ 올리다, (자녀 등을) 기르다, (돈을) 모으다
arise	arose	arisen	㉑ (일이) 생기다, 발생하다
arouse	aroused	aroused	㉓ 깨우다, 자극하다
sit	sat	sat	㉑ 앉다, 위치하다
seat	seated	seated	㉓ 앉히다, (사람을) 수용하다
set	set	set	㉓ 놓다, 고정시키다
hang	hung	hung	㉑ 매달리다 ㉓ 걸다, 매달다
hang	hanged	hanged	㉓ 교수형에 처하다
find	found	found	㉓ 발견하다
found	founded	founded	㉓ (건물을) 설립하다, 기초를 세우다
wind	wound	wound	㉑ 굽이치다, 구부러지다 ㉓ 감다, 휘감다
wound	wounded	wounded	㉓ 상처를 입히다
see	saw	seen	㉓ 보다, 알다
saw	sawed	sawed[sawn]	㉑ 톱질하다 ㉓ 톱으로 자르다
fall	fell	fallen	㉑ 떨어지다, 낙하하다
fell	felled	felled	㉓ 넘어뜨리다

추가로 주의할 단어
affect 图 영향을 미치다
effect 图 영향, 결과
　　　 图 (결과를) 가져오다
adopt 图 입양하다
adapt 图 적응시키다
adept 图 능숙한

다음 글의 밑줄 친 부분 중, 어법상 틀린 것은?

Impressionist paintings are probably most popular; it is an easily understood art which does not ask the viewer ① works hard to understand the imagery. Impressionism is 'comfortable' to look at, with its summer scenes and bright colours appealing to the eye. It is important to remember, however, ② that this new way of painting was challenging to its public not only in the way that it was made but also in that was shown. They had never seen ③ such 'informal' paintings before. The edge of the canvas cut off the scene in an arbitrary way, as if ④ snapped with a camera. The subject matter included modernization of the landscape; railways and factories. Never before had these subjects been considered ⑤ appropriate for artists.

• 2017년 11월 고1 응용

문제 해결의 Key

① ask의 목적격보어 자리이다.

② to remember의 목적어 역할을 하는 명사절 자리이다.

③ such(그러한) 뒤에는 꾸밈을 받는 명사가 나온다.

④ 분사의 의미상 주어가 '찍는' 주체인지, '찍히는' 대상인지 확인해본다.

⑤ 5형식 동사 consider가 수동태인 be considered로 바뀌면 원래 문장의 목적격보어가 그대로 이어진다.

EXERCISE

A 주어진 단어를 어법에 맞게 변형하시오.

01 It requires you _____ aware of sales tricks. (be)

02 Her mother wants her _____ married like her friends. (get)

03 Camouflage allows an animal _____ in with its background. (blend)   • 2022년 11월 고2 응용

04 Psychologists asked the patients _____ a related card with their left hand. (select)   • 2022년 11월 고2 응용

B 다음 문장이 어법상 적절한지 판단하여 O, X로 표시하시오.

01 I want you cancel the order as soon as possible.   • 2013년 3월 고2

02 Mom expects me to pursue a career in the field of education.

03 The officer ordered the soldiers lying down quickly.

04 She persuaded me gave up coffee and drank fruit tea.

C 다음 밑줄 친 부분을 바르게 고치시오.

01 I have a confession to make. I lay about my age.

02 Since I was too tired to walk, I seated on a bench near me.

03 He was lying there, wound, moaning from the pain.

04 Steam and smoke raised from grilled hot dogs and steaks.

23

번호	p.21에서 본 예문 ▶ 다음 중 어법상 적절한 것을 고르시오.	핵심 개념	문장 해석
A 01	We heard him recite / recited the poem he had written.	him이 '낭송하는' 주체이다.	우리는 그가 자신이 쓴 시를 낭송하는 것을 들었다.
02	Vasha wanted to help her twin to improve / improving .	help는 원형부정사 또는 to부정사를 목적격보어로 취한다.	Vasha는 자신의 쌍둥이가 (실력이) 향상되도록 돕고 싶었다.
03	One group saw the person solve / solved more problems correctly in the first half.	the person이 '푸는' 주체이다.	한 집단은 그 사람이 전반부에 더 많은 문제를 맞게 푸는 것을 보았다.
04	Scientists had the babies look at / looked at two simple images.	the babies가 '바라보는' 주체이다.	과학자들은 아기들에게 두 가지 간단한 이미지를 보게 했다.
B 01	She got the boys to work / worked in pairs.	the boys가 '작업하는' 주체이다.	그녀는 소년들이 짝을 이뤄 작업하게 했다.
02	The police had the child examine / examined by medical staff.	the child가 '검진을 받는' 대상이다.	경찰은 아이가 의료진에게 검진을 받게 했다.
03	If an animal consumes a plant that makes it feel / to feel unwell, it won't eat that plant again.	make는 사역동사이다.	몸이 안 좋아지는 느낌이 들게 하는 어떤 식물을 동물이 먹었다면, 그 동물은 그것을 다시는 먹지 않을 것이다.
04	His boss had him done / doing multiple tasks at once, causing him to feel stressed out.	him이 '수행하는' 주체이다.	그의 상사는 그에게 한 번에 여러 일을 하게 시켜서, 그가 스트레스를 받게 했다.
C 01	Don't let the past to stop / stop us from moving ahead.	let은 사역동사이다.	과거가 우리가 앞으로 나아가지 못하게 막지 않도록 하라.
02	He got a huge bouquet of roses to deliver / delivered to his girlfriend's home.	a huge bouquet of roses가 '배달되는' 대상이다.	그는 여자친구 집에 큰 장미 다발을 배달시켰다.
03	She noticed the effect while watching waiters serve / served in a restaurant.	waiters가 '서빙하는' 주체이다.	그녀는 식당에서 웨이터들이 서빙하는 것을 보다가 이 효과를 알아차렸다.
04	Good managers do not feel threatened if they see one employee going / go about a task differently than another.	see는 지각동사이고, one employee는 '과업을 수행하는' 주체이다.	좋은 관리자들은 한 직원이 다른 직원과 다른 식으로 일을 진행하는 것을 봐도 위협을 느끼지 않는다.

번호	p.23에서 본 예문 ▸ 다음 중 어법상 적절한 것을 고르시오.	핵심 개념	문장 해석
A 01	It requires you to be / being aware of sales tricks.	require는 to부정사를 목적격보어로 취한다.	그것은 당신이 판매 전략을 알아채도록 요구한다.
02	Her mother wants her getting / to get married like her friends.	want는 to부정사를 목적격보어로 취한다.	그녀의 어머니는 그녀가 친구들처럼 결혼하기를 원한다.
03	Camouflage allows an animal blends / to blend in with its background.	allow의 목적격보어 자리이다.	보호색은 동물이 배경에 섞여들 수 있게 한다.
04	Psychologists asked the patients to select / selecting a related card with their left hand.	ask는 to부정사를 목적격보어로 취한다.	심리학자들은 환자들에게 왼손으로 관련된 카드를 골라보라고 했다.
B 01	I want you to cancel / to be canceled the order as soon as possible.	you가 '주문을 취소하는' 주체이다.	최대한 빨리 주문을 취소해 주시기 바랍니다.
02	Mom expects me pursue / to pursue a career in the field of education.	expect는 to부정사를 목적격보어로 취한다.	엄마는 내가 교육 분야에서 직업을 갖기를 기대하신다.
03	The officer ordered the soldiers to lie / lying down flat.	order는 to부정사를 목적격보어로 취한다.	장교는 병사들에게 납작 엎드리라고 명령했다.
04	She persuaded me to give up coffee and drink / drank fruit tea.	and 앞의 to give up과 병렬 연결되는 두 번째 목적격보어 자리이다.	그녀는 내게 커피를 포기하고 과일 차를 마시라고 설득했다.
C 01	I have a confession to make. I lied / lay about my age.	고백할 것이 있다는 말 뒤로 '거짓말했다'는 내용이 이어져야 적절하다.	나 고백할 게 있어. 나 내 나이에 대해 거짓말했어.
02	Since I was too tired to walk, I sat / seated on a bench near me.	뒤에 목적어가 오지 않는 자동사 자리이다.	나는 너무 피곤해서 걸을 수 없었기에, 근처 벤치에 앉았다.
03	He was lying there, wounded / wound , moaning from the pain.	'상처 입고' 고통으로 신음했다는 내용이 적절하다.	그는 부상 입은 채로 고통에 신음하며 거기 누워 있었다.
04	Steam and smoke rose / raised from grilled hot dogs and steaks.	뒤에 목적어가 오지 않는 자동사 자리이다.	구운 핫도그와 스테이크에서 김과 연기가 피어올랐다.

내신형 문제

`01~02` 빈칸에 들어갈 말의 형태가 바르게 짝지어진 것을 고르시오.

01

- I had my tablet PC _____ on the subway.
- The supervisor ordered Jay _____ the monthly sales report by the end of the day.

① steal — finish
② stolen — finish
③ steal — to finish
④ stolen — to finish
⑤ stolen — finishing

02

- I love to watch my cat _____ by the fireplace.
- Let me _____ the schedule for you.
- We all noticed a strange light _____ from a distance.

① sleep — check — shining
② to sleep — check — shining
③ sleep — check — to shine
④ to sleep — to check — to shine
⑤ sleeping — to check — shine

03 밑줄 친 부분의 쓰임이 어색한 것은?

① He seated himself behind the desk.
② The carpenter saw the wood into four pieces.
③ A problem may arise if we don't address the issue now.
④ Her family founded the college in 1895.
⑤ They raised the ship from the ocean floor.

`04~05` 다음 중 어법상 어색한 문장을 고르시오.

04

① His pride forbids him to ask for help.
② Brook hung the shirts out on the line.
③ While driving, she noticed a cat lying down on the road.
④ The path wounded its way into the woods.
⑤ I had my hair cut and permed.

05

① We don't want you to hurt others.
② A private tutor may help you to catch up and improve your grades.
③ The doctor advised me not to eat too much salt.
④ Ray felt something twist in his stomach.
⑤ In the park, I saw a squirrel eaten a nut.

`06~07` 밑줄 친 부분 중 어법상 어색한 것을 고르시오.

06

A: My mouse doesn't (A) work!
B: Didn't you get it (B) to fix recently?
A: (C) I did. Only a month ago! I don't want to waste my time (D) going all the way to the service center again!
B: (E) Get yourself a new one, then.

① (A)
② (B)
③ (C)
④ (D)
⑤ (E)

07

(A) When Susan was a young girl, her teacher Ms. Ashley (B) used to encourage her students (C) drink (D) a glass of milk.

① (A)
② (B)
③ (C)
④ (D)
⑤ 어색한 부분 없음

08 괄호 안에 주어진 말을 어법에 맞게 변형하시오.

- We found an old family picture and _____ it on the wall. (hang)
- She observed the man _____ the house. (break into)

09-10 괄호 안에 주어진 말을 사용하여 우리말을 영어로 옮기시오.

09

유미의 부모님은 주말에 그녀가 밖에 늦게까지 있도록 허락하신다. (allow, stay out, late)

→ Yumi's parents _____ on weekends.

10

그 어떤 것도 당신에게 일하라고 강요하지 않기 때문에, 당신은 하루종일 노래하며 편하게 쉬어도 된다. (nothing, compel, work)

→ You can rest easy singing day and night because _____ .

선택형 문제

11-20 다음 중 어법상 적절한 것을 고르시오.

11 After a certain age, anxieties arouse / arise when sudden cultural changes are coming.
· 2019년 3월 고1

12 The researchers asked the residents making / to make a small commitment to display a tiny sign that read "Be a Safe Driver" in their windows.
· 2021년 9월 고1 응용

13 All the jewelry and valuables had laid / had lain undisturbed for centuries until found by a group of explorers.

14 Yesterday I fell / felled down the ladder and broke my ankle.

15 Due to a sudden increase in demand, the price was risen / raised by 15% within two months.

16 One day, her mom saw her danced / dancing with the flawless steps and enthusiasm of a ballerina.
· 2021년 9월 고2 응용

17 Many scientists and doctors advise people to drink / drinking water from glass or stainless steel containers.

18 A sense of pride boosted each morning will encourage you do / to do another task and another.
· 2022년 3월 고1 응용

19 Let me be proved / prove to you that all people are potential geniuses.
· 2018년 3월 고1

20 The female lies / lays 9 to 12 eggs, light with brown spots.
· 2013년 9월 고1

21~24 다음 글의 밑줄 친 부분 중, 어법상 **틀린** 것을 고르시오.

21 One day I caught a taxi to work. When I got into the back seat, I saw a brand new cell phone ① sitting right next to me. I asked the driver, "Where did you drop the last person off?" and showed him the phone. He pointed at a girl ② walking up the street. We drove up to her and I rolled down the window yelling out to her. She was very thankful and by the look on her face I could tell how ③ grateful she was. Her smile made me ④ smiled and feel really good inside. After she got the phone back, I heard someone walking past her ⑤ say, "Today's your lucky day!" • 2018년 3월 고1 응용

22 Take time to read the comics. This is worthwhile not just because they will make you laugh but ① because they contain wisdom about the nature of life. *Charlie Brown* and *Blondie* are part of my morning routine and help me ② starting the day with a smile. When you read the comics section of the newspaper, ③ cut out a cartoon that makes you laugh. Post it ④ wherever you need it most, such as on your refrigerator or at work — so that every time you see it, you will smile and feel your spirit ⑤ lifted. Share your favorites with your friends and family so that everyone can get a good laugh, too. Take your comics with you when you go to visit sick friends who can really use a good laugh. • 2017년 3월 고1 응용

23 We truly value and appreciate all of our residents, including those with pets. We believe that allowing people to live with their pets ① enriches their lives. While we encourage you ② enjoy your pets, we also want to ensure that you do not do so at the expense of your neighbors or your community. We have received reports that some residents ③ have been disturbed by noise from dogs barking. Excessive barking by dogs disrupts everyone within hearing, particularly ④ those who are elderly or sick or who have small children. We kindly ask ⑤ that you keep your dogs' noise levels to a minimum. Thank you for your assistance with this. • 2020년 9월 고2 응용

24 Research shows that people who work have two calendars: one for work and one for their personal lives. Although it may seem ① sensible, having two separate calendars for work and personal life can lead to distractions. To check if something is missing, you will find yourself ② checked your to-do lists multiple times. Instead, organize all of your tasks in one place. It doesn't matter if you use digital or paper media. It's okay ③ to keep your professional and personal tasks in one place. This will give you a good idea of ④ how time is divided between work and home. This will allow you to make informed decisions about ⑤ which tasks are most important. • 2023년 고1 6월 응용

DAY 03
시제 / 조동사

Point 01   현재시제 / 미래시제

Point 02   과거시제 / 현재완료 / 과거완료

Point 03   다양한 조동사

Point 04   조동사+have p.p. / 기타 조동사

수능+내신 핵심 포인트

- ☑ 미래시제를 대신하는 현재시제
- ☑ '과거 vs. 현재완료' 구별
- ☑ 조동사별 의미와 관용표현
- ☑ 조동사 have p.p.의 의미와 형태

DAY 03 시제 / 조동사

STEP 1 수능 어법 핵심 이론 총정리

01 현재시제 / 미래시제

현재시제는 '늘 지속되는' 사건이나 상태를 설명한다. 현재시제로 미래시제를 나타내는 경우도 알아두자.

(1) 현재시제

현재의 상태	She **lives** in Seoul. 그녀는 서울에 산다. Aaron **loves** to sing. Aaron은 노래하는 것을 좋아한다.
반복적 습관 → 빈도부사	I usually **get up** at 8. 나는 보통 8시에 일어난다. He **plays** soccer every weekend. 그는 주말마다 축구를 한다.
불변의 진리	Water **boils** at 100℃. 물은 섭씨 100도에서 끓는다. Who first claimed the Earth **revolves** around the Sun? 누가 지구는 태양을 돈다고 가장 먼저 주장했을까? → 시제 일치 X
(시간표 등에 따라) 확실히 예정된 일정	The last train to Yeosu **leaves** at 11:30 p.m. 여수로 가는 마지막 기차는 오후 11시 30분에 출발합니다.

(2) 미래시제

*will(~할 것이다)	You **will** be on time if you hurry. → 미래 상태 넌 서두르면 제시간에 오게 될 거야. I **will** help you with the project. → 화자의 의지 표현 내가 네 프로젝트 도와줄게.
be going to(~할 예정이다)	I **am going to** have lunch. 난 점심 먹을 거야. → 비교적 확정된 미래
be about to(~할 참이다)	The plane **is about to** leave. 비행기가 막 떠날 참이다.
be to-V(~할 예정이다)	The conference **is to be held** next week. 회의는 다음 주 열릴 예정이다.

현재진행시제
'지금, 일시적인' 사건이나 상태를 묘사한다.
She **is living** in Seoul for a couple of weeks.
(몇 주간 '일시적' 서울살이)

시제 일치의 예외 ①
주절이 과거시제여도 현재의 한결같은 습관이나 불변의 진리는 항상 현재시제로 쓴다.

미래시제를 대신하는 현재시제
시간과 조건 부사절에서는 현재시제가 미래시제를 대신한다.
We will start when he **comes**(will come) back.

02 과거시제 / 현재완료 / 과거완료

과거, 현재완료, 과거완료는 우리말로는 비슷하게 번역되지만(~했다), 그 쓰임이 다르다.

(1) 과거시제 → 명백한 과거 시점 표현과 함께 쓰임

과거의 사실이나 습관	I **bought** this house last year. 나는 작년에 이 집을 샀다. When young, he **read** books for an hour every day. 어렸을 때 그는 매일 1시간씩 독서했다.
역사적 사실	The First World War **broke out** in 1914. 1차 세계 대전은 1914년에 일어났다.

(2) 현재완료 (have p.p.) → 주로 기간 표현과 함께 쓰임

*계속(~해왔다)	We **have been** friends since childhood. 우린 어릴 때부터 계속 친구다. We **haven't seen** each other for two years. 우리는 2년간 서로 못 봤다.
*경험(~한 적이 있다)	She **has been** to France twice. 그녀는 프랑스에 두 번 가 봤다.
결과(~해버렸다)	I **have lost** my watch! 나 시계 잃어버렸네!
완료(막 ~했다)	She **has** just **finished** her speech. 그녀는 지금 막 연설을 끝냈다.

(3) 과거완료 (had p.p.) → 두 과거 사건 중, 더 먼저 일어난 사건 묘사

예문 I **had finished** my breakfast when he **came**. 그가 왔을 때 나는 (이미) 아침을 다 먹었다.
'그가 왔을' 때보다 더 과거

과거시제와 함께 쓰는 부사
yesterday, (back) then, at that time, ago, last week, just now, in+연도

시제 일치의 예외 ②
역사적 사실은 항상 과거시제로 쓴다. 비교되는 다른 과거 사건이 있더라도 과거완료 시제는 사용하지 않는다.

현재완료와 함께 쓰는 부사
· 계속: for(~동안), since(~부터)
· 경험: once, twice, three times, ever, never, before
· 완료: just(지금 막), yet(아직), already(이미, 벌써)

다음 글의 밑줄 친 부분 중, 어법상 틀린 것은?

On one beautiful spring day, I was fully enjoying my day off. I arrived at the nail salon, and muted my cellphone ① so that I would be disconnected for the hour and feel calm and peaceful. I was so comfortable while I got a manicure. ② As I left the place, I checked my cellphone and saw four missed calls from a strange number. I knew immediately ③ that something bad was coming, and I called back. A young woman answered and said that my father ④ has fallen over a stone and was injured, now seated on a bench. I was really concerned since he had just recovered from his knee surgery. I rushed getting into my car ⑤ to go see him.

• 2022년 11월 고1 응용

문제 해결의 **Key**

① 접속사 so that은 '~하도록, ~하기 위해'라는 의미이다.

② as는 접속사(~할 때, ~하면서, ~듯이 등), 전치사(~로서)로 모두 쓰이므로, 뒤에 나오는 구조를 잘 살펴야 한다.

③ knew의 목적어인 완전한 명사절을 이끄는 접속사 자리이다.

④ 주절의 과거 사건보다 먼저 일어난 일을 나타내는 시제가 맞는지 확인한다.

⑤ 부사구 역할을 하는 to부정사의 쓰임을 검토해본다.

EXERCISE

A 주어진 단어를 어법에 맞게 변형하시오.

01 If you _____ the bus, you will be late. (miss)

02 A few years ago, I _____ two groups of people to spend an afternoon picking up trash in a park. (ask)

03 The Sun _____ a diameter of about 1,392,000 kilometers. (have)

04 When he began in 1975, there _____ just two symphony orchestras in the town. (be)

B 다음 문장이 어법상 적절한지 판단하여 O, X로 표시하시오.

01 Every dollar raised goes to building homes for animals in need. • 2021년 6월 고2

02 He once handed in a report he has written on foreign policy. • 2015년 9월 고1

03 Her first novel *Anything Can Happen on the River* has been published in 1934. • 2021년 6월 고2

04 Over the past 20 years, we have provided lost animals with protection, new homes, and sometimes health care. • 2021년 6월 고2

C 다음 밑줄 친 부분을 바르게 고치시오.

01 The teacher taught us that the Sun rose in the east.

02 We have lived in this neighborhood since we have got married.

03 Back in 1996, an American airline has been faced with an interesting problem. • 2020년 11월 고1

04 If we will already know your hypothesis is true before you test it, testing your hypothesis won't tell us anything new. • 2021년 3월 고2

03 다양한 조동사
조동사는 문장의 술어를 도와 의미를 첨가하거나 문장 형태를 바꿀 때(의문문, 부정문) 사용된다.

(1) 조동사의 쓰임
형태 조동사+동사원형(긍정) / 조동사+not+동사원형(부정) / 조동사+주어+동사원형 ~?(의문)

주의 조동사는 주어에 따라 형태가 변하지 않으며(예외: have to), 2개 이상 연속해서 쓸 수 없다. 2개 이상의 의미를 나타낼 때는 조동사의 대용 표현을 활용한다.

(2) 조동사의 종류

will (과거형: would)	① ~할 것이다 ② ~하기 마련이다	I **will** carry the bag for you. 내가 가방 들어줄게. You **will** fail if you don't try. 노력하지 않으면 실패하기 마련이다.
can (과거형: could)	① ~할 수 있다 ② ~해도 되다	She **can** sing very well. 그녀는 노래를 아주 잘한다. **Can** we go out now? 우리 이제 밖에 나가도 돼요?
may (과거형: might)	① ~일지도 모른다 ② ~해도 되다	I **may** be a bit late. 나 조금 늦을 수도 있어. You **may** go home now. 넌 지금 집에 가도 돼.
must	① ~해야 하다 ② ~임에 틀림없다 (↔ cannot)	I **must** wash my car today. 난 오늘 세차해야 해. She **must** be at home by now. 그녀는 지금쯤 집일 거야. *cf.* It **cannot** be true! 그게 사실일 리 없어! → 강한 부정 추측
should	~해야 하다	People **should** drive more carefully. 사람들은 더 조심해서 운전해야 한다.

조동사의 대용 표현
- can = be able to
  Hopefully, she **will be able to**(~~will can~~) recover soon.
- must = have to
  Doctors **will have to**(~~will must~~) operate on his eyes.

반드시 과거만 나타내지는 않는 조동사 과거형
- 현재형보다 정중한 표현
  Would you open the door? (Will보다 공손)
- 현재형보다 약한 확신
  She **might** come late tonight. (may보다 불확실)

04 조동사+have p.p. / 기타 조동사
조동사별 의미를 중점적으로 기억해 둔다.

(1) 조동사+have p.p. → 과거에 대한 추측 또는 후회 표현

may/might have p.p.	~했을지도 모른다	He **may have been** hungry. 그는 배가 고팠을지도 몰라.
must have p.p.	~했음에 틀림없다	I **must have forgotten** about it. 제가 그걸 잊었던 게 틀림없어요.
cannot have p.p.	~했을 리가 없다	She **cannot have stolen** the money. 그녀가 그 돈을 훔쳤을 리 없다.
should have p.p.	~했어야 했다	I **should have attended** her wedding. 난 그녀의 결혼식에 갔어야 했는데.
should not have p.p.	~하지 말았어야 했다	I **shouldn't have given up** my job back then. 난 그때 직장을 포기하지 말았어야 했다.

(2) 기타 조동사

had better	~하는 게 낫다 (사실상 ~하라는 충고)	You **had better** see the doctor. 넌 진찰 받는 게 좋겠어(진찰을 받아야 해).
would rather	차라리 ~하겠다	We **would rather** die than surrender. 우린 항복하느니 차라리 죽겠다. (than: ~하느니)
used to	한때 ~하곤 했다 (지금은 더 이상 X)	I **used to** drive to work. 나는 한때 차로 출근했다. He **used to** be overweight. 그는 한때 과체중이었다.
ought to	~해야 하다	We **ought to** be leaving now. 우린 지금 출발해야 해.

조동사의 관용 표현
- may well : ~하는 것도 당연하다
- may[might] as well : ~하는 게 낫다
- cannot but : ~하지 않을 수 없다
- cannot ~ too : 아무리 ~해도 지나치지 않다

기타 조동사의 부정
- had better not : ~하지 않는 게 낫다
- would rather not : 차라리 ~하지 않는 게 낫다
- didn't use to : ~하지 않았다
- ought not to : ~해선 안 되다

과거 습관의 would
would도 '~하곤 했다'는 의미로 과거의 습관을 나타내지만, '상태' 동사와는 결합할 수 없다.
She **used to**(~~would~~) hate shrimp.
(hate: 싫어하는 상태 표현)

다음 글의 밑줄 친 부분 중, 어법상 틀린 것은?

Early in the term, our art professor projected an image of a monk, his back to the viewer, standing on the shore, ① looking off into a blue sea and an enormous sky. The professor asked the class, "What do you see?" The darkened auditorium was silent. We looked and looked and thought and thought as ② hard as possible to unearth the hidden meaning, but came up with nothing — we ③ should have missed it. With dramatic exasperation she answered her own question, "It's a painting of a monk! His back is to us! He is standing near the shore! There's a blue sea and enormous sky!" Hmm... why didn't we see it? So as ④ not to bias us, she'd posed the question without revealing the artist or title of the work. In fact, it was Caspar David Friedrich's *The Monk by the Sea*. To better understand your world, consciously ⑤ acknowledge what you actually see rather than guess at what you think you are supposed to see.

*exasperation: 격분

• 2021년 6월 고2 응용

문제 해결의 Key

① a monk를 보충 설명하는 수식어구 자리이다.

② 'as ~ as possible'은 '최대한 ~한'이라는 뜻으로, 가운데 원급을 쓴다.

③ 문맥상 '틀림없이 ~했을 것이다'라는 의미가 들어가야 한다.

④ to부정사의 부정은 to 앞에 not을 붙여 나타낸다.

⑤ 부사구인 'To ~ understand ~' 뒤로 주절의 동사가 필요하다.

EXERCISE

A 다음 밑줄 친 부분의 의미를 쓰시오.

01 I think we ought to stay with the facts.

02 You may stay here for another week.

03 She should have made the decision earlier.

04 We would always go to the seaside for our holidays.

B 다음 밑줄 친 부분을 어법상 바르게 고치시오.

01 He had better to be ready for tomorrow's meeting.

02 Once upon a time there lived a rich man. He was used to sit up all night to count his gold.   • 2021년 3월 고2 응용

03 All new employees will must gain experience in all departments.   • 2019년 3월 고1

04 I shouldn't have thought twice before wasting money on unnecessary things.

C 다음 문장이 어법상 적절한지 판단하여 O, X로 표시하시오.

01 He cannot have be at the meeting; he was on leave all that week.

02 I would rather being poor and happy than rich and miserable.

03 Imagine the loss of self-esteem that manager must have felt.   • 2019년 3월 고1

04 You must be homesick around this time of year.

번호	p.31에서 본 예문 ▸ 다음 중 어법상 적절한 것을 고르시오.	핵심 개념	문장 해석
A 01	If you miss / will miss the bus, you will be late.	시간과 조건의 부사절에서는 현재시제가 미래시제를 대신한다.	넌 버스를 놓치면 늦을 거야.
02	A few years ago, I asked / have asked two groups of people to spend an afternoon picking up trash in a park.	ago는 명확한 과거 시점 표현이다.	몇 년 전 나는 두 집단의 사람들에게 공원에서 쓰레기를 주우며 오후를 보내 달라고 부탁했다.
03	The Sun has / is having a diameter of about 1,392,000 kilometers.	일반적 사실은 현재시제로 기술한다.	태양의 지름은 대략 139만 2천 킬로미터이다.
04	When he began in 1975, there were / have been just two symphony orchestras in the town.	연도 표현은 명확한 과거 시점 표현이다.	그가 1975년에 시작했을 때, 그 마을에는 교향악단이 두 군데 뿐이었다.
B 01	Every dollar raised goes / went to building homes for animals in need.	시제를 특정하는 부사구가 없으므로, 일반적 사실 또는 과거 사건을 모두 묘사할 수 있는 문장이다.	모금된 모든 돈은 도움이 필요한 동물을 위한 집을 짓는 데 쓰입니다[쓰였습니다].
02	He once handed in a report he has written / had written on foreign policy.	보고서를 '제출한' 시점보다 '작성한' 시점이 먼저이다.	언젠가 그는 외교 정책에 관해 썼던 보고서를 제출했다.
03	Her first novel *Anything Can Happen on the River* was published / has been published in 1934.	연도 표현은 명확한 과거 시점 표현이다.	그녀의 첫 번째 소설인 <Anything Can Happen on the River>가 1934년에 출판되었다.
04	Over the past 20 years, we have provided / will have provided lost animals with protection, new homes, and sometimes health care.	over the past (~) years(과거 ~ 년 동안)는 현재완료와 어울려 쓰이는 기간 부사구다.	지난 20년 간, 우리는 길 잃은 동물들에게 보호, 새로운 집, 그리고 때로는 건강 관리를 제공해 왔습니다.
C 01	The teacher taught us that the Sun rose / rises in the east.	과학적 진리는 주절의 시제와 상관없이 현재시제로 기술한다.	선생님은 우리에게 해가 동쪽에서 뜬다고 가르쳐주었다.
02	We have lived in this neighborhood since we got / have got married.	since는 'since+과거 ~, 주어+현재완료 ~' 형태로 쓰인다.	우리는 결혼한 이후 계속 이 동네에서 살았다.
03	Back in 1996, an American airline was / has been faced with an interesting problem.	연도 표현은 명확한 과거 시점 표현이다.	1996년에, 한 미국 항공사는 흥미로운 문제에 직면했다.
04	If we already know / will already know your hypothesis is true before you test it, testing your hypothesis won't tell us anything new.	시간과 조건의 부사절에서는 현재시제가 미래시제를 대신한다.	가설을 검사해보기도 전에 그게 맞다는 것을 안다면, 그것을 검사해본다고 새로운 것을 알 수 없을 것이다.

번호	p.33에서 본 예문 ▶ 다음 중 어법상 적절한 것을 고르시오.	핵심 개념	문장 해석
A 01	I think we ought to stay / staying with the facts.	조동사 뒤에는 동사원형을 쓴다.	난 우리가 그 사실을 고수해야 한다고 생각해.
02	You may stay / to stay here for another week.	조동사 뒤에는 동사원형을 쓴다.	넌 여기 한 주 더 있어도 좋아.
03	She should have made / to make the decision earlier.	문맥상 '~했어야 했다'는 의미의 문장이다.	그녀는 그 결정을 더 일찍 내렸어야 했다.
04	We would / used to always go to the seaside for our holidays.	go가 행위를 나타내므로 과거 습관을 나타낼 때 would 또는 used to를 둘 다 써도 된다.	우리는 늘 해변으로 휴가를 가곤 했다.
B 01	He had better be / to be ready for tomorrow's meeting.	조동사 뒤에는 동사원형을 쓴다.	그는 내일 아침 회의를 준비하는 게 좋겠다.
02	Once upon a time there lived a rich man. He used to / was used to sit up all night to count his gold.	규칙적인 과거 습관을 나타내는 문장이다.	옛날에 한 부유한 남자가 살았다. 그는 자기 금화를 세느라 밤을 새곤 했다.
03	All new employees will must / have to gain experience in all departments.	조동사는 2개 이상 연속해서 쓸 수 없다.	모든 신입사원은 모든 부서에서 경험을 쌓아야 할 것입니다.
04	I should / have to have thought twice before wasting money on unnecessary things.	문맥상 '~했어야 했다'는 의미의 문장이다.	나는 불필요한 것에 돈을 낭비하기 앞서 한 번 더 생각했어야 했다.
C 01	He cannot / must have been at the meeting; he was on leave all that week.	문맥상 '~했을 리 없다'는 의미의 문장이다.	그가 회의에 갔을 리 없어요. 그는 그 주에 내내 휴가였는걸요.
02	I would rather to be / be poor and happy than rich and miserable.	조동사 뒤에는 동사원형을 쓴다.	나는 부유하고 비참해지느니 가난하고 행복해지겠다.
03	Imagine the loss of self-esteem that manager had to / must have felt.	문맥상 '~했음에 틀림없다'는 의미의 문장이다.	그 관리자가 분명 느꼈을 자존감의 상실을 상상해보라.
04	You must / have to be homesick around this time of year.	문맥상 '~임에 틀림없다'는 의미의 문장이다.	매년 이때쯤이면 너는 향수병에 걸릴 것이다.

내신형 문제

01~02 빈칸에 들어갈 말의 형태가 바르게 짝지어진 것을 고르시오.

01

> • I'm really tired today. I _____ awake so late last night.
> • I would rather exercise than _____ on the couch all day.

① should stay — sitting

② should have stayed — to sit

③ shouldn't have stayed — to sit

④ should have stayed — sit

⑤ shouldn't have stayed — sit

02

> • Dirty water can _____ us sick.
> • He will _____ pass the entrance exam easily.
> • Scientists used to think that the Earth _____ the center of the universe.

① make — be able to — has been

② makes — can — was

③ make — can — is

④ make — be able to — was

⑤ makes — be able to — is

03~04 다음 중 어법상 어색한 문장을 고르시오.

03

① They have already arrived at the airport.

② She finished the task two hours ago.

③ I will stay here until you come back.

④ We learned at school that World War II had ended in 1945.

⑤ My boss told me that he would give me a raise soon.

04

① You had not better believe such a rumor.

② We ought to respect the elderly.

③ I think they may have left earlier than planned.

④ She should have listened to the teacher.

⑤ He used to go hiking with me when I was a kid.

05~06 밑줄 친 부분의 쓰임이 <보기>와 같은 것을 고르시오.

05

> 보기 The train for New York has just left.

① Have you ever been camping?

② We have already seen that movie.

③ Sarah has lost her smart watch again.

④ She has since won 3 consecutive gold medals.

⑤ I have used this smartphone for three years.

06

> 보기 I have been to Jeju Island three times.

① Someone else has already made a reservation for the room we both want.

② They have never met face to face before.

③ The police vehicle has just arrived.

④ Many have long waited for this big match.

⑤ The number of newborns has been falling for more than 10 years.

07 밑줄 친 부분의 의미가 나머지와 다른 하나는?

① He must be the one that I've dreamed of.

② You must stop at the red light.

③ You must be quiet in the library.

④ We must get the project done by this Friday.

⑤ Every passenger in the car must wear a seat belt.

08 다음 빈칸에 공통으로 들어갈 말을 쓰시오.

(a) He _____ have been more careful while he was driving in the fog that night.

(b) _____ I call him and apologize?

09~10 괄호 안에 주어진 말을 사용하여 우리말을 영어로 옮기시오.

09

분명 그녀는 네가 그렇게 말하다니 무례하다고 생각했겠구나. (think)

→ She _____ that you were rude to say so.

10

예전에는 연못 근처에 작은 벤치가 있었다. (used, a small bench)

→ There _____ near the pond.

선택형 문제

11~20 다음 중 어법상 적절한 것을 고르시오.

11 When dinosaurs lived on the Earth, a day lasted / has lasted only about twenty-three hours.　　　• 2022년 11월 고1

12 He said he would rather stay here than going / go back to Ohio.

13 People along the Nile have used the river for / since thousands of years.

14 It was two hours before the submission deadline and I still haven't finished / hadn't finished my news article.　　• 2022년 9월 고1

15 Late in the night, Garnet had a feeling that something she had been waiting for was about to happening / happen .　　• 2018년 9월 고1

16 Suddenly, my typewriter didn't work. Thinking something might happen / might have happened inside of it, I opened the typewriter's cover and inspected it.　　• 2022년 9월 고1 응용

17 She came back to the house almost immediately because she had forgotten / has forgotten her car keys.

18 If you will rub / rub your hands together quickly, they will get warmer.　　• 2022년 6월 고1

19 I'm not one of those people who just must have / must have had the latest phone. Actually, I use my cell phone until the battery no longer holds a good charge.　　• 2020년 9월 고1

20 The waitress who took your order should / must have been confused.

21-23 다음 글의 밑줄 친 부분 중, 어법상 틀린 것을 고르시오.

21 Sound and light travel in waves. An analogy often given for sound is ① that of throwing a small stone onto the surface of a still pond. Waves radiate outwards from the point of impact, ② just as sound waves radiate from the sound source. This is due to a disturbance in the air around us. If you ③ will bang two sticks together, you will get a sound. As the sticks approach each other, the air immediately in front of them ④ is compressed and energy builds up. When the point of impact occurs, this energy is released as sound waves. If you try the same experiment with two heavy stones, exactly the same thing occurs, but you get a different sound due to the density and surface of the stones, and as they ⑤ have likely displaced more air, a louder sound. And so, a physical disturbance in the atmosphere around us will produce a sound.

*analogy: 비유 **radiate: 사방으로 퍼지다

• 2021년 6월 고1 응용

22 When Susan was a young girl, her teacher Ms. Ashley used to ① encouraging her students to drink glass after glass of milk. Somehow, she ② had developed the idea that milk improved one's intellect. For her, there was nothing more precious ③ than intelligence. On occasion, Susan would ask her directly, "What's intelligence?" Each time, she ④ would offer a different response: "Intelligence is a baby's first words," "Intelligence is yellow," or "Intelligence is the joke Tom made in math class this morning." The responses would drive her crazy, and now, some thirty years later, she finds it interesting ⑤ to consider why Ms. Ashley did so.

• 2014년 6월 고1 응용

23 Leaving a store, I returned to my car only to find that ① I've locked my car key and cell phone inside the vehicle. A teenager riding his bike saw me ② kick a tire in frustration. "What's wrong?" he asked. I explained my situation. "But even if I could call my husband," I said, "he can't bring me his car key, ③ since this is our only car." He handed me his cell phone. The thoughtful boy said, "Call your husband and tell him ④ I'm coming to get his key." "Are you sure? That's four miles round trip." "Don't worry about it." An hour later, he returned with the key. I offered him some money, but he refused. "Let's just say I needed the exercise," he said. Then, ⑤ like a cowboy in the movies, he rode off into the sunset.

• 2018년 9월 고1 응용

DAY 04
수동태

Point 01 수동태의 형태와 의미

Point 02 4형식 문장의 수동태

Point 03 5형식 문장의 수동태

Point 04 수동태 관용표현 /
구동사의 수동태

수능 + 내신 핵심 포인트

- ☑ '능동태 vs. 수동태'의 문맥 구별
- ☑ 4형식·5형식 문장의 수동태
- ☑ by 이외의 전치사를 사용하는 수동태
- ☑ 구동사 수동태의 형태

STEP **1** 수능 어법 핵심 이론 총정리

01 수동태의 형태와 의미 수동태는 행위의 주체가 아닌 대상을 강조한다. 행위 주체는 생략될 때도 많다.

(1) 수동태의 기본 공식

> [정리] ① 능동태의 목적어를 주어로 쓴다.
> ② 동사를 be p.p.로 바꾼다.
> ③ 능동태의 주어를 'by+목적격'으로 써준다. → 생략 가능

능동태	They built the temple. 그들이 그 사원을 지었다.
수동태	The temple was built (by them). 그 사원은 그들에 의해 지어졌다.

(2) 수동태의 시제

현재	She writes a letter. → A letter **is written** by her.
과거	She wrote a letter. → A letter **was written** by her.
미래	She will write a letter. → A letter **will be written** by her.
현재완료	She has written a letter. → A letter **has been written** by her.
과거완료	She had written a letter. → A letter **had been written** by her.
진행시제	She is[was] writing a letter. → A letter **is[was] being written** by her.

(3) 조동사 수동태

> [형태] 주어+조동사+be p.p. ~ (by+목적격) → 조동사 뒤라서 be동사도 원형으로!
>
> [예문] You can easily find the restaurant. 너는 그 식당을 쉽게 찾을 수 있을 거야.
> →The restaurant **can be** easily **found**. 그 식당은 쉽게 발견될 거야.

수동태 불가 동사
- 자동사(1, 2형식): appear, disappear, exist, happen, take place, occur 등
- 상태 동사: have, belong, resemble 등

준동사의 수동태
- to부정사: to be p.p.
- 동명사: being p.p.

02 4형식 문장의 수동태 4형식 문장은 목적어가 2개이므로 수동태도 2가지 형태로 가능하다. 단, 일부 동사는 직접목적어만 주어로 삼기도 한다.

(1) 4형식 문장의 수동태 → 목적어가 2개라 수동태도 2개!

> [형태] 주어+be p.p.+직접목적어 / 주어+be p.p.+전치사+간접목적어 → 전치사는 동사에 따라 달라짐
>
> [예문] Jane gave Tim a bag. Jane은 Tim에게 가방을 주었다.
> → 간접목적어 주어: Tim **was given** a bag by Jane. Tim은 Jane에 의해 가방을 받았다.
> → 직접목적어 주어: A bag **was given** to Tim by Jane. 가방이 Jane에 의해 Tim에게 주어졌다.
>
> They asked me no questions. 그들은 내게 아무 질문도 하지 않았다.
> → 간접목적어 주어: I **was asked** no questions. 나는 아무 질문도 받지 못했다.
> → 직접목적어 주어: No questions **were asked** of me. 아무 질문도 내게 던져지지 않았다.

(2) 직접목적어만 수동태의 주어가 되는 동사 → 간접목적어를 주어로 쓰면 의미상 어색

> [암기] buy, write, sell, get, make, bring, pass, read 등
>
> [예문] They wrote me a card. 그들은 내게 카드를 써주었다.
> → A card **was written** to me(~~I was written a card~~). 카드가 나를 대상으로 쓰였다.
>
> They will buy you lunch. 그들은 네게 점심을 사줄 거야.
> → Lunch **will be bought** for you(~~You will be bought lunch~~). 점심은 너를 위해 구매될 거야.

직접목적어를 주어로 쓴 수동태 문장에서 간접목적어 앞에 쓰이는 전치사
- to: give, teach, send, tell, write 등
- for: make, find, get, buy, cook 등
- of: ask, inquire

(A), (B), (C)의 각 네모 안에서 어법에 맞는 표현으로 가장 적절한 것은?

The first underwater photographs were taken by an Englishman named William Thompson. In 1856, he waterproofed a simple box camera, attached it to a pole, and (A) lowered / lowering it beneath the waves off the coast of southern England. During the 10-minute exposure, the camera slowly flooded with seawater, but the picture survived. Underwater photography was born. Near the surface, (B) where / which the water is clear and there is enough light, it is quite possible for an amateur photographer to take great shots with an inexpensive underwater camera. At greater depths — it is dark and cold there — photography is the principal way of exploring a mysterious deep-sea world, 95 percent of which has never (C) seen / been seen before.

*exposure: 노출

• 2018년 3월 고1 기출

문제 해결의 **Key**

(A) and 앞의 동사 waterproofed, attached와 병렬 연결되는 자리이다.

(B) '관계대명사 vs. 관계부사' 문제에서는 뒷구조가 완전한지 불완전한지 따져야 한다.

(C) 동사의 주어인 which가 '보는' 주체인지, '보이는' 대상인지 따져야 한다. which의 선행사부터 파악해보자.

EXERCISE

A 주어진 단어를 어법에 맞게 변형하시오.

01 Knives and scissors could _____ as weapons. (consider)

02 Any moral or ethical opinions _____ by an individual's cultural perspective. (affect)

03 When he _____ president in 2008, he became the first African American to hold the office. (elect)

04 After they watched the videos, the babies _____ a screen with both women side by side. (show) • 2020년 11월 고1 응용

B 다음 문장이 어법상 적절한지 판단하여 O, X로 표시하시오.

01 Your luggage will bring safely to your next hotel.

02 An interesting story was told to us by the speaker.

03 The new equipment is being designed and tested.

04 This book read to me from the time I was a toddler.

C 다음 밑줄 친 부분을 바르게 고치시오.

01 A nice skirt was made of me by my mom.

02 Britain had ruled by Rome before the United Kingdom was formed.

03 Booking will accept up to 1 hour before entry. • 2021년 3월 고1

04 Consider identical twins; both individuals give the same genes. • 2020년 3월 고2

41

03 5형식 문장의 수동태 — 5형식 문장의 목적격보어는 수동태 문장에서 주격보어가 된다. 특히 지각/사역동사의 수동태에 유의하자.

(1) 5형식 문장의 수동태

형태 주어+be p.p.+**주격보어** → 능동태 문장의 목적격보어가 주격보어로 바뀜!

보어	능동태	수동태
명사	People call him **a legend**. 사람들은 그를 전설이라 부른다.	He was called **a legend**. 그는 전설로 불린다.
형용사	We found the makeup clip **useful**. 우리는 그 메이크업 영상을 유용하게 여겼다.	The makeup clip was found **useful**. 그 메이크업 영상은 유용한 것으로 밝혀졌다.
분사	We saw the man **being carried away**. 우리는 그 남자가 실려가는 것을 보았다.	The man was seen **being carried away**. 그 남자가 실려가는 것이 목격되었다.
to부정사	The pain forced her **to quit** dancing. 통증은 그녀가 춤을 그만두게 했다.	She was forced **to quit** dancing by the pain. 그녀는 통증 때문에 어쩔 수 없이 춤을 관뒀다.

(2) 지각/사역동사의 수동태

정리 목적격보어가 원형부정사인 경우 to부정사로 바꾸고, 나머지는 그대로 쓴다.

예문 We saw her **jog** alone at night. 우리는 그녀가 밤에 혼자 조깅하는 것을 봤다.
→ She was seen **to jog**(j̶o̶g̶) alone at night. 그녀는 밤에 혼자 조깅하는 것이 목격됐다.

She made him **brush** his teeth. 그녀는 그가 양치질하게 했다.
→ He was made **to brush**(b̶r̶u̶s̶h̶) his teeth. 그는 양치질을 하도록 지시받았다.

> 분사인 목적격보어는 지각/사역동사의 수동태 뒤에 그대로 나온다.
> The police saw the suspect **running away**.
> → The suspect was seen **running away** by the police.
>
> 수동태로 쓰지 않는 let, have 사역동사 중 make만 수동태 전환이 가능하며, be let, be had 는 쓰지 않는다. 참고로 be allowed가 let의 수동태를 대신한다.

04 수동태 관용표현 / 구동사의 수동태 — 숙어처럼 기억해둘 수동태 표현을 정리해두자.

(1) 수동태 관용표현: be p.p. 뒤에 by 이외의 전치사를 사용하는 표현을 숙어처럼 기억해 둔다.

be surprised at[by]	~에 놀라다	be surrounded with[by]	~에 둘러싸이다
be satisfied with	~에 만족하다	be attached to	~에 부착되다
be pleased with	~에 기뻐하다	be related to	~와 관련 있다
be tired of	~에 질리다	be interested in	~에 관심 있다
be covered with	~로 덮이다	be made of	~로 만들어지다
be crowded with	~로 붐비다	be known for	~로 유명하다
be concerned with	~와 관련 있다	be known as	~라고 알려지다
be associated with	~와 관련 있다	be known to	~에게 알려지다
be filled with	~로 가득하다	be located[situated] in	~에 위치하다

(2) 구동사의 수동태

정리 '동사+전치사/부사'로 이뤄진 구동사는 수동태로 바꿀 때 하나의 덩어리로 움직인다.

형태 be p.p.+전치사/부사+by+목적격 → 전치사가 2개 이상 연쇄되는 것처럼 보임!

예문 The boys look up to the CEO. → The CEO **is looked up to** by the boys.
그 소년들은 그 CEO를 존경한다. 그 CEO는 그 소년들에게 존경받는다.

A car almost ran over the dog. 차 한 대가 그 개를 칠 뻔했다.
→ The dog **was** almost **run over** by a car. 그 개는 거의 차에 치일 뻔했다.

> 자주 나오는 구동사
> • account for (~을 설명하다)
> • ask for (~을 요구하다)
> • care for (~을 돌보다)
> • look after (~을 돌보다)
> • take care of (~을 돌보다, 처리하다)
> • deal with (~을 다루다)
> • listen to (~을 경청하다)
> • pay attention to (~에 주의를 기울이다)
> • look down on (~을 얕보다)
> • look up to (~을 존경하다)
> • make fun of (~을 비웃다)
> • laugh at (~을 비웃다)
> • run over (~을 차로 치다)
> • dispose of (~을 처리하다)

다음 글의 밑줄 친 부분 중, 어법상 틀린 것은?

The continued survival of the human race can ① be explained by our ability to adapt to our environment. While we may have lost some of our ancient ancestors' survival skills, we have learned new skills as they have become necessary. Today, the gap between the skills we once had and the skills we now have ② grows ever wider as we rely more heavily on modern technology. Therefore, when you head off into the wilderness, it is important ③ to fully prepare for the environment. Before a trip, research how the native inhabitants dress, work, and eat. How they have adapted to their way of life will help you to understand the environment and ④ allow you to select the best gear and learn the correct skills. This is crucial because most survival situations arise as a result of a series of events that ⑤ could have avoided.

*inhabitant: 주민

• 2021년 3월 고1 응용

문제 해결의 Key

① 주어가 '설명하는' 주체인지, '설명되는' 대상인지 따져야 한다.

② 수식어구에 가려진 진짜 주어를 찾아야 한다.

③ 앞에 가주어 it이 나오므로, 진주어 자리이다.

④ and 앞의 will help와 병렬 연결되는 동사 자리이다.

⑤ 주어가 '피할 수 있었던' 주체인지, '피해질 수 있었던' 대상인지 따져야 한다. that의 선행사부터 찾도록 한다.

EXERCISE

A 주어진 단어를 어법에 맞게 변형하시오.

01 A police officer was seen ＿＿＿＿＿＿ out of the house. (come)

02 I was advised ＿＿＿＿＿＿ drinking at once by the doctor. (stop)

03 Many of the theories ＿＿＿＿＿＿ weird when they first came out. (consider)

04 She was made ＿＿＿＿＿＿ by police. (pull over)

B 다음 밑줄 친 부분을 어법상 바르게 고치시오.

01 The boy is being cared for his grandparents.

02 After the party, we were made clean up all the mess.

03 Participants are not allowed receiving outside assistance.

04 Life is filled by a lot of risks and challenges. • 2020년 3월 고1

C 다음 문장이 어법상 적절한지 판단하여 O, X로 표시하시오.

01 Special attention was paid to his idea by us.

02 At night, he was heard reciting French poetry to himself.

03 The search for the right song is associated by considerable effort. • 2021년 6월 고1 응용

04 Social stability is related to social order.

번호	p.41에서 본 예문 ▶ 다음 중 어법상 적절한 것을 고르시오.	핵심 개념	문장 해석
A 01	Knives and scissors could consider / be considered as weapons.	Knives and scissors가 '여겨지는' 대상이다.	칼과 가위는 무기로 여겨질 수 있다.
02	Any moral or ethical opinions are affected / affect by an individual's cultural perspective.	opinions가 '영향을 받는' 대상이다.	어떤 도덕적 또는 윤리적 견해는 개인의 문화적 관점에 의해 영향을 받는다.
03	When he elected / was elected president in 2008, he became the first African American to hold the office.	he가 '대통령으로 선출되는' 대상이다.	2008년 대통령에 당선되었을 때 그는 첫 번째 아프리카계 미국인 취임자가 되었다.
04	After they watched the videos, the babies were shown / were shown to a screen with both women side by side.	the babies가 문맥상 '스크린을 제시받는' 대상이다.	영상을 보고 나서 그 아기들은 두 여자가 나란히 나오는 화면을 제시받았다.
B 01	Your luggage will bring / be brought safely to your next hotel.	Your luggage가 '이송되는' 대상이다.	귀하의 짐은 다음 호텔로 안전하게 이송됩니다.
02	An interesting story was told us / to us by the speaker.	4형식 tell의 수동태에서 직접목적어가 주어이면 간접목적어 앞에 to를 쓴다.	흥미로운 이야기가 연사에 의해 우리에게 제시되었다.
03	The new equipment is being designed and tested / testing .	진행시제 수동태(be being p.p.)의 과거분사 2개가 and로 연결되는 구조이다.	새 장비는 설계 및 테스트 중입니다.
04	This book was read me / to me from the time I was a toddler.	4형식 read의 수동태에서 직접목적어가 주어이면 간접목적어 앞에 to를 쓴다.	내가 아장아장 걷는 아기였을 때부터 이 책은 내게 낭독되었다.
C 01	A nice skirt was made for / of me by my mom.	4형식 make의 수동태에서 직접목적어가 주어이면 간접목적어 앞에 for를 쓴다.	이 근사한 스커트는 엄마에 의해 내게 만들어졌다.
02	Britain had ruled / had been ruled by Rome before the United Kingdom was formed.	Britain은 로마에 의해 '지배받았던' 대상이다.	브리튼섬은 영국이 형성되기 전 로마에게 지배당했었다.
03	Booking will accept / be accepted up to 1 hour before entry.	Booking은 '접수되는' 대상이다.	예약은 입장 1시간 전까지 접수됩니다.
04	Consider identical twins; both individuals are given / give the same genes.	일란성 쌍둥이의 both individuals는 '유전자를 부여받는' 대상이다.	일란성 쌍둥이를 생각해 보자. 두 사람 모두 같은 유전자를 받는다.

번호	p.43에서 본 예문 ▶ 다음 중 어법상 적절한 것을 고르시오.	핵심 개념	문장 해석
A 01	A police officer was seen coming / come out of the house.	원형부정사 보어는 지각동사의 수동태와 함께 쓸 수 없다.	경찰관 한 명이 그 집을 나오는 것이 목격되었다.
02	I was advised stopping / to stop drinking at once by the doctor.	'advise+목적어+to부정사'의 수동태이다.	나는 의사로부터 즉시 금주하라는 충고를 들었다.
03	Many of the theories were considered weird / weirdly when they first came out.	'consider+목적어+형용사'의 수동태이다.	많은 이론은 처음에 나왔을 때는 이상하게 여겨졌다.
04	She was made pull over / to pull over by police.	원형부정사 보어는 사역동사 make의 수동태 뒤에서 to부정사로 바뀐다.	그녀는 경찰에게 차를 세우라는 지시를 받았다.
B 01	The boy is being cared for / cared for by his grandparents.	구동사의 수동태 뒤에 행위자(by+목적격)를 따로 써줘야 한다.	그 소년은 조부모에 의해서 돌봄을 받는 중이다.
02	After the party, we were made to clean / cleaning up all the mess.	원형부정사 보어는 사역동사 make의 수동태 뒤에서 to부정사로 바뀐다.	파티가 끝나고, 우리는 모든 난장판을 치워야 했다.
03	Participants are not allowed to receive / receive outside assistance.	'allow+목적어+to부정사'의 수동태이다.	참가자들은 외부 도움을 받는 것이 허용되지 않습니다.
04	Life is filled with / by a lot of risks and challenges.	'~로 가득하다'라는 의미의 수동태 관용 표현이다.	삶은 많은 위험과 도전 과제로 가득 차 있다.
C 01	Special attention was paid / was paid to his idea by us.	구동사 pay attention to의 수동태이다. attention이 주어가 되고, 동사가 be paid로 바뀐 뒤 나머지는 그대로 이어진다.	우리의 특별한 관심이 그의 아이디어에 기울여졌다.
02	At night, he was heard recite / to recite French poetry to himself.	원형부정사 보어는 지각동사의 수동태 뒤에서 to부정사로 바뀐다. to부정사 대신 현재분사를 써도 된다.	밤에 그가 혼자서 프랑스 시를 낭독하는 소리가 들렸다.
03	The search for the right song is associated by / with considerable effort.	'~와 관련 있다'라는 의미의 수동태 관용 표현이다.	적절한 노래를 찾는 것은 상당한 노력과 관련이 있다.
04	Social stability is related by / to social order.	'~와 관련 있다'라는 의미의 수동태 관용 표현이다.	사회적 안정성은 사회 질서와 관련 있다.

내신형 문제

01~02 빈칸에 들어갈 말의 형태가 바르게 짝지어진 것을 고르시오.

01

- She _____ head of the department.
- Kelly is _____ other women as an inspirational role model.

① was elected — looking up to
② was elected — looked up to by
③ was elected — looked up by
④ elected — looking up to
⑤ elected — looked up to by

02

- Despite _____, he looked peaceful.
- The puppy was helped _____ out of the box by him.
- My friend _____ a scholarship by the Chinese government.

① being arrested — get — awarded
② being arrested — to get — was awarded to
③ being arrested — to get — was awarded
④ arresting — to get — was awarded
⑤ arresting — get — awarded

03~04 다음 중 어법상 어색한 문장을 고르시오.

03

① The hills are covered with colorful wildflowers.
② His historic legacy will be remembered by all.
③ The lock on the bottom drawer was seen broken.
④ I was offered to a manager position the other day.
⑤ The match has been put off until tomorrow because of bad weather.

04

① All his health concerns are being taken care of.
② The dining car was attached to the train.
③ We were made finishing all the food served to us.
④ Mark was seen to swim in the river.
⑤ They were allowed to access the data.

05 밑줄 친 부분의 쓰임이 <보기>와 같은 것을 고르시오.

보기
- How can I return a gift that was _____ me?
- All three papers _____ by the last day of class.

① bought to — had to submit
② bought for — had to be submitting
③ bought for — had to submit
④ bought for — had to be submitted
⑤ bought to — had to be submitted

06 빈칸에 들어갈 말이 나머지와 다른 하나는?

① Everyone in the meeting was pleased _____ the decision.
② Many of her posts are concerned _____ health and money.
③ The books on the shelf were covered _____ dust.
④ She wants to be known _____ her innovative ideas.
⑤ The subway is always crowded _____ commuters.

07 주어진 문장을 수동태로 알맞게 바꾼 것은?

They instructed me to email our potential clients.

① I was instructed to email our potential clients.
② I was instructed to be emailed by our potential clients.
③ I instructed to email our potential clients by them.
④ Our potential clients were instructed to email me.
⑤ They were instructed to email our potential clients.

08 다음 대화에서 어법상 어색한 부분을 바르게 고치시오.

A: We want to sit at the table near the window.
B: I am sorry, but it has taken already.

_____ → _____

09~10 괄호 안에 주어진 말을 사용하여 우리말을 영어로 옮기시오. (단, 필요시 어형을 변화시킬 것)

09

학생들은 그들의 좋은 태도에 대해 교수에게 칭찬받았다.
(praise, the professor)

→ The students _____
 for their good attitudes.

10

고양이가 이상한 소리를 내는 것이 우리에게 들렸다.
(hear, make, a strange sound)

→ A cat _____ by us.

선택형 문제

11~20 다음 중 어법상 적절한 것을 고르시오.

11 When she was young, she was looked after / looked after by her aunt.

12 The second study has promoted / been promoted as actively as the first, and is equally convincing. • 2014년 11월 고1

13 A boy does not care how tall he is; he is vitally interested in / by who is tallest. • 2021년 6월 고2

14 Exercise can structure / be structured into the daily routine. • 2015년 3월 고1

15 A special award will be given / be given to the school or college that demonstrates that they have worked effectively with their local community.

16 News reporters are taught / teach to start their stories with the most important information. • 2021년 6월 고2

17 The passenger train was heard to whistle / whistled as it approached the platform.

18 Many efforts are now making / being made to slow down climate change.

19 At that moment, a horse was seen run / running towards them.

20 If you look back and compare the you of weeks, months, or years ago to the you of today, you should be greatly encouraging / encouraged by your progress. • 2020년 3월 고2

21 (A), (B), (C)의 각 네모 안에서 어법에 맞는 표현으로 가장 적절한 것은?

Lithops are plants that **(A)** often call / are often called 'living stones' on account of their unique rock-like appearance. They are native to the deserts of South Africa but commonly sold in garden centers and nurseries. Lithops grow well in compacted, sandy soil with little water and extreme hot temperatures. Lithops are small plants, rarely getting more than an inch above the soil surface and usually with only two leaves. The thick leaves **(B)** resemble / are resembled the cleft in an animal's foot or just a pair of grayish brown stones gathered together. The plants have no true stem and much of the plant **(C)** is / are underground. Their appearance has the effect of conserving moisture.

*cleft: 갈라진 틈

• 2021년 6월 고1 응용

	(A)	(B)	(C)
①	are often called —	resemble	— is
②	often call —	are resembled	— are
③	are often called —	resemble	— are
④	are often called —	are resembled	— is
⑤	often call —	resemble	— is

22 A lot of customers buy products only after they ① are made aware that the products are available in the market. Let's say a product, even if it has been out there for a while, ② being not advertised. Then what might happen? ③ Not knowing that the product exists, customers would probably not buy it even if the product may have worked for them. Advertising also helps people ④ find the best for themselves. When they become aware of a whole range of goods, they are able to compare them and make purchases so that they get ⑤ what they desire with their hard-earned money. Thus, advertising has become a necessity in everybody's daily life.

• 2016년 6월 고1 응용

23 Food chain means the transfer of food energy from the source in plants through a series of organisms with the repeated process of eating and being eaten. In a grassland, grass is eaten by rabbits ① while rabbits in turn are eaten by foxes. This is an example of a simple food chain. This food chain implies the sequence ② in which food energy is transferred from producer to consumer or higher trophic level. It ③ has observed that at each level of transfer, a large proportion, 80 – 90 percent, of the potential energy is lost as heat. Hence the number of steps or links in a sequence ④ is restricted, usually to four or five. The shorter the food chain or the nearer the organism is to the beginning of the chain, ⑤ the greater the available energy intake is.

*trophic: 영양의

• 2021년 6월 고1 응용

DAY 05

to부정사

Point 01 to부정사의 명사적 용법
Point 02 to부정사의 형용사적 용법
Point 03 to부정사의 부사적 용법
Point 04 가주어-진주어 구문 /
　　　　　　 to부정사의 의미상 주어

수능 + 내신 핵심 포인트

- ✔ to부정사 주어의 수 일치, 가주어 구문
- ✔ 명사를 꾸미는 to부정사
- ✔ 목적 또는 감정의 원인을 나타내는 to부정사
- ✔ to부정사의 의미상 주어

to부정사는 동사의 원래 성질 및 기능을 유지하면서 문장 속에서 명사, 형용사, 부사의 역할을 한다.

STEP ① 수능 어법 핵심 이론 총정리

01 to부정사의 명사적 용법

'to+동사원형'이 하나의 명사구로서 문장의 주어, 목적어, 보어 역할을 할 때를 살펴보자.

(1) 주어 역할

[정리] 동사 앞의 to부정사구는 문장의 주어(~하는 것은) 역할을 하며, 단수 취급된다.

[예문] **To jog** every day is good for your health. 매일 조깅하는 것은 건강에 좋다.
　　　　주어　　　　동사(단수)

　　　To sleep was all but impossible that night. 그날 밤 잠드는 것은 거의 불가능했다.
　　　　주어　　동사(단수)

(2) 목적어 역할

[정리] 특정 동사 뒤에서, to부정사구가 목적어(~하는 것을) 역할을 할 수 있다.

[예문] She decided **to take** the subway. 그녀는 지하철을 타기로 결정했다.
　　　　　　동사　　　목적어

(3) 주격보어 역할

[정리] be동사 뒤의 to부정사구는 대체로 '~하는 것'이라는 의미의 주격보어이다.

[예문] My advice is **to stop** worrying about it. 내 조언은 그걸 그만 걱정하라는 것이다.
　　　　　　　　주격보어(My advice의 내용 설명)

(4) 목적격보어 역할 → Day 02 p.22 참고!

[정리] 목적격보어인 to부정사구는 보통 '~하게 하다'라는 의미의 동사와 어울려 쓰인다.

[예문] They asked him **to complete** the form first. 그들은 그에게 서식을 먼저
　　　　동사　목적어　　목적격보어(him이 '작성하는' 주체)　작성해달라고 요청했다.

> to부정사구 주어는 to부정사구 보어와 흔히 함께 쓴다.
> **To be** a doctor is **to study** forever.

> to부정사를 목적어로 취하는 동사
> hope, want, expect, decide, promise, refuse, fail, plan 등

> 의문사+to부정사
> '의문사+to부정사(~할지)'는 주로 문장의 목적어로 쓰인다.
> · I don't know **where to stay**.
> 　(= where I <u>should</u> stay)
> · Tell me **what to do**.
> 　(= what I <u>should</u> do)

02 to부정사의 형용사적 용법

'to+동사원형'이 하나의 형용사구로 쓰여 명사를 꾸미거나 보충 설명할 때를 살펴보자.

(1) 명사를 수식하는 to부정사: ~할, ~하는

[예문] There are many ways **to save** money. 돈을 아낄 방법은 많다.

　　　Would you like something hot **to drink**? 뜨거운 마실 것 좀 드릴까요?

　　　We found a huge rock **to sit** on. 우리는 걸터앉을 큰 바위를 찾았다.

(2) 보어 역할(be to 용법) → be의 보어가 '~하는 것'으로 해석되지 않을 때 적용!

예정: ~할 것이다	She **is to arrive** at the airport at 7 p.m. 그녀는 저녁 7시에 공항에 도착할 거야. = She will arrive at the airport at 7 p.m.
의무: ~해야 한다	We **are to donate** money to the poor. 우리는 가난한 이들에게 기부해야 한다. = We should donate money to the poor.
가능: ~할 수 있다	Nobody **was to be seen** in the dark. 어둠 속에서 아무도 보이지 않았다. = Nobody could be seen in the dark.
운명: ~할 운명이다	He **was to be killed** in the war. 그는 전쟁에서 죽을 운명이었다. = He was destined to be killed in the war.
의도: ~하려고 하다	If you **are to succeed**, you must work hard. 성공하려면 열심히 노력해야 한다. = If you intend to succeed, you must work hard.

> to부정사의 수식을 받는 명사
> : ability, attempt, chance, desire, effort, opportunity, plan, time, way
> We have no <u>time</u> **to waste**.
> There are <u>plans</u> **to expand** his business.

> 수식받는 명사가 to부정사구의 목적어인 경우
> · 목적어는 반복하지 않는다.
> If you have <u>fees</u> **to pay**(~~to pay them~~), please click this link.
> · 전치사를 빼먹지 않도록 한다.
> I don't have <u>a pen</u> **to write with**(~~to write~~).
> (a pen = with의 목적어)

다음 글의 밑줄 친 부분 중, 어법상 틀린 것은?

Why do you care ① how a customer reacts to a purchase? Good question. By understanding post-purchase behavior, you can understand the influence and the likelihood of whether a buyer will repurchase the product (and whether she will keep it or return it). You'll also determine whether the buyer will encourage others ② to purchase the product from you. ③ Satisfied customers can become unpaid ambassadors for your business, so customer satisfaction should be on the top of your to-do list. People tend to believe the opinions of people they know. People trust friends over advertisements any day. They know that advertisements are paid to tell the "good side" and that they're used to ④ persuading them to purchase products and services. By continually monitoring your customer's satisfaction after the sale, you have the ability ⑤ to avoid negative word-of-mouth advertising.

• 2023년 6월 고1 응용

문제 해결의 Key

① 간접의문문의 어순을 되짚어본다.

② encourage의 목적격보어 자리이다.

③ 주어를 수식하는 분사 자리이다.

④ 문맥상 '광고'가 '~하기 위해 이용되다'라는 의미여야 한다.

⑤ the ability를 꾸미는 수식어 자리이다.

EXERCISE

A 주어진 단어를 어법에 맞게 변형하시오.

01 I have a report _____ by 5 o'clock this afternoon. (finish)

02 The scientist wanted _____ his theory about the earthquake. (test)

03 My husband promised _____ organic vegetables in the garden. (grow)

04 We choose _____ natural resources for our next generation. (save)

B 다음 문장이 어법상 적절한지 판단하여 O, X로 표시하시오.

01 The purpose of setting goals is win the game. • 2020년 6월 고1

02 In a job search, browsing is not an effective way to reach your goal. • 2022년 3월 고1 응용

03 They get the chance sorting out what is important to them. • 2021년 6월 고1

04 Doubt causes you see positive, neutral, and even genuinely negative experiences more negatively. • 2021년 3월 고1

C 다음 밑줄 친 부분을 바르게 고치시오.

01 Your mission is become better today than you were yesterday. • 2020년 3월 고2

02 Her parents expected her saying something about the fire. • 2020년 3월 고1

03 I would like asking you to check if my smartphone case is on your boat. • 2022년 6월 고1 응용

04 His father was never supportive of his writing and forced him get a real job. • 2022년 9월 고1

03 to부정사의 부사적 용법

'to+동사원형'이 문장 내에서 부사구로 쓰일 때 어떤 의미를 갖는지 살펴보자.

(1) 목적: ~하기 위해, ~하려면 → 문장 앞, 뒤, 중간에 자유롭게 위치

예문 Miranda did her best **to treat** her disease.

Miranda는 병을 치료하려고 최선을 다했다.

= Miranda did her best **so as to[in order to]** treat her disease.

(2) 결과: (~해서 그 결과) …하다 → 주로 동사 grow (up), live, wake 등 뒤에 위치

예문 My student grew up **to be** a famous music star.

내 학생이 자라서 유명한 음악 스타가 되었다.

Both of them lived **to be** a great age. 둘 다 살아서 많은 나이가 되었다(장수했다).

(3) 감정의 원인: ~해서 → 감정을 나타내는 형용사 뒤에 위치

예문 I am pleased **to hear** from you. 네게 소식 들어서 기뻐.

He was sad **to have left** the town so soon. 그는 그 마을을 너무 빨리 떠난 것이 슬펐다.

(4) 판단의 근거: ~하다니

예문 He must be crazy **to go out** in this freezing weather.

이 추운 날씨에 외출하다니 그는 미쳤다.

(5) 정도: ~하기에 → 주로 형용사 수식

예문 This river is dangerous **to swim in**. 이 강은 수영하기에 위험하다.

My dream is to be <u>rich enough</u> **to hire** a driver.

내 꿈은 운전사를 고용할 만큼 부자가 되는 것이다.

No one is <u>too old</u> **to fall** in love. 사랑하기에 너무 나이 든 사람은 없다.

only to+동사원형
- 결과: 결국 ~하다
  He tried to get out of the trap, **only to fail**.
- 목적: 오로지 ~하기 위해
  He felt that he was trained **only to succeed**.

자주 나오는 감정 형용사
ashamed, shocked, surprised, happy, glad, sorry 등

완료부정사(to have p.p.)
주절의 시제보다 먼저 일어난 사건을 묘사한다.
He seems **to have been** ill.
현재　　　　과거
(그는 '아팠던' 것 같음)

흔히 짝을 이뤄 쓰이는 to부정사 구문
- too+형/부+to부정사
  (= so ~ that ~ can't …)
  : 너무 ~해서 …할 수 없다
- 형/부+enough+to부정사
  (= so ~ that ~ can …)
  : …하기에 충분히 ~한

04 가주어-진주어 구문 / to부정사의 의미상 주어

to부정사구 주어는 십중팔구 가주어로 대체된다.
to부정사가 의미상 주어를 취하는 방식도 알아보자.

(1) 가주어-진주어 구문

정리 문장의 주어가 너무 길어지는 것을 피하기 위해, 주어 자리에 의미 없는 it을 써넣고 진짜 주어인 to부정사를 문장 맨 뒤로 보낸 구문

예문 To keep up with the rapid pace of change is difficult.

빠른 변화 속도를 따라잡기는 어렵다.

→ **It** is difficult **to keep up with** the rapid pace of change.
　가주어　　　　　　　　　　　진주어

To avoid drinking alcohol is essential while taking antibiotics.

항생제를 먹는 동안 음주를 피하는 것은 필수적이다.

→ **It** is essential **to avoid** drinking alcohol while taking antibiotics.
　가주어　　　　　　　　진주어

(2) to부정사의 의미상 주어

정리 일반적: for+목적격 / 사람의 성격을 묘사하는 형용사 뒤: of+목적격

예문 It is normal **for people** to make mistakes. 사람이 실수하는 것은 정상이다.

He made it impossible **for me** to say no. 그는 내가 거절하는 것을 불가능하게 만들었다.

It was wise **of you** not to accept the offer. 그 제안을 받아들이지 않다니 넌 현명했어.
　　　사람 성격 의미상 주어　　　진주어(not+to부정사)

원칙적으로 가주어 it은 that 등 다른 대명사로 대체될 수 없다.
~~It(That)~~ is important to learn from your mistakes.

의미상 주어를 따로 안 쓸 때
- 일반 사람일 때
  It is not easy **(for us)** to speak a foreign language fluently.
- 문장의 주어와 같을 때
  I wish to go to Germany.
- 문장의 목적어와 같을 때
  They want **you** to be a teacher.

다음 글의 밑줄 친 부분 중, 어법상 틀린 것은?

Nothing happens immediately, so in the beginning we can't see any results from our practice. This is like the example of the man ① who tries to make fire by rubbing two sticks of wood together. He says to himself, "They say there's fire here," and he begins ② rubbing energetically. He rubs on and on, but he's very impatient. He wants to have that fire, but the fire doesn't come. So he gets discouraged and stops ③ resting for a while. Then he starts again, but the going is slow, so he rests again. By then the heat has disappeared; he didn't keep at it long enough. He rubs and rubs until he gets tired and then he stops altogether. Not only ④ is he tired, but he becomes more and more discouraged until he gives up completely, "There's no fire here." Actually, he was doing the work, but there wasn't enough heat ⑤ to start a fire. The fire was there all the time, but he didn't carry on to the end.

• 2020년 3월 고2 응용

해결의 KEY

① 관계대명사 who는 사람 선행사 뒤로 불완전한 문장을 연결한다.

② begin은 to부정사, 동명사를 모두 목적어로 취한다.

③ 'stop+to부정사(~하려고 잠시 멈추다), stop+동명사(~하기를 멈추다)'의 의미를 비교해봐야 한다.

④ 부정어구의 도치 구문이다.

⑤ 'enough+명사'를 to부정사가 수식하는 문맥이다.

EXERCISE

A 주어진 단어를 어법에 맞게 변형하시오.

01 Categories are absolutely necessary for us _____. (function) • 2021년 3월 고2

02 It is always right _____ the truth. (tell)

03 Many cities are working hard _____ areas where trees can be planted. (expand)

04 It is not easy _____ cheerful when you are having a hard time. (stay)

B 다음 밑줄 친 부분을 어법상 바르게 고치시오.

01 Find a quiet space with enough room that you to stretch out. • 2022년 9월 고1

02 Outsiders often have the perspective to see problems that the insiders are so close to really notice. • 2021년 3월 고2

03 In this day and age, that is difficult to imagine our lives without email. • 2021년 9월 고2

04 She performed enough well to move on to the final round.

C 다음 문장이 어법상 적절한지 판단하여 O, X로 표시하시오.

01 That is important to remember that computers can only carry out instructions that humans give them. • 2020년 6월 고2

02 It was thoughtful for you to invite me to the party.

03 He woke up to feel the emptiness of the house.

04 It makes me very sad to have left my cello in Paris.

번호	**p.51**에서 본 예문 ▸ 다음 중 어법상 적절한 것을 고르시오.	핵심 개념	문장 해석
A 01	I have a report finish / to finish by 5 o'clock this afternoon.	a report를 수식하는 말이 필요하다.	나는 오늘 오후 5시까지 끝내야 할 보고서가 있다.
02	The scientist wanted testing / to test his theory about the earthquake.	want는 to부정사를 목적어로 취한다.	그 과학자는 지진에 대한 자신의 이론을 검증하고 싶어 했다.
03	My husband promised growing / to grow organic vegetables in the garden.	promise는 to부정사를 목적어로 취한다.	남편은 정원에서 유기농 채소를 기르기로 약속했다.
04	We choose to save / saving natural resources for our next generation.	choose는 to부정사를 목적어로 취한다.	우리는 다음 세대를 위해 천연자원을 절약하기로 선택한다.
B 01	The purpose of setting goals is / are to win the game.	핵심 주어는 The purpose이다.	목표를 설정하는 목적은 경기에서 이기는 것이다.
02	In a job search, browsing is not an effective way reaches / to reach your goal.	an effective way를 수식하는 말이 필요하다.	구직할 때, 훑어보고 다니는 것은 목표에 이를 수 있는 효과적인 방법이 아니다.
03	They get the chance to be sorted out / to sort out what is important to them.	뒤에 what is important to them이 목적어로 나오므로 능동형을 써야 한다.	그들은 그들에게 중요한 것을 정리할 기회를 얻는다.
04	Doubt causes you sees / to see positive, neutral, and even genuinely negative experiences more negatively.	cause는 to부정사를 목적격보어로 취한다.	의심은 긍정적인 경험, 중립적인 경험, 그리고 심지어 진짜로 부정적인 경험을 더 부정적으로 보게 한다.
C 01	Your mission is become / to become better today than you were yesterday.	문장의 주격보어 자리이다.	당신의 임무는 어제보다 오늘 나아지는 것이다.
02	Her parents expected her to say / saying something about the fire.	expect는 to부정사를 목적격보어로 취한다.	그녀의 부모는 그녀가 그 화재에 관해 뭔가 말하길 기대했다.
03	I would like to ask you to check / check if my smartphone case is on your boat.	ask는 to부정사를 목적격보어로 취한다.	제 스마트폰 케이스가 귀하의 배 위에 있는지 확인해주시기를 부탁드리려고 합니다.
04	His father was never supportive of his writing and forced him getting / to get a real job.	force는 to부정사를 목적격보어로 취한다.	그의 아버지는 그가 글 쓰는 것을 절대 지지하지 않았고, 그에게 진짜 일자리를 얻으라고 강요했다.

번호	p.53에서 본 예문 ▸ 다음 중 어법상 적절한 것을 고르시오.	핵심 개념	문장 해석
A 01	Categories are absolutely necessary for / of us to function.	to부정사의 의미상 주어 자리이다. necessary는 사람의 성격을 나타내지 않는다.	범주는 우리가 제대로 기능하려면 절대적으로 필요하다.
02	It is always right to tell / tells the truth.	가주어 It에 대응되는 진주어 자리이다.	진실을 말하는 것은 항상 옳다.
03	Many cities are working hard expand / to expand areas where trees can be planted.	'~하기 위해'라는 의미의 부사구 자리이다.	많은 도시는 나무를 심을 수 있는 공간을 확장하기 위해 애쓰고 있다.
04	That / It is not easy to stay cheerful when you are having a hard time.	가주어 It은 다른 대명사로 대체되지 않는다.	어려운 시절에 쾌활함을 유지하는 것은 쉽지 않다.
B 01	Find a quiet space with enough room for / of you to stretch out.	to부정사구의 의미상 주어 자리이다.	여러분이 스트레칭할 공간이 충분한 조용한 장소를 찾으세요.
02	Outsiders often have the perspective to see problems that the insiders are too close to real / really notice.	'to+동사원형' 사이에 부사가 들어가 to부정사를 꾸밀 수 있다.	흔히 외부자들은 내부자들이 너무 가까이 있기에 진정 알아차릴 수 없는 문제를 볼 수 있는 관점을 지녔다.
03	In this day and age, it is difficult to have imagined / to imagine our lives without email.	'요즘 같은 시대'를 상상해보는 것으로, 이전 시제를 나타낼 필요가 없다.	요즘 같은 시대에 이메일이 없는 삶을 상상하기는 어렵다.
04	She performed well enough to move on / to move on enough to the final round.	'형/부+enough+to부정사(~할 만큼 충분히 …한)' 구문이다.	그녀는 결승전에 진출할 만큼 충분히 잘해냈다.
C 01	That / It is important to remember that computers can only carry out instructions that humans give them.	가주어 It은 다른 대명사로 대체되지 않는다.	컴퓨터는 인간이 주는 지시사항만 수행할 수 있다는 것을 기억하는 것이 중요하다.
02	It was thoughtful for / of you to invite me to the party.	to부정사구의 의미상 주어 자리이다. thoughtful은 사람의 성격을 묘사한다.	나를 파티에 초대해주다니 당신은 사려 깊었어요.
03	He woke up to be felt / to feel the emptiness of the house.	the emptiness of the house가 to부정사구의 목적어이므로 능동형을 써야 한다.	그는 (잠에서) 깨어 집의 공허함을 느꼈다.
04	It makes me very sad to have left / be left my cello in Paris.	'첼로를 파리에 두고 온' 과거 사건 때문에 현재 슬픔을 느끼는 것이다.	내 첼로를 파리에 두고 온 것은 나를 아주 슬프게 만들었다.

내신형 문제

`01~02` 빈칸에 들어갈 말의 형태가 바르게 짝지어진 것을 고르시오.

01

> • When did you decide _____ an artist?
> • I was surprised _____ a bomb in the box.

① to become — to be found
② becoming — to finder
③ becoming — finding
④ to become — to find
⑤ becomes — to have found

02

> • Do you have time _____ a cup of coffee?
> • How brave _____ him to jump into the river to save the lady!
> • They went early so as to _____ good seats.

① to grab — of — get
② grabbing — for — getting
③ grabbing — of — get
④ to grab — of — getting
⑤ to grab — for — got

03 다음 중 어법상 어색한 부분이 있는 문장은?

① He is old enough to take the ride on his own.
② Playing a team sport is a good way to stay active.
③ Please help me find something fun to read it.
④ I'm thrilled to be chosen as the best dancer.
⑤ This article is too difficult for me to fully understand.

04 짝지어진 두 문장의 의미가 <u>다른</u> 것은?

① I don't know how to cope with my feelings.
= I don't know how I should cope with my feelings.
② I was excited to find out that we were all relatives.
= I was excited because I found out we were all relatives.
③ They were so hungry that they could eat a horse.
= They were too hungry to eat a horse.
④ To use your smartphone while walking is very dangerous.
= It is very dangerous to use your smartphone while walking.
⑤ The return match is to take place next Monday.
= The return match is scheduled to take place next Monday.

`05~07` 밑줄 친 부분의 쓰임이 나머지와 <u>다른</u> 하나를 고르시오.

05

① <u>To love</u> is to risk being vulnerable.
② Alan's messenger ID is difficult <u>to remember</u>.
③ She will teach you <u>how to write</u> a good essay.
④ Why is it important <u>to put</u> yourself in someone else's shoes?
⑤ The decision was <u>to extend</u> the deadline by three weeks.

06

① Personality should be considered when you are looking for someone <u>to marry</u>.
② My New Year's goal is <u>to get promoted</u>.
③ We have run out of paper <u>to write on</u>.
④ The couple had many children <u>to look after</u>.
⑤ She has the remarkable ability <u>to talk to ghosts</u>.

07

① To overcome difficulty, break unhelpful habits.

② What attitude should you have to get rich fast?

③ In order to achieve your dream, you need to do more than just think about it.

④ The students are to take a written exam for their finals.

⑤ They made many plans so as to catch the thief.

08 다음 중 어법상 어색한 부분을 2개 찾아 어법에 맞게 고치시오.

How should you respond when a stranger accidentally texts you? A polite way to letting that person know that he or she has the wrong number is says: "Sorry, you have the wrong number."

_____ → _____

_____ → _____

09~10 괄호 안에 주어진 말을 사용하여 우리말을 영어로 옮기시오. (단, 필요시 어형을 변화시킬 것)

09

그녀는 그 어떤 도움 요청이든 수락할 만큼 충분히 관대했다. (accept, any request for aid)

→ She was generous _____

_____ .

10

나한테는 정시에 도착하는 것이 중요하다. (me, arrive, on time)

→ It is important _____ .

선택형 문제

11~20 다음 중 어법상 적절한 것을 고르시오.

11 The cat appears to be spent / to have spent several days alone before being rescued.

12 As we go through life, whenever we feel annoyed, anxious or even just bored, we turn to food makes / to make ourselves feel better.

• 2021년 3월 고1

13 I thought to myself, 'Did I work hard enough / enough hard to outperform the other participants?'

• 2020년 6월 고2

14 People need technological literacy if they are understood / to understand machines' mechanics and uses.

• 2022년 3월 고2

15 Why do plants have this preferential ability recovering / to recover from disaster?

• 2023학년도 9월 고3

16 Currently, our animal shelter is full, and we need your help build / to build a new shelter.

• 2021년 6월 고2

17 The only way kept / to keep from crashing was to put extra space between our car and the car in front of us.

• 2020년 3월 고2

18 Because the suburbs are spread out, it's so / too far to walk to the office or run to the store.

• 2015년 3월 고1

19 In all situations, be / to be effective, punishment must be brief and linked directly to a behavior.

• 2020년 6월 고2

20 I went back to the shop only find / to find that it had closed for good.

21 (A), (B), (C)의 각 네모 안에서 어법에 맞는 표현으로 가장 적절한 것은?

Currently, we cannot send humans to other planets. One obstacle is **(A)** that / what such a trip would take years. A spacecraft would need to carry enough air, water, and other supplies needed for survival on the long journey. Another obstacle is the harsh conditions on other planets, such as extreme heat and cold. Some planets do not even have surfaces **(B)** to land / to land on . Because of these obstacles, most research missions in space are accomplished through the use of spacecraft without crews aboard. These explorations pose no risk to human life and are less expensive than ones involving astronauts. The spacecraft carry instruments that **(C)** tests / test the compositions and characteristics of planets.

*composition: 구성 성분

• 2020년 6월 고1 응용

	(A)		(B)		(C)
①	that	—	to land	—	tests
②	what	—	to land on	—	test
③	that	—	to land on	—	test
④	that	—	to land on	—	tests
⑤	what	—	to land	—	test

22 Some beginning researchers mistakenly believe that a good hypothesis is one that is guaranteed to be right (e.g., *alcohol will slow down reaction time*). However, if we already know your hypothesis is true before you test it, testing your hypothesis won't tell us ① anything new. Remember, research is supposed to produce *new* knowledge. ② Get new knowledge, you, as a researcher-explorer, need to leave the safety of the shore (established facts) and venture into uncharted waters (as Einstein said, "If we knew what we were doing, it ③ would not be called research, would it?"). If your predictions about what will happen in these uncharted waters are wrong, that's okay: Scientists are allowed ④ to make mistakes (as Bates said, "Research is the process of going up alleys to see if they are blind"). Indeed, scientists often learn more from predictions that do not turn out than from those that ⑤ do.

*uncharted waters: 미개척 영역

• 2021년 3월 고2 응용

23 The match finished over an hour ago and there is no need ① of me to feel especially under pressure. I am tired, physically and emotionally, and I sit down ② to enjoy a cold drink, trying to make myself comfortable. But for some reason, I can't switch off. In my mind I go over every decision I made. I wonder what other referees will think of ③ how I did. I am concerned about ④ having made mistakes, and the objections of the spectators are still ringing in my ears. I keep telling myself: "Forget the game," "My colleagues and I agreed on everything," "On the whole, I did a good job." And yet, there are still concerns despite all my efforts ⑤ to brush them aside.

• 2014년 6월 고1 응용

DAY 06
동명사

Point 01 동명사의 명사적 용법

Point 02 동명사의 의미상 주어 /
동명사의 시제와 태

Point 03 동명사/to부정사를
목적어로 취하는 동사

Point 04 동명사의 관용표현

수능＋내신 핵심 포인트

- ✔ 동명사구 주어의 수 일치
- ✔ 동명사의 시제와 '능동 vs. 수동' 판단
- ✔ 목적어 자리의 '동명사 vs. to부정사' 구별
- ✔ 동명사의 관용표현

동명사는 동사의 성질과 기능은 유지한 채 문장 내에서 명사의 역할을 한다. to부정사와 그 쓰임을 비교해보자.

STEP 1 수능 어법 핵심 이론 총정리

01 동명사의 명사적 용법

'동사원형+ing' 형태의 동명사는 명사구로서 문장의 주어, 목적어, 보어 역할을 할 수 있다.

(1) 주어 역할

정리 동사 앞의 동명사는 문장의 주어 역할을 하며, 단수 취급된다.

예문 **Swimming** in the sea **is** fun. 바다에서 수영하는 것은 재미있다.
　　　　주어　　　　　　　동사(단수)

Finding love **takes** real work. 사랑을 찾는 것은 진정한 노력을 필요로 한다.
　주어　　　　　동사(단수)

(2) 목적어 역할

정리 동명사는 동사 또는 전치사 뒤에서 목적어 역할을 할 수 있다.

예문 He **suggested** **eating out** for dinner. 그는 저녁에 외식하자고 제안했다.
　　　　　동사　　　목적어

My sister **enjoys** **watching** horror movies. 우리 언니는 공포 영화를 보는 것을 즐긴다.
　　　　　동사　　　　목적어

Thank you **for** **meeting** me today. 오늘 저를 만나주셔서 고마워요. → to부정사는
　　　　　전치사　　목적어　　　　　　　　　　　　　　　　　　전치사의 목적어 X

(3) 보어 역할

정리 동명사는 주로 be동사 뒤에서 주격보어로 쓰이며, 목적격보어로는 쓰이지 않는다.

예문 What I really like is **traveling** to other countries. 내가 진짜 좋아하는 것은 외국을
　　　　　　　　주격보어(What I really like의 내용 설명)　　　다니는 것이다.

> 주어, 보어로 쓰인 동명사는 to부정사로 바꿀 수 있다.
> · **Swimming(= To swim)** alone is dangerous.
> · My job is **teaching(= to teach)** math.

> 전치사 to+동명사 관용표현
> · be used to V-ing: ~에 익숙하다
> · look forward to V-ing: ~을 기대하다
> · contribute to V-ing: ~에 공헌하다
> · be devoted to V-ing: ~에 헌신하다
> · object to V-ing: ~에 반대하다

02 동명사의 의미상 주어 / 동명사의 시제와 태

동명사는 동사적 성질을 지니므로 자기만의 의미상 주어를 취할 수 있으며, 시제와 태도 표현할 수 있다.

(1) 동명사의 의미상 주어

정리 동명사의 의미상 주어가 문장의 주어와 다르면 동명사 앞에 소유격이나 목적격으로 쓴다.

예문 Do you mind **my** using your phone? 내가 당신 전화 좀 써도 될까요?
I can't stand **her** singing in the shower. 난 그녀가 샤워 중 노래하는 걸 못 견디겠어.

(2) 동명사의 시제와 태

정리 동명사가 주절보다 과거에 일어난 일을 묘사할 때는 having p.p.를 쓰며, 동명사의 수동태는 being p.p.로 표시한다.

예문 I am very proud of **having given** birth. 나는 아기를 낳아본 것이 매우 자랑스럽다.
　　　현재　　　　　　　　　과거 경험

She was shocked at her son **being bullied**. 그녀는 아들이 괴롭힘 당한다는 것에
　　　　　　　　　의미상 주어(대상)　　수동　　　충격받았다.

암기 동명사, to부정사의 시제와 태

구분		주절과 같은 시제	주절보다 이전 시제
능동		V-ing / to-V	having p.p. / to have p.p.
		She is good at **listening to** others. 그녀는 다른 사람 말을 잘 들어준다.	He denied **having met** Jude that day. 그는 그날 Jude를 만나지 않았다고 부인했다.
수동		being p.p. / to be p.p.	having been p.p. / to have been p.p.
		Being listened to means a lot to us. 경청된다는 것은 우리에게 의미가 크다.	It has no sign of **having been touched**. (이전에) 손이 닿았던 흔적이 없다.

> to부정사의 태/시제 변화
> · She seems **to be tired**. 그녀는 피곤해 보여.
> · She seems **to have been tired** that day. (지금 보니) 그녀는 그날 피곤했던 것 같아.
> · No effort seems **to be made**. 아무 노력도 이뤄지는 것 같지 않다.
> · No effort seems **to have been made**. (지금 보니 과거에) 아무 노력도 안 이뤄졌던 것 같다.

다음 글의 밑줄 친 부분 중, 어법상 틀린 것은?

Are you honest with yourself about your strengths and weaknesses? Get to really know ① <u>yourself</u> and learn what your weaknesses are. ② <u>Accept</u> your role in your problems means that you understand the solution lies within you. If you have a weakness in a certain area, get educated and do ③ <u>what</u> you have to do to improve things for yourself. If your social image is terrible, look within yourself and take the necessary steps to improve ④ <u>it</u>, TODAY. You have the ability to choose how to respond to life. Decide today to end all the excuses, and stop ⑤ <u>lying</u> to yourself about what is going on. The beginning of growth comes when you begin to personally accept responsibility for your choices.

• 2017년 6월 고1 응용

문제 해결의 Key

① 주어와 목적어가 서로 같은 대상인지 확인한다.

② 문장 맨 앞 동사원형에 밑줄이 있으면 주어 자리인지, 명령문의 동사 자리인지 따져야 한다.

③ 선행사가 없고 뒤에 불완전한 문장이 나온다면 what 자리가 맞다.

④ it은 앞에 나온 단수명사를 대신하기 위해 쓰인다.

⑤ stop v-ing(~하기를 멈추다)이 문맥상 적절한지 검토한다.

EXERCISE

A 밑줄 친 부분의 역할로 알맞은 것을 골라 쓰시오. (주어, 보어, 동사의 목적어, 전치사의 목적어)

01 My job is <u>listening</u> to different music and writing about it.

02 She had snacks after <u>finishing</u> her homework.

03 The thief had finished <u>collecting</u> as many valuables as he could.   • 2021년 9월 고1

04 <u>Praising</u> your child's intelligence or talent would boost his self-esteem and motivate him.   • 2018년 9월 고1

B 다음 문장이 어법상 적절한지 판단하여 O, X로 표시하시오.

01 We look forward to receive a positive reply.   • 2020년 6월 고2

02 I am sorry for having been so rude last time.

03 Is there any danger of the subway being flooded in a heavy storm?

04 Get a good night's sleep requires more than simply going to bed on time.

C 다음 밑줄 친 부분을 바르게 고치시오.

01 I object to the car <u>painting</u> in red.

02 Receiving calls or text messages at night <u>are</u> a sure way to disturb your sleep.

03 By this time next year, I will be used <u>to live</u> in Brazil.

04 His family is deeply ashamed of <u>he being</u> in prison.

03 동명사/to부정사를 목적어로 취하는 동사

동명사만 혹은 to부정사만 목적어로 취하는 동사들을 기억하고, 둘 다 취하되 의미 차이가 있는 경우도 기억하자.

(1) 동명사만 목적어로 취하는 동사

암기 enjoy practice keep avoid mind finish stop quit give up advise recommend put off delay postpone admit deny allow permit suggest consider imagine anticipate involve

(2) to부정사만 목적어로 취하는 동사

암기 want would like hope wish desire expect decide determine choose plan promise agree offer refuse pretend afford manage prepare intend

(3) 동명사와 to부정사를 둘 다 목적어로 취하는 동사

의미 차이가 없는 동사	love like start begin continue cease

의미 차이가 있는 동사	• remember V-ing: (이미 한 일을) 기억하다
	  remember to-V: (앞으로 해야 할 일을) 기억하다
	• forget V-ing: (이미 한 일을) 잊다
	  forget to-V: (앞으로 해야 할 일을) 잊다
	• regret V-ing: (이미 한 일을) 후회하다
	  regret to-V: (앞으로) ~하게 되어 유감이다

try/stop V-ing vs. try/stop to-V

• try V-ing: ~하기를 시도하다
  try to-V: ~하려고 애쓰다
• stop V-ing: ~하기를 멈추다
  stop to-V: ~하기 위해 멈추다

I **tried walking** on my own.
　　동사　　목적어

He **tried to open** the door.
　　동사　　부사구(목적)

04 동명사의 관용표현

동명사의 관용표현을 숙어처럼 암기하자.

go V-ing	~하러 가다	She **went skiing** with her family. 그녀는 가족과 스키를 타러 갔다.
feel like V-ing	~하고 싶다	Mina **felt like crying** upon hearing the news. Mina는 소식을 듣자마자 울고 싶었다.
be busy (in) V-ing	~하느라 바쁘다	He **is busy writing** the annual report. 그는 연간 보고서를 쓰느라 바쁘다.
have difficulty[trouble, a hard time] (in) V-ing	~하느라 어려움을 겪다	She **had a hard time getting over** the breakup. 그녀는 이별을 극복하느라 어려움을 겪었다.
spend+시간+ (in) V-ing	~하며 시간을 보내다	The priest **spent** his life **helping** the poor. 그 신부는 가난한 사람들을 도우며 평생을 보냈다.
cannot help V-ing = cannot but V	~하지 않을 수 없다	We **couldn't help laughing** out loud. 우리는 소리 내 웃지 않을 수 없었다.
there is no V-ing = it is impossible to-V	~할 수 없다	**There's no denying** that humans are social beings. 사람들이 사회적 존재라는 것은 부인할 수 없다.
it is no use V-ing	~해도 소용없다	**It is no use worrying** about it. 그것에 관해 걱정해도 소용없다.
be worth V-ing	~할 가치가 있다	This book **is worth reading** intensively. 이 책은 집중적으로 읽을 가치가 있다.
be far from V-ing	결코 ~하지 않다	Your work **is far from being** satisfactory. 네 작업물은 전혀 마음에 들지 않아.
How/What about V-ing ~?	~하면 어때? (제안)	**How about hanging out** tonight? 오늘 밤에 나가 놀면 어때?

비교 암기할 전치사+동명사

• by V-ing: ~함으로써
  He astonished us **by saying** he would leave.
• on V-ing: ~하자마자
  On arriving home, I laid down on the sofa.
• in V-ing: ~하는 데 있어
  What strengs do you have **in leading** the team?

여러 가지 제안 표현

How/What about V-ing ~?
= Why don't you V ~?
= What do you say to V-ing~?
(~하면 어때?)

(A), (B), (C)의 각 네모 안에서 어법에 맞는 표현으로 가장 적절한 것은?

In one study, when researchers suggested that a date was associated with a new beginning (such as "the first day of spring"), students viewed it as a more attractive time to kick-start goal pursuit (A) than / as when researchers presented it as an unremarkable day (such as "the third Thursday in March"). Whether it was starting a new gym habit or (B) spending / spent less time on social media, when the date that researchers suggested was associated with a new beginning, more students wanted to begin changes right then. And more recent research by a different team found that similar benefits were achieved by (C) showing / shown goal seekers modified weekly calendars. When calendars depicted the current day (either Monday or Sunday) as the first day of the week, people reported feeling more motivated to make immediate progress on their goals.

• 2022년 11월 고2 응용

> **문제 해결의 Key**
>
> (A) 형용사 또는 부사의 비교급은 than과 어울려 쓰인다.
>
> (B) or 앞뒤로 was의 주격보어인 동명사가 병렬 연결된다.
>
> (C) 전치사 by 뒤에 목적어가 필요하다.

EXERCISE

A 주어진 단어를 어법에 맞게 변형하시오.

01 I hope _____ to read Japanese. (learn)

02 We are considering _____ to New York next month. (move)

03 Concerned about Jean idling around, Ms. Baker decided _____ her teaching method. (change) • 2019학년도 6월 고3

04 We can feel sad for others and often want _____ them. (help) • 2014년 9월 고1 응용

B 다음 밑줄 친 부분을 어법상 바르게 고치시오.

01 Both the girls admitted to cheat on the test.

02 Businessmen often choose wearing dark blue clothes.

03 I regret telling you that I cannot attend my interview scheduled for today.

04 Emma felt pain in her legs. She couldn't remember ever to be so exhausted. • 2019학년도 9월 고3 응용

C 다음 문장이 어법상 적절한지 판단하여 O, X로 표시하시오.

01 I cannot help bite my nails when I am nervous.

02 Upon heard his fans' wild cheers, he felt his body coming alive. • 2022학년도 9월 고3

03 The thief was busy gathering expensive-looking items from the luxurious house. • 2021년 9월 고1 응용

04 Parents and children are going to spend time to enjoy outdoor activities and having a picnic lunch. • 2019학년도 6월 고3

번호	p.61에서 본 예문 ▶ 다음 중 어법상 적절한 것을 고르시오.	핵심 개념	문장 해석
A 01	My job is listens / listening to different music and writing about it.	is의 주격보어 자리이다.	내 직업은 다양한 음악을 듣고 그것에 대해 쓰는 것이다.
02	She had snacks after finishing / being finished her homework.	뒤에 목적어(her homework)가 있으므로, 능동의 동명사가 필요하다.	그녀는 숙제를 마치고 간식을 먹었다.
03	The thief had finished to collect / collecting as many valuables as he could.	finish는 동명사를 목적어로 취한다.	그 도둑은 최대한 많은 귀중품을 모으는 것을 마쳤다.
04	Praise / Praising your child's intelligence or talent would boost his self-esteem and motivate him.	would boost가 문장의 술어이므로, 주어가 필요하다.	아이의 지능이나 재능을 칭찬하는 것은 아이의 자존감을 신장시키고 그에게 동기를 부여할 것이다.
B 01	We look forward to receiving / receive a positive reply.	look forward to V-ing(~하기를 기대하다) 구문이다.	우리는 긍정적인 답을 기대하고 있겠습니다.
02	I am sorry for having been / to have been so rude last time.	전치사 for 뒤에는 동명사가 필요하다.	저번에 제가 너무 무례하게 굴어서 미안해요.
03	Is there any danger of the subway being flooded / to be flooded in a heavy storm?	전치사 of 뒤에 '의미상 주어+동명사'가 연결되는 구조이다.	심한 폭풍으로 지하철이 침수될 위험이 있나요?
04	Getting a good night's sleep require / requires more than simply going to bed on time.	동명사구 주어는 단수 취급한다.	숙면을 취하는 것은 단지 제때 잠자리에 드는 것 이상을 요구한다.
C 01	I object to the car being painted / painting in red.	object to V-ing(~에 반대하다) 구문이다. the car가 의미상 주어이다.	나는 그 차가 붉은 색으로 칠해지는 것에 반대한다.
02	Receiving calls or text messages at night is / are a sure way to disturb your sleep.	동명사구 주어는 단수 취급한다.	밤에 전화나 문자메시지를 받는 것은 당신의 잠을 방해하는 확실한 방법이다.
03	By this time next year, I will be used to live / living in Brazil.	be used to V-ing(~하는 데 익숙해지다) 구문이다.	내년 이맘때면 나는 브라질에 사는 데 익숙해져 있을 것이다.
04	His family is deeply ashamed of his / him being in prison.	동명사의 의미상 주어는 소유격 또는 목적격으로 표시한다.	그의 가족은 그가 감옥에 있는 것을 깊이 수치스러워한다.

번호	p.63에서 본 예문 ▸ 다음 중 어법상 적절한 것을 고르시오.	핵심 개념	문장 해석
A 01	I hope to learn / learning to read Japanese.	hope는 to부정사를 목적어로 취한다.	나는 일본어 읽기를 배우고 싶다.
02	We are considering to move / moving to New York next month.	consider는 동명사를 목적어로 취한다.	우리는 다음달에 뉴욕으로 이사가는 것을 고려 중이다.
03	Concerned about Jean to idle / idling around, Ms. Baker decided to change her teaching method.	전치사 about 뒤로 '의미상 주어+동명사'가 연결되는 구조이다.	Jean이 빈둥거리는 것이 걱정되어, Ms. Baker는 교수법을 바꾸기로 결심했다.
04	We can feel sad for others and often want to help / helping them.	want는 to부정사를 목적어로 취한다.	우리는 타인을 위해 슬퍼할 수 있으며 자주 그들을 돕기를 원한다.
B 01	Both the girls admitted to cheat / cheating on the test.	admit은 동명사를 목적어로 취한다.	두 소녀 모두 시험에서 컨닝했음을 인정했다.
02	Businessmen often choose wearing / to wear dark blue clothes.	choose는 to부정사를 목적어로 취한다.	사업가들은 흔히 짙은 파란색 옷을 입기로 선택한다.
03	I regret telling / to tell you that I cannot attend my interview scheduled for today.	regret V-ing(~한 것을 후회하다)와 regret to-V(~하게 되어 유감이다)를 구별한다.	제가 오늘 예정된 면접에 참석할 수 없음을 말씀드리게 되어 유감입니다.
04	Emma felt pain in her legs. She couldn't remember ever to be / being so exhausted.	remember to-V(~할 것을 기억하다)와 remember V-ing(~했던 것을 기억하다)를 구별한다.	Emma는 다리에 통증을 느꼈다. 그녀는 이렇게 지쳤던 적이 여태 있었는지 기억나지 않았다.
C 01	I cannot help biting / bite my nails when I am nervous.	의미는 같지만 형태가 다른 cannot help V-ing와 cannot but V를 구별한다.	나는 긴장하면 손톱을 물어뜯지 않을 수가 없다.
02	Upon hearing / heard his fans' wild cheers, he felt his body coming alive.	upon V-ing(~하자마자) 구문이다.	팬들의 열광적인 환호를 듣자마자, 그는 자기 몸이 깨어나는 것을 느꼈다.
03	The thief was busy to gather / gathering expensive-looking items from the luxurious house.	be busy V-ing(~하느라 바쁘다) 구문이다.	그 도둑은 그 호화스러운 집에서 비싸 보이는 물건을 모으느라 바빴다.
04	Parents and children are going to spend time being enjoyed / enjoying outdoor activities and having a picnic lunch.	뒤에 outdoor activities라는 목적어가 나오므로 수동 표현이 필요하지 않다.	부모님과 자녀들은 실외 활동을 즐기고 점심 도시락을 먹으며 시간을 보낼 예정입니다.

내신형 문제

`01~02` 빈칸에 들어갈 말의 형태가 바르게 짝지어진 것을 고르시오.

01

> • They tried hard _____ the competition.
> • It's time to stop _____ about work and relax.

① to win — to worry

② winning — to worry

③ to win — worrying

④ to have won — worrying

⑤ winning — to worrying

02

> • Ella felt like _____ all day long.
> • Lee's artwork is always worth _____.
> • How about _____ more time for your friends and family?

① sleeping — praising — making

② to sleep — praising — making

③ to sleep — to praise — having made

④ having slept — to praise — to make

⑤ sleeping — praising — to make

03 다음 중 어법상 어색한 부분이 있는 문장은?

① Some people are afraid of talking to strangers.

② Do you mind me shutting the window?

③ Please remember to send him the documents later today.

④ Chloe keeps putting off to go to the dentist.

⑤ Creativity involves putting your imagination to work.

04 짝지어진 두 문장의 의미가 다른 것은?

① Sue started to work as a model at 14.
= Sue started working as a model at 14.

② Upon getting on the stage, she felt her heart race.
= As soon as she got on the stage, she felt her heart race.

③ There's no telling how long the negotiations will last.
= It's impossible to tell how long the negotiations will last.

④ What do you say to making up with Jina?
= How about making up with Jina?

⑤ I forgot to take my pills last night.
= I forgot taking my pills last night.

05 밑줄 친 ①~⑤ 중 어법상 어색한 것은?

> Do you want to enjoy ① shopping at home? You can buy the products you need without ② going to the shop. Just ③ browse online stores with your mobile devices ④ to choose what you want ⑤ is all you need to do.

06 다음 중 밑줄 친 부분의 쓰임이 다른 하나는?

① Learning to play the flute takes time and patience.

② My wife is taking care of her sick father.

③ My teacher doesn't permit eating in class.

④ Exercising regularly keeps you healthy and energetic.

⑤ One of my pleasures is watching baseball games.

07 다음 중 밑줄 친 부분이 어법상 어색한 것은?

① A young man was accused of having stolen my bag.

② You are worthy of having accepted as you are.

③ She recovered well after having taken all the pills.

④ I feel guilty about having told a lie.

⑤ How can you get over the regret of having missed out on teenage love?

08 괄호 안에 주어진 말의 알맞은 형태를 각각 쓰시오.

(a) Stopping ___(think)___ before you act is an excellent habit to develop.
(b) Far from ___(be)___ upset, she felt relieved.

09~10 괄호 안에 주어진 말을 사용하여 우리말을 영어로 옮기시오. (단, 필요시 어형을 변화시킬 것)

09

많은 사람들은 때때로 그들이 사고 싶은 것을 찾기를 포기한다. (give up, look for)
→ Many people sometimes _____ what they want to buy.

10

파티에 올 때 이 초대장을 가지고 오시는 것을 잊지 마세요. (forget, bring, this invitation card)
→ Don't _____ when you come to the party.

선택형 문제

11~20 다음 중 어법상 적절한 것을 고르시오.

11 Every farmer knows that the hard part is got / getting the field prepared. • 2020년 6월 고2

12 Her research led to her becoming / to become the first African-American female doctor to receive a patent for a medical device. • 2021년 9월 고2

13 If you are struggling to deal with having left out / being left out by your friends, a therapist can help you.

14 Researchers have difficulty determining / to determine the link between alcohol consumption and cancer. • 2022년 11월 고2

15 She is pleased with him for having told / being told her openly what was passing in his mind.

16 Many of his patients were poor farmers, and they could not always afford to pay / paying Dr. Ross's small fee. • 2015년 3월 고1

17 Doing hands-on activities that produce results you can see and touch fuels / fueling the reward circuit so that it functions optimally. • 2020년 9월 고2 응용

18 Find / Finding the best place to find the fish is the first strategic role of the media agency. • 2014년 6월 고1

19 This woman spent her entire day to sit / sitting on trains taking her hours away from her home just to help out a confused tourist visiting her country. • 2020년 9월 고2

20 Upon to meet / meeting the dance teacher, Mr. Edler, her mother requested to admit Melanie to his institute. • 2021년 9월 고2

21~23 다음 글의 밑줄 친 부분 중, 어법상 <u>틀린</u> 것을 고르시오.

21 Mammals tend to be ① <u>less colorful</u> than other animal groups, but zebras are strikingly dressed in black-and-white. What purpose do such high contrast patterns serve? The colors' roles aren't always obvious. The question of what zebras can gain from ② <u>having</u> stripes has puzzled scientists for more than a century. To try to solve this mystery, wildlife biologist Tim Caro spent more than a decade ③ <u>studying</u> zebras in Tanzania. He ruled out theory after theory — stripes don't keep them cool, stripes don't confuse predators — before finding an answer. In 2013, he set up fly traps covered in zebra skin and, for comparison, others covered in antelope skin. He saw that flies seemed to avoid ④ <u>to land</u> on the stripes. After more research, he concluded that stripes can literally save zebras from ⑤ <u>disease-carrying</u> insects.

*antelope: 영양(羚羊)

• 2018년 6월 고1 응용

22 Advice from a friend or family member is the most well-meaning of all, but it's not the best way to match yourself with a new habit. While hot yoga ① <u>may have changed</u> your friend's life, does that mean it's the right practice for you? We all have friends who *swear* their new habit of ② <u>getting</u> up at 4:30 a.m. changed their lives and that we have to do it. I don't doubt that getting up super early ③ <u>change</u> people's lives, sometimes in good ways and sometimes not. But be cautious: You don't know if this habit ④ <u>will actually make</u> your life better, especially if it means you get less sleep. So yes, you can try what worked for your friend, but don't beat yourself up if your friend's answer doesn't change you in the same way. All of these approaches involve ⑤ <u>guessing</u> and chance. And that's not a good way to strive for change in your life.

• 2022년 3월 고2 응용

23 Diversity, challenge, and conflict help us maintain our imagination. Most people assume that conflict is bad and that ① <u>being</u> in one's "comfort zone" is good. That is not exactly true. Of course, we don't want to find ② <u>ourselves</u> without a job or medical insurance or in a fight with our partner, family, boss, or coworkers. One bad experience can be sufficient to last us a lifetime. But small disagreements with family and friends, trouble with technology or finances, or challenges at work and at home can help us to think through our own capabilities. Problems that ③ <u>need</u> solutions force us to use our brains in order to develop creative answers. Navigating landscapes that are varied, that offer trials and occasional conflicts, ④ <u>are</u> more helpful to creativity than hanging out in landscapes that pose no challenge to our senses and our minds. Our ⑤ <u>two million-year</u> history is packed with challenges and conflicts.

• 2021년 9월 고1 응용

DAY 07

분사

Point 01 현재분사와 과거분사
Point 02 분사의 역할
Point 03 분사구문의 기본
Point 04 분사구문의 응용

수능 + 내신 핵심 포인트

- ✔ 분사의 '능동 vs. 수동' 구별
- ✔ 명사를 꾸미는 분사
- ✔ 분사구문-부사절 전환
- ✔ 분사구문의 응용 형태

STEP **1** 수능 어법 핵심 이론 총정리

01 현재분사와 과거분사

분사는 형용사 역할을 하며, 현재분사와 과거분사로 나뉜다.
특히 감정유발동사의 분사형을 잘 기억해 둔다.

(1) 현재분사 (V-ing)

의미 '~하는, 하고 있는' (능동, 진행)

예문 A **crying** baby 울고 있는 아기 → 뒤의 명사 baby가 '울고 있다'는 진행의 의미

surprising news 놀라운 소식 → 뒤의 명사 news가 '놀라게 하는' 주체라는 능동의 의미

(2) 과거분사 (V-ed)

의미 '~된, ~진, ~당한' (수동, 완료)

예문 **fallen** leaves 떨어진 잎들(낙엽) → 뒤의 명사 leaves가 '이미 떨어진' 상태라는 완료의 의미

pieces of **broken** glass 깨진 유리 조각 → 뒤의 명사 glass가 '깨진' 대상이라는 수동의 의미

(3) 감정을 나타내는 분사: 시험에 빈출되는 감정유발동사(~하게 하다)의 분사 형태를 기억해 둔다.

현재분사(능동: 감정을 유발하는) - 과거분사(수동: 감정을 느끼는)	
satisfying(만족시키는) - satisfied(만족한)	frightening(무섭게 하는) - frightened(무서워하는)
surprising(놀라운) - surprised(놀란)	annoying(짜증나게 하는) - annoyed(짜증이 난)
amazing(놀라운) - amazed(놀란)	interesting(흥미롭게 하는) - interested(흥미로운)
pleasing(기쁘게 하는) - pleased(기쁜)	depressing(우울하게 하는) - depressed(우울한)

감정유발동사의 능동과 수동
The book was **boring**.
→ The book이 '지루하게 만드는' 주체
I was **bored** with that book.
→ 'I'가 '지루함을 느끼는' 대상

02 분사의 역할

분사는 명사를 앞뒤에서 수식하거나, 문장의 보어 역할을 한다.

(1) 명사 수식

정리 단독으로 명사를 수식하는 분사는 명사 앞에, 구 형태로 길어진 분사는 명사 뒤에 위치한다.

예문 Look at the **rising** sun! 떠오르는 태양을 봐!

His passport was in the **stolen** bag. 그의 여권은 도둑맞은 가방 안에 있었다.

There are bombs **containing** poison gas! 독가스가 든 폭탄들이 있어요!

The sofa **stored** in the attic went moldy. 다락에 보관된 소파에 곰팡이가 슬었다.

(2) 보어 역할

정리 분사는 주격보어 또는 목적격보어로 쓰일 수 있다.

예문 The noise was **frightening**. → 주어 The noise가 '무섭게 만드는' 주체
그 소리는 무시무시했다.

The queen looked **distressed**. → 주어 The queen이 '괴롭게 만들어진' 대상
여왕은 괴로워 보였다.

She saw a big eagle **flying** above her. → 목적어 a big eagle이 '날아가는' 주체
그녀는 큰 독수리가 자기 머리 위를 날아가는 것을 보았다.

All that running around left me **exhausted**. → 목적어 me가 '지치게 만들어진' 대상
여기저기 뛰어다닌 것이 나를 지친 상태로 만들었다.

분사의 의미상 주어
• 명사를 꾸미는 분사: 수식받는 명사가 의미상 주어
a group of **dancing** girls
(danced)
• 보어인 분사: 주어 또는 목적어가 의미상 주어
The story was **interesting**.
(interested)
We had the laptop **fixed**.
(fixing)

(A), (B), (C)의 각 네모 안에서 어법에 맞는 표현으로 가장 적절한 것은?

When reading another scientist's findings, think critically about the experiment. Ask yourself: Were observations recorded during or after the experiment? Do the conclusions make sense? Can the results be repeated? Are the sources of information reliable? You should also ask if the scientist or group (A) conducting / conducted the experiment was unbiased. Being unbiased means that you have no special interest in the outcome of the experiment. For example, if a drug company pays for an experiment to test (B) what / how well one of its new products works, there is a special interest involved: The drug company profits if the experiment shows that its product is effective. Therefore, the experimenters aren't objective. They might ensure the conclusion is positive and (C) benefit / benefits the drug company. When assessing results, think about any biases that may be present!   • 2020년 6월 고1 응용

문제 해결의 Key

(A) the scientist or group이 실험의 주체인지 대상인지 판별한다.

(B) 바로 뒤에 형용사 또는 부사가 나올 수 있는 의문사가 어떤 것일지 판단해본다.

(C) might ensure와 is 중 어느 동사와 병렬 연결되는지 살핀다.

EXERCISE

A 주어진 단어를 어법에 맞게 변형하시오.

01 The poems _____ in standard English were called "majors." (write)   • 2021년 9월 고1

02 He was drawing on a _____ napkin while drinking coffee. (use)   • 2021년 6월 고1 응용

03 By the age of fourteen, he had his poems _____. (publish)   • 2021년 9월 고1 응용

04 People feel more _____ if they are rewarded instantly. (satisfy)   • 2013년 9월 고1

B 다음 문장이 어법상 적절한지 판단하여 O, X로 표시하시오.

01 Her daughter was in the hospital with a broken leg.   • 2022년 11월 고1

02 There are many superstitions surrounded the world of the theater.   • 2020년 3월 고2

03 They are not interested in trying to appear or feel superior to others.   • 2019년 11월 고1

04 Infants are more likely to take a toy offering by someone who speaks the same language as them.   • 2020년 11월 고1

C 다음 밑줄 친 부분을 바르게 고치시오.

01 Have your child join us for some <u>excited</u> dancing!   • 2018년 6월 고1

02 With "perfect" chaos we are <u>frustrating</u> by having to adapt and react again and again.   • 2018년 11월 고1

03 Like anything else <u>involved</u> effort, compassion takes practice.   • 2020년 6월 고1

04 The participants saw a picture of the large sign <u>blocked</u> the view of a beautiful house.   • 2021년 9월 고1 응용

03 분사구문의 기본

분사구문은 분사를 이용해 부사절을 간결하게 바꾼 것이다.
분사구문을 만드는 과정을 이해하면 그 의미도 쉽게 알 수 있다.

(1) 분사구문의 기본 공식

정리 ① 주절의 주어와 부사절의 주어가 같을 때, 부사절의 주어를 지운다.
② 접속사를 생략한다.
③ 동사를 V-ing 형태로 바꾼다. 이때 바뀐 형태가 Being이면 생략되기도 한다.

부사절 ② ① ③
While he was playing soccer, Jim hurt his ankle.
→ (Being)

분사구문 **Playing** soccer, **Jim** hurt his ankle. 축구를 하다가, Jim은 발목을 다쳤다.
의미상 주어('축구하는' 주체)

(2) 분사구문의 의미: 생략된 접속사에 따라 시간, 이유, 조건, 양보 등으로 해석한다.
문맥상 제일 자연스러운 의미를 넣으면 된다.

시간	**Walking** down the hall, we heard someone scream. (= **When** we walked down ~) 복도를 걸어갈 때, 우리는 누군가 비명 지르는 것을 들었다.
이유	**Being** ill, she stayed at home. (= **Because** she was ill ~) 아팠기 때문에, 그녀는 집에 있었다.
조건	**Crossing** the street, you will find the repair shop. (= **If** you cross the street ~) 길을 건너면, 당신은 수리점을 발견할 거예요.
양보	Though **injured** in the game, he played till the end. → '접속사+분사'도 가능 (= **Though** he was injured ~) 비록 경기에서 부상을 당했지만, 그는 끝까지 경기했다.
결과	The volcano erupted, **destroying** the village. (= ~, **and** it destroyed the village.) 화산이 폭발해서, (그 결과) 마을을 파괴했다.

분사구문의 부정
not을 분사 앞에 붙인다.
He stood still, **not knowing** what to do next.

분사구문의 시제
주절보다 먼저 일어난 상황을 묘사하려면 having p.p. 형태를 쓴다. 이를 완료분사구문이라 한다.
Having finished his coffee, he left the café.
→ 떠나기 '전' 커피를 마심

부대상황의 분사구문
주절과 동시에 또는 연달아 일어나는 상황을 표현한다.
Watching the clip, we felt bored.
(= While/As we watched ~)
→ 동영상을 '보며' 지루함을 느낌

04 분사구문의 응용

부사절의 접속사나 주어가 생략되지 않은 분사구문의 응용 형태를 익혀보자.

(1) 접속사를 남긴 분사구문

정리 분사구문의 의미를 분명히 하기 위해 접속사를 생략하지 않는 경우도 있다.

형태 접속사+분사 → 주로 시간, 조건, 양보의 의미

예문 **While** running away, he felt thirsty. 달아나는 도중, 그는 목이 말랐다.
Though (being) young, the king was bold. 비록 젊어도, 그 왕은 대담했다.
접속사 보어(형용사, 전치사구 등)

(2) 수동분사구문

정리 수동태(be p.p.)의 be가 being으로 바뀌면서 생략되고, p.p.가 분사구문을 이끈다.

형태 p.p. ~, S+V ...

예문 **Inspired** by his poem, she wrote a novel. 그의 시에서 영감을 받아 그녀는 소설을 썼다.
(= As she was inspired by his poem)

(3) 독립분사구문

정리 부사절의 주어가 주절의 주어와 다르면 분사구문 앞에 주어를 그대로 남겨둔다.

형태 S' V-ing/p.p. ~, S+V ...

예문 Paper is made from many materials, **trees being** the most important.
주어 의미상 주어 분사구문
종이는 많은 재료로 만들어지는데, 나무가 (그중) 가장 중요한 재료다.

분사구문 관용표현
generally speaking(일반적으로 말해서)
considering(~을 고려할 때)
given(~을 고려할 때)
judging from(~로 판단컨대)
compared with(~와 비교하면)

with+명사+분사
독립분사구문의 일종으로, 주절과 동시에 일어나는 상황을 표현한다.
She was looking in the mirror **with the tap running**. 의미상 주어
능동

I stayed in bed for a month **with my legs bandaged**.
의미상 주어 수동

다음 글의 밑줄 친 부분 중, 어법상 틀린 것은?

On ① <u>a two-week trip</u> in the Rocky Mountains, I saw a grizzly bear in its native habitat. At first, I felt joy as I watched the bear ② <u>walk</u> across the land. He stopped every once in a while to turn his head about, ③ <u>sniffed</u> deeply. He was following the scent of something, and slowly I began to realize ④ <u>that</u> this giant animal was smelling me! I froze. This was no longer a wonderful experience; it was now an issue of survival. The bear's motivation was to find meat ⑤ <u>to eat</u>, and I was clearly on his menu.

*scent: 냄새

· 2023년 3월 고1 응용

EXERCISE

A 주어진 단어를 어법에 맞게 변형하시오.

01 _____ immediately, you can catch the train. (leave)

02 There _____ no objections, his promotion was approved. (be)

03 _____, they returned home, tears rolling down Melanie's cheeks. (disappoint)   · 2021년 9월 고2

04 Wear earplugs to protect your ears when _____ part in a loud activity. (take)

B 다음 밑줄 친 부분을 어법상 바르게 고치시오.

01 <u>Having been heard</u> the judge's solution, the farmer agreed.

02 All things <u>were</u> equal, I prefer the cheaper model.

03 With his arms <u>folding</u>, the tall dark man was standing in the corner.

04 Everyone burst out laughing <u>thought</u> that it was a joke.   · 2020년 11월 고1

C 다음 문장이 어법상 적절한지 판단하여 O, X로 표시하시오.

01 After carefully considered the opportunity, I decided to turn it down.   · 2014년 3월 고1

02 Having won the battle, the general was considered a hero.

03 Wanted to know more about the accident, I flipped through the documents.

04 Bright-colored products are placed higher and dark-colored products lower, given that they are of similar size.   · 2018년 11월 고1 응용

번호	**p.71**에서 본 예문 ▶ 다음 중 어법상 적절한 것을 고르시오.	핵심 개념	문장 해석
A 01	The poems writing / written in standard English were called "majors."	수식받는 명사 The poems가 '쓰여진' 대상이다.	표준 영어로 쓴 시들은 'majors'라고 불렸다.
02	He was drawing on a using / used napkin while drinking coffee.	수식받는 명사 napkin이 '사용된' 대상이다.	그는 커피를 마시며 (이미) 사용한 냅킨 위에 그림을 그리고 있었다.
03	By the age of fourteen, he had his poems publish / published .	목적어 his poems가 '출판된' 대상이다.	14세의 나이에, 그는 자기 시를 출판했다.
04	People feel more satisfying / satisfied if they are rewarded instantly.	동사 satisfy는 '만족시키다'라는 뜻인데, 주어 People은 '만족을 느끼는' 상황이다.	사람들은 그들이 즉각적으로 보상 받는다면 더 만족감을 느낀다.
B 01	Her daughter was in the hospital with a breaking / broken leg.	수식받는 명사 leg가 '부러진' 대상이다.	그녀의 딸은 다리가 (이미) 부러진 상태로 입원해 있었다.
02	There are many superstitions surrounding / surrounded the world of the theater.	주어 superstitions가 '둘러싸는' 주체이다.	연극계를 둘러싸고 있는 많은 미신이 있다.
03	They are not interesting / interested in trying to appear or feel superior to others.	동사 interest는 '흥미를 유발하다'라는 뜻인데, 주어 They는 '관심을 느끼는' 상황이다.	그들은 남들보다 우월해 보이거나 우월감을 느끼려고 애쓰는 데 관심이 없다.
04	Infants are more likely to take a toy offering / offered by someone who speaks the same language as them.	수식받는 명사 a toy가 '제공되는' 대상이다.	유아들은 자기와 똑같은 언어를 구사하는 사람이 주는 장난감을 받을 확률이 더 높다.
C 01	Have your child join us for some exciting / excited dancing!	동사 excite가 '신나게 하다'라는 의미이고, 수식받는 명사 dancing은 '신나게 하는' 주체이다.	아이를 신나는 춤에 참여시켜 주세요!
02	With "perfect" chaos we are frustrating / frustrated by having to adapt and react again and again.	동사 frustrate는 '좌절시키다'라는 뜻인데, 주어 we가 '좌절감을 느끼는' 것이다.	'완전한' 혼돈 속에서, 우리는 계속해서 적응하고 반응해야 하는 것에 좌절한다.
03	Like anything else involving / involved effort, compassion takes practice.	수식받는 명사 anything else가 '포함하는' 주체이다.	노력이 들어가는 다른 어떤 것들과 마찬가지로, 연민도 연습이 필요하다.
04	The participants saw a picture of the large sign blocking / blocked the view of a beautiful house.	수식받는 명사 the large sign이 '가리는' 주체이다.	참가자들은 아름다운 집의 시야를 가리는 큰 표지판이 있는 사진을 보았다.

번호	p.73에서 본 예문 ▸ 다음 중 어법상 적절한 것을 고르시오.	핵심 개념	문장 해석
A 01	Left / Leaving immediately, you can catch the train.	의미상 주어 you가 '떠나는' 주체이다.	바로 떠나면 넌 기차를 탈 수 있을 거야.
02	There were / being no objections, his promotion was approved.	'there be+주어(~이 있다)'의 분사구문은 'there being+주어'이다.	이의가 없어서, 그의 승진이 승인되었다.
03	Disappointed, they returned home, tears rolled / rolling down Melanie's cheeks.	의미상 주어 tears가 '굴러내리는' 주체이다.	실망해서 그들은 집으로 돌아왔고, Melanie의 뺨에는 눈물이 흘러내렸다.
04	Wear earplugs to protect your ears when taking / taken part in a loud activity.	명령문이라서 생략된 의미상 주어 you가 '참여하는' 주체이다.	시끄러운 활동에 참여할 때는 귀를 보호할 수 있도록 귀마개를 착용하세요.
B 01	Heard / Having heard the judge's solution, the farmer agreed.	the farmer가 동의하기 '전에' 판결을 들은 것이다.	판사의 결정을 들은 후, 농부는 동의했다.
02	All things were / being equal, I prefer the cheaper model.	All things가 의미상 주어인 독립분사구문이다.	모든 것이 동일하다면, 전 더 싼 제품이 좋아요.
03	With his arms folding / folded , the tall dark man was standing in the corner.	의미상 주어인 his arms가 '접히는' 대상이다.	키 크고 피부가 검은 남자가 팔짱을 낀 채로 구석에 서 있었다.
04	Everyone burst out laughing thought / thinking that it was a joke.	의미상 주어인 Everyone이 '생각하는' 주체이다.	모두 그것이 농담이라고 생각하며 웃음을 터뜨렸다.
C 01	After carefully considering / considered the opportunity, I decided to turn it down.	의미상 주어인 'I'가 '고려하는' 주체이다.	그 기회를 곰곰이 생각해본 후 나는 그것을 거절하기로 마음먹었다.
02	Having been won / Having won the battle, the general was considered a hero.	의미상 주어인 the general이 '싸움에 이겼던' 주체이다.	전투에서 승리하고 나서, 그 장군은 영웅으로 여겨졌다.
03	Wanting / Wanted to know more about the accident, I flipped through the documents.	의미상 주어 'I'가 '원하는' 주체이다.	그 사고에 관해 더 알고 싶어서, 나는 서류를 뒤적거렸다.
04	Bright-colored products are placed higher and dark-colored products lower, giving / given that they are of similar size.	문맥상 '~을 고려하면'이라는 분사구문 관용표현 자리이다.	모두 비슷한 크기임을 고려해, 밝은색 물건은 위쪽에, 어두운색 물건은 아래쪽에 배치된다.

내신형 문제

01~02 빈칸에 들어갈 말의 형태가 바르게 짝지어진 것을 고르시오.

01

> • The kids were _____ with their new toy.
> • My mind often goes blank, _____ what to say.

① fascinating — not knowing

② fascinated — knowing not

③ fascinating — knowing not

④ fascinated — not knowing

⑤ fascinated — not being known

02

> • _____ from the moon, the Earth may look small.
> • Africa has made _____ progress in the past decade.
> • _____ stormy, all of us stayed inside.

① Seen — astonished — It being

② Seen — astonishing — Being

③ Seeing — astonished — Being

④ Seen — astonishing — It being

⑤ Seeing — astonishing — It being

03~04 다음 중 어법상 어색한 문장을 고르시오.

03

① Smiling brightly, she shook hands with me.

② Jay stood with his hands shaded his eyes.

③ Having been unemployed for years, she lost her confidence.

④ Surprised at the rumor, he turned pale.

⑤ Judging from my experience, it will take another two weeks to get the project done.

04

① Asking to deal with an angry customer, she looked stressed.

② Joyful and excited, the children ran outside in the snow.

③ Generally speaking, he is an affectionate person.

④ All things considered, Sam is the most suitable candidate.

⑤ She lived a life marked by poverty and suffering.

05 밑줄 친 ①~⑤ 중 어법상 어색한 것은?

> On the day of the brain exam, Penny arrived at the hospital at 9 a.m. ① Going through the admission process, she felt more and more ② anxious. The nurse led her to the waiting area, ③ asked her to stay there till her name was called. ④ Overwhelmed by fear, she kept praying ⑤ that everything would be okay.

06~07 다음 중 밑줄 친 부분의 쓰임이 다른 하나를 고르시오.

06

① She left a letter telling me our relationship was over.

② Would you like to have an exciting career in international business?

③ These days, many people consider retiring early.

④ Hearing his words of encouragement, I was motivated to start again.

⑤ We noticed a man carrying a big bouquet of roses.

07

① Children are becoming <u>disconnected</u> from nature.

② It's time to only focus on the issue <u>raised</u>.

③ The ability to make decisions when <u>needed</u> is a must.

④ The old farmer got exhausted after he <u>searched</u> for his lost watch for a long time.

⑤ Have you ever had something <u>delivered</u> to your house that you didn't order?

08 괄호 안에 주어진 말의 알맞은 형태를 각각 쓰시오.

When a vehicle is (A) ___(leave)___ vacant on the side of the road for more than 24 hours, the police will have the vehicle (B) ___(tow)___.

(A) _____　　(B) _____

09~10 괄호 안에 주어진 말을 사용하여 우리말을 영어로 옮기시오. (단, 필요시 어형을 변화시킬 것)

09

벽이 만들어져서 그 젊은 커플을 영원히 갈라놓았다.
(separate, the young couple, forever)

→ A wall was created, _____.

10

미아를 발견한 후에, 그녀는 그를 경찰서로 데려갔다.
(have, find, a lost child)

→ _____, she took him to the police station.

선택형 문제

11~20 다음 중 어법상 적절한 것을 고르시오.

11 She made her debut on the stage but was more interesting / interested in working in films.
　　　　　　　　　　　　　　　　• 2021년 3월 고2

12 She walked out the front door, left / leaving him shocked and afraid.

13 They often found themselves involving / involved in a scandal, crime, or tragedy.
　　　　　　　　　　　　　　　　• 2018년 고2 11월 응용

14 Raising / Raised by her grandmother, who had a remarkable storytelling ability, she was inspired to become a writer. • 2021년 6월 고2 응용

15 The brain needs more time to process the details of a new invention than to recall storing / stored facts. • 2021년 3월 고1

16 She read a lot, developing / developed a deep knowledge of foreign literature.
　　　　　　　　　　　　　　　　• 2020년 6월 고1 응용

17 One of the various physical changes causing / caused by domestication is a reduction in the size of the brain. • 2020년 11월 고1

18 Still amazing / amazed by his success, he was now in the finals. • 2018년 9월 고1

19 Trying to stop an unwanted habit can be an extremely frustrated / frustrating task.
　　　　　　　　　　　　　　　　• 2018년 9월 고1

20 Having never done / Having been never done anything like this before, Cheryl hadn't anticipated the reaction she might receive.
　　　　　　　　　　　　　　　　• 2018년 6월 고2

21 (A), (B), (C)의 각 네모 안에서 어법에 맞는 표현으로 가장 적절한 것은?

When I was in high school, we had students who could study in the coffee shop and not get distracted by the noise or everything (A) happening / happened around them. We also had students who could not study if the library was not super quiet. The latter students suffered because even in the library, it was impossible to get the type of complete silence they sought. These students were victims of distractions who found it very (B) difficult / difficultly to study anywhere except in their private bedrooms. In today's world, it is impossible to run away from distractions. Distractions are everywhere, but if you want to achieve your goals, you must learn how to tackle distractions. You cannot eliminate distractions, but you can learn to live with them in a way (C) that / how ensures they do not limit you.

• 2020년 11월 고1 응용

	(A)		(B)		(C)
①	happened	—	difficult	—	how
②	happening	—	difficult	—	that
③	happening	—	difficult	—	how
④	happened	—	difficultly	—	that
⑤	happening	—	difficultly	—	that

22~23 다음 글의 밑줄 친 부분 중, 어법상 틀린 것을 고르시오.

22 ① While backpacking through Costa Rica, Masami found herself in a bad situation. She had lost all of her belongings, and had only $5 in cash. To make matters worse, because of a recent tropical storm, all telephone and Internet services were down. She had no way to get money, so decided to go knocking door to door, ② explained that she needed a place to stay until she could contact her family back in Japan to send her some money. Everybody told her they had no space or extra food and ③ pointed her in the direction of the next house. ④ It was already dark when she arrived at a small roadside restaurant. The owner of the restaurant heard her story and really empathized. Much to her delight, Masami was invited in. The owner gave her some food, and allowed her ⑤ to stay there until she could contact her parents.

• 2018년 6월 고2 응용

23 Why do you go to the library? For books, yes — and you like books because they tell stories. You hope to get lost in a story or ① be transported into someone else's life. At one type of library, you can do just that — even though there's not a single book. At a Human Library, people with unique life stories volunteer to be the "books." For a certain amount of time, you can ask them questions and listen to their stories, ② which are as fascinating and inspiring as any you can find in a book. Many of the stories ③ have to do with some kind of stereotype. You can speak with a refugee, a soldier ④ suffered from PTSD, and a homeless person. The Human Library encourages people to challenge their own ⑤ existing notions — to truly get to know, and learn from, someone they might otherwise make quick judgements about.

*PTSD(Post Traumatic Stress Disorder): 외상 후 스트레스 장애

• 2018년 6월 고2 응용

DAY 08
명사절과 부사절

Point 01 that 명사절

Point 02 whether 명사절
/ 의문사가 이끄는 명사절

Point 03 시간, 이유, 조건의 부사절

Point 04 양보, 목적, 결과의 부사절

수능+내신 핵심 포인트

- ✔ 'that vs. what', 'that vs. whether' 구별
- ✔ '의문사+주어+동사'의 어순
- ✔ 다양한 부사절 접속사의 의미
- ✔ '접속사 vs. 전치사' 구별

명사절은 문장 속에서 주어, 목적어 역할을 하며, 부사절은 주절을 보충 설명한다. 접속사에 따라 의미나 구조가 어떻게 달라지는지 살펴보자.

STEP 1 수능 어법 핵심 이론 총정리

01 that 명사절
접속사 that(~것)이 이끄는 완전한 문장이 문장의 주어, 목적어, 보어 역할을 한다.

(1) 주어 역할

정리 주어 자리의 that은 생략 불가하다. that절 주어는 가주어 it으로 흔히 대체된다.

예문 **That** the sky is blue is a well-known fact. 하늘이 파랗다는 것은 잘 알려진 사실이다.
= **It** is a well-known fact **that** the sky is blue.
　　가주어　　　　　　　　　　　　진주어

(2) 목적어 역할

정리 목적어 자리의 that은 생략 가능하다. 5형식 문장의 that절 목적어는 가목적어로 대체된다.

예문 Experts say (**that**) we need exercise. 전문가들은 우리에게 운동이 필요하다고 말한다.
We think **it** natural **that** water flows downhill. 우리는 물이 아래로 흐르는 것을
　　　　가목적어 목적격보어　　　　　진목적어　　　　당연하다고 여긴다.

> 5형식 가목적어 구문에 자주 나오는 동사
> : think, make, consider, find, believe

(3) 보어 역할

정리 that절 보어는 주로 be동사 뒤에 위치하며, 이때 that은 생략 가능하다.

예문 The problem is **that** resources are limited. 문제는 자원이 제한적이라는 것이다.
　　　　　　　　　주격보어

(4) 동격절

정리 추상명사 뒤에 그 내용을 보충 설명하는 완전한 that절이 나오면 동격으로 본다.

예문 The fact **that** she learned a new language impresses everyone.
　　　　└─ = ─┘
　　　　그녀가 새 언어를 배웠다는 것은 모두에게 깊은 인상을 준다.

> 동격절을 유도하는 추상명사
> : the fact, the rumor, the idea, the evidence, the belief, the possibility 등

02 whether 명사절 / 의문사가 이끄는 명사절
whether(~인지 아닌지) 또는 의문사가 이끄는 명사절의 쓰임도 알아보자.

(1) whether 명사절 → 동사의 목적어 자리에 온 whether는 if로 대체 가능

주어		**Whether** the weather will improve is uncertain. 날씨가 좋아질 것인지는 확실하지 않다.
목적어	동사 뒤	I wonder **whether**(=if) I made the right choice. 나는 내가 올바른 선택을 했는지 의문이다.
	전치사 뒤	I am unsure of **whether** I should accept the job offer or not. 나는 그 일자리 제안을 받아들여야 할지 말지 확신이 없다.
보어		The question was **whether** the solution would work. 문제는 그 해결책이 효과가 있을지였다.

> whether와 자주 쓰이는 동사
> : see, check, ask, doubt, wonder, question 등
>
> whether vs. if
> • 바로 뒤에 or not이 나오면 whether만 쓴다.
> • 'whether+to부정사(~할지 말지)'의 whether는 if로 바꾸지 못한다.
> • 전치사의 목적어 자리에는 whether만 쓴다.

(2) 의문사가 이끄는 명사절(=간접의문문) → '의문사+주어+동사'의 어순

의문대명사	**who, what, which / 뒤에 불완전한 절** The detective investigated **who** had stolen the jewelry. → 주어가 빠진 절 형사는 누가 보석을 훔쳤는지 수사했다. He wanted to know **what** she said. → 목적어가 빠진 절 그는 그녀가 뭐라고 말했는지 알고 싶었다.
의문부사	**where, when, why, how / 뒤에 완전한 절** Tell me **where** she is. 그녀가 어디 있는지 말해줘. Do you know **how** tall he is? 그의 키가 얼마나 큰지 아니?
의문형용사	**what, which / 바로 뒤에 명사가 나옴** He was trying to remember **what** color his bicycle was. → what+명사 그는 자기 자전거가 무슨 색이었는지 기억하려고 애쓰는 중이었다.

> 의문부사 how(얼마나)의 어순
> : how+형/부+주어+동사
> Tell me **how happy you are.**

다음 글의 밑줄 친 부분 중, 어법상 틀린 것은?

The belief that humans have morality and animals don't is such a longstanding assumption that it could well be called a habit of mind, and bad habits, as we all know, are extremely hard ① to break. A lot of people have caved in to this assumption because it is easier to deny morality to animals than to deal with the complex effects of the possibility ② that animals have moral behavior. The historical tendency, framed in the outdated dualism of us versus them, ③ is strong enough to make a lot of people cling to the status quo. Denial of ④ who are animals conveniently allows for maintaining false stereotypes about the cognitive and emotional capacities of animals. Clearly a major paradigm shift is needed, because the lazy acceptance of habits of mind has a strong influence on ⑤ how animals are understood and treated.

*dualism: 이원론(二元論)   **status quo: 현재 상태

• 2018년 11월 고1 응용

문제 해결의 Key

① '~하기에'라는 의미로 형용사 hard를 수식하는 부사구 자리다.

② the possibility를 설명하는 동격절이다.

③ 콤마(,) 2개 사이의 삽입구를 걷어내고 진짜 주어를 찾아본다.

④ 간접의문문의 어순을 되짚어본다.

⑤ 의문부사 how 뒤에는 완전한 절이 나온다.

EXERCISE

A 밑줄 친 부분의 역할로 알맞은 것을 골라 쓰시오. (주어, 목적어, 보어, 동격)

01 The belief that he would succeed changed his life.

02 What I am saying is that he will be able to help you.

03 We find it strange that some colors are so rare in nature.

04 He believes that their hard work is rooted in a strong desire to escape poverty.

B 다음 문장이 어법상 적절한지 판단하여 O, X로 표시하시오.

01 Color can impact how do you perceive weight.   • 2018년 11월 고1

02 If this decision was wise is debatable.

03 They are still trying to decide which dish they want to order for dinner.

04 Rather than reacting emotionally, think about that you want to say and then say it calmly.

C 다음 밑줄 친 부분을 바르게 고치시오.

01 She started by changing how were drinks arranged in the room.   • 2021년 6월 고2

02 They all wondered that the outcome would be positive.

03 Our challenge isn't what we're running out of energy.   • 2020년 9월 고1

04 Consider the idea which your brain has a network of neurons.   • 2021년 3월 고1

DAY 08 명사절과 부사절

03 시간, 이유, 조건의 부사절

시간, 이유, 조건의 의미로 주절을 보충 설명하는 부사절 접속사를 알아보자.

(1) 시간의 부사절

when	~할 때	**When** the Sun rises, he begins his day with yoga. 해가 뜨면, 그는 요가로 하루를 시작한다.
while	~ 동안에	He practiced piano **while** his sister studied. 그는 누나가 공부하는 동안 피아노를 연습했다.
as	~할 때, ~하면서	**As** the deadline approached, my stress levels rose. 마감일이 다가오면서, 내 스트레스 지수가 높아졌다.
since	~ 이래로	I've been saving money **since** I got my first job. 나는 첫 직장을 잡은 뒤로 계속해서 저축하고 있다.

(2) 이유, 조건의 부사절

because		I decided to stay home **because** it was raining. 비가 오고 있었기 때문에, 나는 집에 있기로 했다.
as, since	~ 때문에	**Since** the road was blocked, we had to take a detour. 길이 막혀 있어서, 우리는 우회해야 했다.
if	만약 ~라면	**If** you take the car, I won't be able to go out. 네가 차를 가져가면 난 외출할 수 없을 거야.
unless	~하지 않으면, ~하지 않는 한	**Unless** you study hard, you will fail the course. 열심히 공부하지 않으면 넌 그 과목 낙제할 거야.
as long as	~하는 한	**As long as** you have your health, nothing else matters. 여러분이 건강한 한, 다른 어떤 것도 중요하지 않다.

기타 시간 부사절 접속사
- until: ~할 때까지
- as soon as: ~하자마자
- before/after: ~하기 전/후
- next time: 다음에 ~할 때
- every time: ~할 때마다

현재시제의 미래 대용
시간, 조건의 부사절에서는 현재 시제가 미래를 대신한다.
I'll call you **when** he **arrives**.
(will arrive)

접속사 unless의 특징
unless 바로 뒤에는 부정 표현이 나오지 않는다.
We can't leave **unless** the storm **passes**(doesn't pass).

04 양보, 목적, 결과의 부사절

양보, 목적, 결과의 의미로 주절을 보충 설명하는 부사절 접속사를 알아보자.

(1) 양보의 부사절

(al)though	비록 ~일지라도	I'm excited to go on vacation, **though** I'll miss my family. 비록 가족이 그립겠지만, 나는 휴가 갈 생각에 신난다.
even though	~이기는 하지만	**Even though** she's tired, she's still working. 그녀는 피곤하기는 하지만 아직 일하고 있다.
even if	설령[혹시] ~하더라도	I'll go to the party **even if** I don't feel like it. 혹시 내키지 않더라도 난 파티에 갈게.
while	비록 ~이지만	**While** the weather was terrible, we decided to go out. 비록 날씨가 궂었지만, 우리는 외출하기로 했다.
whether	~이든 (아니든) 간에	**Whether** it rains or not, we're going fishing. 비가 오든 안 오든, 우린 낚시를 갈 거야.

(2) 목적, 결과의 부사절

so that	~하도록	She spoke softly, **so that** she wouldn't wake the baby. 그녀는 아기를 깨우지 않도록 조용히 말했다.
	(그 결과) …하다	They planned carefully, **so that** the event could run smoothly. 그들이 꼼꼼히 계획해서 행사는 잘 진행될 수 있었다.
in case	~에 대비해서	I always bring a charger **in case** my phone dies. 핸드폰이 꺼질 때를 대비해서, 난 늘 충전기를 갖고 다녀.
so ~ that …	너무 ~해서 …하다	She was **so** happy **that** she danced all night. 그녀는 너무 행복해서 그날 밤 내내 춤췄다.

여러 의미를 가지는 접속사
- as ① ~할 때
  ② ~ 때문에
  ③ (전치사) ~로서
- while ① ~ 동안에
  ② ~ 반면에
- since ① ~ 이래로
  ② ~ 때문에

접속사 vs. 전치사
- 접속사 뒤에는 절이, 전치사 뒤에는 명사(구)가 나온다.
  Although he worked hard, he failed the test.
  = **Despite** his effort, he failed the test.
- 접속사 뒤에 분사구, 형용사구, 전치사구도 나올 수 있다.
  I felt sick **while** (being) on the plane.

다음 글의 밑줄 친 부분 중, 어법상 틀린 것은?

My dad worked very late hours as a musician — until about three in the morning — so he slept late on weekends. As a result, we didn't have much of a relationship when I was young other than him constantly nagging me to take care of chores like mowing the lawn and cutting the hedges, ① which I hated. He was a responsible man ② dealing with an irresponsible kid. Memories of how we interacted ③ seem funny to me today. For example, one time he told me to cut the grass and I decided to do just the front yard and postpone doing the back, but then it rained for a couple days and the backyard grass became so ④ high I had to cut it with a sickle. That took so long ⑤ which by the time I was finished, the front yard was too high to mow, and so on.

*sickle: 낫

• 2018년 9월 고1 응용

문제 해결의 Key

① 콤마 앞의 구절 'chores like mowing ~ and cutting ~'을 받는 관계대명사 자리이다.

② a responsible man이 '다루는' 주체이다.

③ 주어가 복수명사인 Memories이다.

④ became의 보어 자리이다.

⑤ '너무 ~해서 …하다'라는 의미의 부사절 구문이다.

EXERCISE

A 밑줄 친 단어의 의미를 쓰시오.

01 In 1928, her career skyrocketed <u>as</u> she gained widespread recognition.

02 Adults can eat all they need, <u>as</u> their stomachs are big enough.

03 I have been feeling ill <u>since</u> I caught a cold last week.

04 People had the opportunity to socialize <u>while</u> styling each other's hair. • 2020년 11월 고2

B 다음 밑줄 친 부분을 어법상 바르게 고치시오.

01 What you buy is waste unless you <u>don't use</u> it. • 2021년 3월 고1

02 I experienced my first heartbreak <u>during</u> in high school.

03 One reason babies might like faces is <u>because</u> something called evolution. • 2021년 6월 고1

04 <u>Despite</u> he was awake, the merchant pretended to be in a deep sleep. • 2021년 9월 고1

C 다음 문장이 어법상 적절한지 판단하여 O, X로 표시하시오.

01 We don't want perfect predictability, even if what's on repeat is appealing. • 2022년 6월 고2

02 As long as my mind and memories remain intact, I will continue to be the same person. • 2021년 11월 고1

03 What starts out as bad news becomes happier and happier as it travels up the ranks. • 2022년 9월 고2

04 During you sleep, your brain is hard at work forming the pathways necessary for learning. • 2022년 3월 고1

번호	p.81에서 본 예문 ▶ 다음 중 어법상 적절한 것을 고르시오.	핵심 개념	문장 해석
A 01	The belief which / that he would succeed changed his life.	The belief와 동격인 명사절 자리이다.	자신이 성공할 것이라는 믿음은 그의 인생을 바꿨다.
02	That / What I am saying is that he will be able to help you.	I am saying은 목적어가 빠진 불완전한 문장이다. 앞에 선행사도 없다.	내가 하는 말은, 그가 너를 도와줄 수 있을 거라는 거야.
03	We find it strange that / what some colors are so rare in nature.	'some colors ~ in nature'가 완전한 2형식 구조이다.	우리는 일부 색상이 자연에서 그토록 드문 것을 이상하게 여긴다.
04	He believes that / what their hard work is rooted in a strong desire to escape poverty.	'their hard work is rooted ~'가 완전한 수동태 문장이다.	그는 그들의 노력이 빈곤을 벗어나고자 하는 간절한 열망에 뿌리를 두고 있다고 믿는다.
B 01	Color can impact what / how you perceive weight.	what 뒤에는 불완전한 절이, how 뒤에는 완전한 절이 나온다.	색깔은 여러분이 무게를 어떻게 인식하는지에 영향을 미친다.
02	Whether / If this decision was wise is debatable.	if는 동사의 목적어 역할을 하는 명사절에서만 whether 대신 쓰일 수 있다.	이 결정이 현명한지는 논란의 여지가 있다.
03	They are still trying to decide that / which dish they want to order for dinner.	dish 앞에서 '어떤'이라는 의미로 dish를 수식하는 단어가 필요하다.	그들은 여전히 저녁으로 어떤 요리를 주문하고 싶은지 정하려는 중이다.
04	Rather than reacting emotionally, think about that / what you want to say and then say it calmly.	you want to say는 목적어가 빠진 불완전한 문장이다. 앞에 선행사도 없다.	감정적으로 대응하기보다는, 여러분이 무엇을 말하고 싶은지 생각해본 뒤 그것을 차분하게 이야기하라.
C 01	She started by changing how drinks were / were drinks arranged in the room.	의문부사 how가 이끄는 간접의문문이다.	그녀는 방 안에 음료가 놓여 있는 방식을 바꾸는 것으로 시작했다.
02	They all wondered that / if the outcome would be positive.	'~인지 아닌지'라는 의미의 접속사 자리이다.	그들 모두 결과가 긍정적일지 궁금했다.
03	Our challenge isn't that / what we're running out of energy.	'we're ~ energy'가 완전한 문장이다.	우리의 난관은 우리가 에너지를 다 써 가고 있다는 것이 아니다.
04	Consider the idea that / which your brain has a network of neurons.	the idea와 동격인 명사절 자리이다.	여러분의 뇌가 뉴런의 연결망을 가지고 있다는 개념을 생각해 보라.

A 01	In 1928, her career skyrocketed as / though she gained widespread recognition.	널리 인정을 받게 '되면서' 경력이 탄력을 받았다는 의미이다.	1928년에 그녀가 폭넓은 인정을 받으면서 그녀의 경력은 급부상했다.
02	Adults can eat all they need, as / because their stomachs are big enough.	콤마 뒤가 주절의 이유를 설명한다.	성인들의 위는 충분히 크기 때문에 그들은 필요한 만큼 다 먹을 수 있다.
03	I have been feeling ill since I caught / have caught a cold last week.	last week는 과거시제 부사구이다.	나는 지난주 감기에 걸린 이후 내내 몸이 안 좋다.
04	People had the opportunity to socialize during / while they were styling each other's hair.	뒤에 '주어+동사'가 나왔다.	사람들은 서로의 머리를 매만져주면서 어울릴 기회가 있었다.
B 01	What you buy is waste if / unless you don't use it.	unless는 부정형 동사와 결합할 수 없다.	당신이 구매한 것을 사용하지 않으면 그것은 낭비가 된다.
02	I experienced my first heartbreak during / while in high school.	뒤에 I was가 생략되고 전치사구만 남은 절이 나왔다.	나는 고등학교에 다니던 중 최초의 실연을 경험했다.
03	One reason babies might like faces is because / because of something called evolution.	뒤에 'something+과거분사구' 형태의 명사구가 나왔다.	아기가 얼굴을 좋아할 수도 있는 이유 한 가지는 진화라고 불리는 것 때문이다.
04	Although / Despite he was awake, the merchant pretended to be in a deep sleep.	he was awake는 '주어+동사'로 이루어진 절이다.	비록 상인은 깨어 있었지만 깊이 잠든 척했다.
C 01	We don't want perfect predictability, in spite of / even if what's on repeat is appealing.	뒤에 'what절 주어+동사 ~' 형태의 절이 나왔다.	반복되는 것이 매력적일지라도, 우리는 완벽한 예측 가능성을 원하지는 않는다.
02	Even though / As long as my mind and memories remain intact, I will continue to be the same person.	문맥상 '~하는 한'이 적합하다.	내 정신과 기억이 온전하게 남아있는 한, 나는 계속 똑같은 사람일 것이다.
03	What / That starts out as bad news becomes happier and happier as it travels up the ranks.	'starts out ~ news'는 주어가 없는 불완전한 절이다. 앞에 선행사도 없다.	나쁜 소식으로 시작한 것이 층위를 올라갈수록 점점 더 기뻐진다.
04	While / During you sleep, your brain is hard at work forming the pathways necessary for learning.	뒤에 '주어+동사'가 나왔다.	여러분이 자는 동안, 여러분의 뇌는 학습에 필요한 경로를 생성하느라 바쁘다.

내신형 문제

01~02 빈칸에 들어갈 말의 형태가 바르게 짝지어진 것을 고르시오.

01

> • She asked me _____ I was interested in working for her.
> • He was covered with dust _____ walking along the road.

① what — while
② that — for
③ whether — while
④ whether — during
⑤ that — during

02

> • Students wonder _____ the final exam will be like.
> • She keeps a map with her _____ she gets lost.
> • _____ it's true or not, the rumor will affect the stock market.

① how — although — If
② what — although — Whether
③ how — in case — If
④ what — in case — Whether
⑤ what — in case — That

03~04 다음 중 어법상 어색한 문장을 고르시오.

03

① I wonder where all of my old school friends are.
② No one can deny the fact which hard work leads to success.
③ I'll see if he's available to meet tomorrow.
④ Whether he would make it on time was uncertain.
⑤ That he never learned to swim was a great shame.

04

① If it snows, the field trip will be cancelled.
② She has been composing film music since she was a college student.
③ He runs regularly so that he can keep in good shape.
④ The baby slept peacefully during his parents watched over him.
⑤ Since I had no reason to stay, I decided to leave.

05 밑줄 친 ①~⑤ 중 어법상 어색한 것은?

> ① Having just lost the most important match of his career, Jason felt deeply ② frustrated. ③ Despite he put up a good fight, he was completely outmatched by his opponent. He knew ④ that he had trained hard and had given it his all, but ⑤ that didn't change the outcome.

06~07 다음 중 밑줄 친 부분의 쓰임이 다른 하나를 고르시오.

06

① It is good news that the company is financially sound.
② The trouble is that we think we have a lot of time.
③ She was so creative that her works of art were highly sought after.
④ They find it frustrating that the internet is down.
⑤ The proposal that the system should be changed was rejected.

07

① She doubted when the truth would come out.
② It doesn't matter when you sleep, as long as you sleep enough hours.
③ The doctor asked me when I started feeling the pain.
④ Let's check when the next train leaves for our destination.
⑤ The city lit up when night fell.

08 빈칸에 공통으로 들어갈 알맞은 말을 고르시오.

> • _____ he prepared dinner, he thought about his day at work.
> • _____ a teacher, she has the respect of her students.

① Despite   ② While   ③ Because
④ Since   ⑤ As

09~10 괄호 안에 주어진 말을 사용하여 우리말을 영어로 옮기시오. (단, 필요시 어형을 변화시킬 것)

09

> 손님이 더 있지 않으면, 그 가게는 오늘 일찍 문을 닫을 것이다. (unless, there, more customers)
> → The store will close early today _____
> _____ .

10

> 공사가 끝난 이후로, 교통이 원활하게 흐르고 있다.
> (the construction, end)
> → _____ , the traffic has been flowing smoothly.

선택형 문제

11~20 다음 중 어법상 적절한 것을 고르시오.

11 Start by asking yourself how you know whether / that or not someone is famous.
• 2018년 6월 고2

12 She will stay positive as long as / even if things don't go as planned.

13 " That / What brings me joy is when I can be the listener when someone is hungry for connection."
• 2018년 6월 고2

14 You won't get the promotion unless you prove / will prove your worth.

15 This finding is interesting because / because of , as science suggests, the more options we have, the harder our decision making process will be.
• 2018년 9월 고2

16 Considering that / what he is an expert in the field, he will produce excellent results.

17 I'm writing to ask if / that you could possibly do me a favour.
• 2020년 3월 고2

18 While / While she working as an editor, she encouraged many well-known writers of the Harlem Renaissance.
• 2020년 9월 고1

19 In a culture where there is a belief which / that you can have anything you truly want, there is no problem in choosing.
• 2021년 6월 고1

20 The end of the universe is probably so old that / when if we had that telescope, we might be able to see the beginning.
• 2018년 9월 고2

21 (A), (B), (C)의 각 네모 안에서 어법에 맞는 표현으로 가장 적절한 것은?

There is a very old story involving a man trying to fix his broken boiler. **(A)** Although / Despite his best efforts over many months, he can't do it. Eventually, he gives up and decides to call in an expert. The engineer arrives, gives one gentle tap on the side of the boiler, and it springs to life. The engineer gives a bill to the man, and the man argues that he should pay only a small fee as the job took the engineer only a few moments. The engineer explains **(B)** whether / that the man is not paying for the time he took to tap the boiler but rather the years of experience involved in knowing exactly where to tap. Just like the expert engineer tapping the boiler, effective change does not have to be time-consuming. In fact, it is often simply a question of **(C)** to know / knowing exactly where to tap.

• 2018년 6월 고1 응용

(A)	(B)	(C)
① Although —	whether —	to know
② Despite —	that —	knowing
③ Despite —	that —	to know
④ Despite —	whether —	knowing
⑤ Although —	that —	knowing

22~23 다음 글의 밑줄 친 부분 중, 어법상 틀린 것을 고르시오.

22 When the price of something fundamental drops greatly, the whole world can change. Consider light. Chances are you are reading this sentence under some kind of artificial light. Moreover, you probably never thought about ① if using artificial light for reading was worth it. Light is so cheap ② that you use it without thinking. But in the early 1800s, it would have cost you four hundred times ③ what you are paying now for the same amount of light. At that price you would notice the cost and would think twice before using artificial light to read a book. The drop in the price of light lit up the world. Not only ④ did it turn night into day, but it allowed us to live and work in big buildings that natural light could not enter. Nearly nothing we have today would be possible if the cost of artificial light ⑤ had not dropped to almost nothing.

• 2021년 3월 고1 응용

23 How can we teach our children to memorize a broad range of information? Let me prove to you ① that all people are potential geniuses, with brains designed to store, control, and remember large amounts of information through memorization by repetition. Imagine the grocery store where you shop the most. If I asked you to tell me where ② are the eggs, would you be able to do so? Of course you ③ could. The average grocery store carries over 10,000 items, yet you can quickly tell me ④ where to find most of them. Why? The store is organized by category, and you have shopped in the store repeatedly. In other words, you've seen those organized items over and over again, and the arrangement by category makes it easy for you ⑤ to memorize the store's layout. You can categorize 10,000 items from just one store.

• 2018년 3월 고1 응용

DAY 09

관계사

Point 01 관계대명사의 종류와 의미

Point 02 관계대명사의 생략 / 계속적 용법

Point 03 관계부사의 종류와 의미

Point 04 복합관계사

수능+내신 핵심 포인트

- ☑ '관계대명사 vs. 관계부사' 구별
- ☑ 관계대명사의 종류
- ☑ 계속적 용법의 의미와 특징
- ☑ 복합관계사의 종류와 의미

관계대명사와 관계부사는 형용사절을 이끈다. 둘 다 앞에
나온 명사를 꾸미거나 보충 설명하지만, 구조상 차이가 있다.

STEP 1 수능 어법 핵심 이론 총정리

01 관계대명사의 종류와 의미

관계대명사는 '접속사+대명사'의 역할을 수행한다.
관계대명사 뒤에는 불완전한 문장이 나온다.

(1) 관계대명사의 기본 개념

정리 관계대명사는 앞뒤로 절을 연결하는 '접속사'이자 선행사를 대신하는 '대명사'이다.

예문 I know a girl, and she is crazy about K-pop.
→ I know a girl who is crazy about K-pop. → who = 접속사(and)+대명사(she)
나는 케이팝에 열광하는 한 소녀를 알고 있다.

(2) 관계대명사의 종류

선행사	주격 관계대명사 (뒤에 주어 없는 절이 나옴)	목적격 관계대명사 (뒤에 목적어 없는 절이 나옴)	소유격 관계대명사 (선행사의 소유격을 대신함)
사람	the girl **who** sits in the window	the girl **who(m)** we met	the girl **whose** phone was stolen
사물	the class **which** begins today	the class **which** we take	the book **whose** cover is black

(3) that vs. what

선행사	접속사 that	관계대명사 that	관계대명사 what
앞구조	선행사 X	선행사 O	선행사 X
뒷구조	완전한 문장	불완전한 문장	불완전한 문장
예문	I hope **that** you have a great day today.	It's *the book* **that** I've been looking for.	**What** I said was true. (= The thing that)

대명사 vs. 관계대명사
대명사는 앞뒤로 문장을 연결할 수 없다.
Lee taught many pupils, some of **whom**(them) are celebrities now.
→ 콤마 앞뒤로 문장이 연결되므로, 관계대명사 사용

관계대명사+불완전한 절
the boy **who** survived alone (주어 X)
the chairs **which** we bought (목적어 X)

관계대명사 that의 특징
· 사람/사물을 모두 선행사로 받을 수 있음
· 주격 또는 목적격 역할
 : who(m), which 대체 가능

02 관계대명사의 생략 / 계속적 용법

관계대명사가 생략될 수 있는 경우를 알아두자. 추가로,
관계대명사가 콤마 뒤에서 앞말을 보충 설명하는 경우도 살펴보자.

(1) 관계대명사의 생략

주격 관계대명사	be동사와 동반 생략만 가능하며, 단독 생략은 원칙적으로 불가
	the man (**who is**) smiling at you 네게 미소 짓고 있는 남자
	the bag (**that was**) made in France 프랑스에서 제작된 가방
목적격 관계대명사	단독으로 자유롭게 생략 가능
	the car (**that**) we rented for the trip 우리가 여행 때 빌린 자동차
	the sofa (**which**) he used to sit on 그가 앉곤 했던 소파

(2) 전치사+관계대명사

정리 관계대명사가 전치사의 목적어일 때, 전치사를 관계대명사 앞으로 옮긴 것이다.
이때 전치사 바로 뒤의 관계대명사는 생략할 수 없다.

예문 Seoul is the city (**which**) I was born in. 서울은 내가 태어난 도시이다.
= Seoul is the city **in which** I was born. → which 단독 생략 불가

(3) 관계대명사의 계속적 용법

정리 콤마(,) 뒤의 관계대명사가 앞에 나온 단어나 구, 절을 보충 설명하는 것이다.

예문 We bought a house last week, **which** has a beautiful green roof.
우리는 지난주에 집을 샀는데, 그 집에는 아름다운 녹색 지붕이 있다. (선행사: a house)

I've lost my car keys, **which** means I can't drive to work today.
나는 차 열쇠를 잃어버렸는데, 이것은 내가 오늘 차로 출근할 수 없다는 뜻이다. (선행사: 콤마 앞 문장)

'전치사+관계대명사' 주의점
· 전치사를 관계대명사 앞으로 옮기면 뒤는 완전한 문장이 된다.
the sofa **on which** he used to sit
· '전치사+관계대명사'가 한꺼번에 관계부사로 바뀌기도 한다.
the state **in which(where)** we live
· that은 전치사 뒤에 올 수 없다.
the era **in which**(in that) dinosaurs lived

that, what은 계속적 용법으로 쓸 수 없다. (콤마 뒤 X)
I'm exhausted, **which** means I need to sleep early tonight.
→ which 대신 what, that X

다음 글의 밑줄 친 부분 중, 어법상 틀린 것은?

What could be wrong with the compliment "I'm so proud of you"? Plenty. ① Just as it is misguided to offer your child false praise, it is also a mistake to reward all of his accomplishments. Although rewards sound so ② positive, they can often lead to negative consequences. It is because they can take away from the love of learning. If you consistently reward a child for her accomplishments, she starts to focus more on getting the reward than on ③ what she did to earn it. The focus of her excitement shifts from enjoying learning itself to ④ pleasing you. If you applaud every time your child identifies a letter, she may become a praise lover who eventually ⑤ become less interested in learning the alphabet for its own sake than for hearing you applaud.

• 2016년 9월 고1 학평

문제 해결의 Key

① 접속사 just as(마치 ~인 것처럼) 뒤로 문장이 잘 연결되는지 살펴본다.

② sound는 2형식 감각동사이다.

③ 앞에 선행사가 없으면서 뒤에 불완전한 문장이 나오는지 검토해본다.

④ from A to B(~부터 …로) 구문이다.

⑤ 주격 관계대명사절의 동사는 선행사에 수일치시킨다.

EXERCISE

A 다음 문장을 잘 읽고, 선행사는 밑줄로, 관계대명사절은 [ ]로 표시하시오.

01 One day, I came across some plants that eat insects to survive.

02 Participants who complete all the activities are qualified to apply for the awards. • 2019년 11월 고1 응용

03 An old man whom society would consider a beggar was coming toward him. • 2019년 6월 고1

04 Dress warmly for this special program which will last longer than three hours. • 2021년 9월 고1

B 다음 문장이 어법상 적절한지 판단하여 O, X로 표시하시오.

01 Marketers have known for decades that you buy that you see first. • 2020년 6월 고1

02 He had a younger brother died in infancy. • 2018년 11월 고2

03 No species can detect all the molecules present in the environment in that it lives. • 2020년 11월 고1

04 Doctors can revive patients whom hearts have stopped beating through various techniques.

• 2018년 9월 고1 응용

C 다음 밑줄 친 부분을 바르게 고치시오.

01 You are far more likely to eat that you can see in plain view. • 2018년 3월 고2

02 Japanese people tend to talk little about themselves except to the few people with they are very close. • 2020년 3월 고1 응용

03 Light shines directly into your eyes can increase eye strain. • 2019년 6월 고1 응용

04 She admired the work of Edgar Degas and was able to meet him in Paris, that was a great inspiration. • 2019년 9월 고1

03 관계부사의 종류와 의미
관계부사는 '접속사+부사'의 역할을 수행한다. 관계부사 뒤에는 완전한 문장이 나온다.

(1) 관계부사의 기본 개념

> [정리] 관계대명사는 시간, 장소, 이유, 방법의 선행사 뒤에서 '접속사'이자 '부사'의 역할을 한다.

> [예문] New York is a state, and he currently lives there.
> → New York is the state **where** he currently lives. → where = 접속사(and)+부사(there)
> 뉴욕은 현재 그가 거주하는 주이다.

(2) 관계부사의 종류

when	시간 선행사 수식: time, day, year 등
	That was the day **when** everything went wrong. 그날은 모든 게 잘못되던 날이었다.
where	장소나 상황 선행사 수식: place, house, hotel, case, situation 등
	This is the park **where** we used to play soccer. 여기는 우리가 축구하던 공원이다.
why	이유 선행사 수식: reason
	Tell me the reason **why** you were absent. 네가 결석했던 이유를 말해봐라.
how	방법의 의미를 나타내지만, 선행사(the way)와 함께 쓰이지 않음
	Show us (the way) **how** you solved the problem. → 사실상 간접의문문(명사절) 당신이 그 문제를 푼 방법을 알려주세요.

(3) 관계부사의 생략

> [정리] when, why는 자유롭게 생략하며, where는 일반적인 선행사가 올 때 생략한다.

> [예문] There's no reason (why) you shouldn't go. 네가 가지 말아야 할 이유가 없다.
> I miss the place (where) I was brought up. 나는 내가 자란 곳이 그립다.
> 일반적 선행사

여백 주석
관계부사+완전한 절
the room **where**(~~which~~) we stayed

관계부사의 계속적 용법
- when, where만 가능
  She went back to Texas, **where** she was born.
- why, how는 불가능

선행사의 생략
the time, the place, the reason 등 일반적 선행사는 자유롭게 생략한다.
This is (**the place**) where the car crash happened.
(where절: is의 보어처럼 기능)

04 복합관계사
관계사에 '-ever'가 붙은 복합관계사의 쓰임과 의미를 정리해두자.

(1) 복합관계대명사: 관계대명사에 '-ever'를 붙인 형태로, 명사절 또는 부사절을 이끈다.

종류	선행사를 포함한 명사절	양보 부사절
who(m)ever	= anyone who(m) (~하는 사람은 누구든)	= no matter who(m) (누가[누구를] ~하든 간에)
whichever	= anything which (~한 것은 어떤 것이든 / 선택의 의미)	= no matter which (어느 쪽을 ~하든 간에)
whatever	= anything[all] that (~한 것은 무엇이든)	= no matter what (무엇이[무엇을] ~하든 간에)

> [예문] Do **whatever** you want. 원하는 것은 무엇이든 해라.
> **Whatever** you do, do it carefully. 네가 무엇을 하든 간에, 조심해서 하렴.

(2) 복합관계부사: 관계부사에 '-ever'를 붙인 형태로, 부사절을 이끈다.

종류	시간/장소 부사절	양보 부사절
whenever	= at any time when (~하는 때는 언제나)	= no matter when (언제 ~하든 간에)
wherever	= at any place where (~하는 곳은 어디나)	= no matter where (어디서 ~하든 간에)
however	X	= no matter how (아무리/얼마나 ~하든 간에)

> [예문] Come over to my office **whenever** you want. 원할 때 언제든 제 사무실로 오세요.
> **Wherever** you are, know that I am thinking of you.
> 네가 어디 있든 간에, 내가 널 생각하고 있다는 걸 알아둬.

여백 주석
복합관계형용사
whichever와 whatever는 뒤에 관사 없는 명사를 동반해 그 명사를 꾸밀 수 있다.
Let's watch **whatever** film you like. (명사절: 어떤 ~이든)
Whatever choice you make, we'll support it.
(부사절: 어떤 ~이든 간에)

however+형/부
however가 '얼마나 ~할지라도'의 의미일 때 바로 뒤에 형용사나 부사가 나온다.
However cold it is, he goes fishing every weekend.

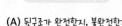

(A), (B), (C)의 각 네모 안에서 어법에 맞는 표현으로 가장 적절한 것은?

According to professor Jacqueline Olds, there is one sure way for lonely patients to make a friend — to join a group **(A)** that / where has a shared purpose. This may be difficult for people who are lonely, but research shows that it can help. Studies reveal that people who are engaged in service to others, such as volunteering, **(B)** tends / tend to be happier. Volunteers report a sense of satisfaction at enriching their social network in the service of others. Volunteering helps to reduce loneliness in two ways. First, someone who is lonely might benefit from helping others. Also, they might benefit from being involved in a voluntary program **(C)** which / where they receive support and help to build their own social network.

• 2019년 3월 고1 응용

문제 해결의 **Key**

(A) 뒷구조가 완전한지, 불완전한지 살펴야 한다.

(B) that절의 진짜 주어를 찾는 문제이다. 삽입구와 수식어구를 잘 걷어내야 한다.

(C) 뒷구조가 완전한지, 불완전한지 살펴야 한다.

EXERCISE

A 다음 중 빈칸에 알맞은 관계부사를 한 번씩 쓰시오. (when, where, why, how)

01 At a time _____ I was feeling lost, I found my way through music.

02 We tend to form generalizations about _____ people behave and things work. • 2018년 9월 고1

03 He smiled at the row of seats _____ twelve finalists had gathered. • 2022년 3월 고1

04 There are some reasons _____ the origins of human language cannot be effectively discussed. • 2020년 11월 고1

B 다음 밑줄 친 부분을 어법상 바르게 고치시오.

01 One area <u>which</u> animals are curiously uniform is with the number of heartbeats they have in a lifetime. • 2021년 9월 고1

02 Usually the prince shared <u>however</u> he had with others. • 2021년 11월 고1

03 <u>Whatever</u> she goes, there are crowds of people waiting to see her.

04 Culture and gender may affect <u>the way how</u> people perceive, interpret, and respond to conflict. • 2020년 9월 고1

C 다음 문장이 어법상 적절한지 판단하여 O, X로 표시하시오.

01 She lived at a time when literacy among women in India was less than one percent. • 2022년 11월 고2 응용

02 I don't understand the reason he's always late for work.

03 She lived in a small village, which baking bread for a hungry passerby is a custom when one misses someone. • 2019년 11월 고2 응용

04 On stage, focus is much more difficult because the audience is free to look wherever they like.

• 2019년 11월 고1

번호	p.91에서 본 예문 ▶ 다음 중 어법상 적절한 것을 고르시오.	핵심 개념	문장 해석
A 01	One day, I came across some plants that eat / eats insects to survive.	주격 관계대명사절의 동사는 선행사에 수일치시킨다.	어느날 나는 살아남기 위해 곤충을 잡아먹는 몇몇 식물을 우연히 보았다.
02	Participants that / who complete all the activities are qualified to apply for the awards.	Participants는 사람 선행사이며, that은 사물, 사람 선행사 뒤에 모두 쓰인다.	모든 활동에 참가하시는 분들은 시상식에 신청할 자격이 주어집니다.
03	An old man who / whom society would consider a beggar was coming toward him.	뒤에 would consider의 목적어가 없으므로 목적격 관계대명사가 필요한데, who는 흔히 whom을 대신한다.	사회에서 거지라고 여길 법한 노인이 그에게 다가오고 있었다.
04	Dress warmly for this special program what / which will last longer than three hours.	앞에 선행사 this special program이 있고, 뒤에 주어가 없는 불완전한 절이 나왔다.	3시간 넘게 계속될 이 특별 프로그램을 위해 옷을 따뜻하게 입으세요.
B 01	Marketers have known for decades that you buy what / that you see first.	앞에 선행사가 없고, 뒤에 see의 목적어가 없는 불완전한 절이 나왔다.	수십 년 동안 마케터들은 여러분이 먼저 본 것을 산다는 것을 알고 있었다.
02	He had a younger brother died / who died in infancy.	a younger brother를 꾸미는 형용사절 자리이다.	그에게는 젖먹이 때 죽은 남동생이 있었다.
03	No species can detect all the molecules that are present in the environment which / in which it lives.	뒤에 1형식 동사 lives가 포함된 완전한 문장이 나왔다.	어떤 종도 자기가 사는 환경에 있는 모든 분자를 감지할 수 없다.
04	Doctors can revive patients whose / whom hearts have stopped beating through various techniques.	문맥상 선행사의 소유격을 받아 '환자의' 심장이라는 의미를 완성할 단어가 필요하다.	다양한 기술을 통해, 의사들은 심장 박동이 멈춘 환자들을 되살릴 수 있다.
C 01	You are far more likely to eat that / what you can see in plain view.	앞에 선행사가 없고, 뒤에 can see의 목적어가 없는 불완전한 절이 연결되었다.	여러분은 쉽게 눈에 띄는 것을 먹을 가능성이 훨씬 더 크다.
02	Japanese people tend to talk little about themselves except to the few people whom / with whom they are very close.	뒤에 '주어+동사+보어'가 완전히 갖춰진 문장이 나왔다.	일본인들은 몇 안 되는 매우 가까운 사람을 빼고 자신에 관해 거의 이야기하지 않는 경향이 있다.
03	Light shines / that shines directly into your eyes can increase eye strain.	Light를 꾸미는 형용사절 자리다. 문장 전체의 동사는 can increase이다.	눈을 직접 비추는 빛은 눈의 피로를 증가시킨다.
04	She admired the work of Edgar Degas and was able to meet him in Paris, what / which was a great inspiration.	what은 계속적 용법으로 사용되지 않는다.	그녀는 Edgar Degas의 작품을 존경했고, 그를 파리에서 만날 수 있었는데, 이것이 큰 영감이 되었다.

번호	**p.93**에서 본 예문 ▸ 다음 중 어법상 적절한 것을 고르시오.	핵심 개념	문장 해석
A 01	At a time which / when I was feeling lost, I found my way through music.	I was feeling lost가 완전한 2형식 문장이다.	내가 길을 잃어간다는 기분이었을 때, 나는 음악을 통해 길을 찾았다.
02	We tend to form generalizations about the way how / how people behave and things work.	the way와 how는 함께 사용하지 않는다.	우리는 사람이 행동하고 사물이 작동하는 방식에 관해 일반화하는 경향이 있다.
03	He smiled at the row of seats which / where twelve finalists had gathered.	gather는 '모이다'라는 뜻일 때 1형식 동사로, 주어만 있어도 문장이 성립한다.	그는 12명의 결승자가 모여 있는 좌석 열을 향해 미소 지었다.
04	There are some reasons why / which the origins of human language cannot be effectively discussed.	뒤에 완전한 수동태 문장이 나왔다.	인간 언어의 기원이 효과적으로 논의될 수 없는 몇 가지 이유가 있다.
B 01	One area which / where animals are curiously uniform is with the number of heartbeats they have in a lifetime.	'animals ~ uniform'이 완전한 2형식 문장이다.	동물들이 신기하게도 동일한 가지 영역은 그들이 평생에 걸쳐 갖는 심박수이다.
02	Usually the prince shared whenever / whatever he had with others.	뒤에 had의 목적어가 없는 불완전한 문장이 나왔다.	보통 그 왕자는 자기가 가진 것은 무엇이든 남들과 나누었다.
03	Whatever / Wherever she goes, there are crowds of people waiting to see her.	'어디에 ~하든 간에'라는 의미의 단어가 필요하다.	그녀가 어디를 가든, 그녀를 보려고 기다리는 사람들도 무리가 있다.
04	Culture and gender may affect the way / how people perceive, interpret, and respond to conflict.	the way나 how는 함께 쓰이지만 않으면 둘 다 방법의 의미를 나타낼 수 있다.	문화와 성은 사람들이 갈등을 인식하고 해석하고 그에 반응하는 방식에 영향을 미칠 수 있다.
C 01	She lived at a time which / when literacy among women in India was less than one percent.	'literacy ~ was less ~'가 완전한 2형식 문장이다.	그녀는 인도 여성의 문해율이 1퍼센트도 안 되던 시기에 살았다.
02	I don't understand the reason why / that he's always late for work.	the reason 뒤의 관계부사 why는 that으로 대체 가능하다.	나는 그가 늘 직장에 늦는 이유를 이해 못하겠다.
03	She lived in a small village, where / which baking bread for a hungry passerby is a custom when one misses someone.	'baking ~ is a custom ~'이 완전한 2형식 문장이다.	그녀는 작은 마을에 살았는데, 거기서는 누군가 그리울 때 배고픈 행인에게 빵을 구워주는 것이 관습이다.
04	On stage, focus is much more difficult because the audience is free to look whatever / wherever they like.	look은 자동사로, 전치사 at과 함께 쓰이는 경우가 아니면 단독으로 목적어를 취하지 않는다. 따라서 부사절(~하는 어디든) 자리이다.	무대 위에서는 관객들이 어디든 원하는 곳을 보기 때문에 집중이 훨씬 더 어렵다.

내신형 문제

01-02 빈칸에 들어갈 말의 형태가 바르게 짝지어진 것을 고르시오.

01

• _____ it rains, the roads get slippery.
• I experienced a minute of terror _____ felt like a lifetime.

① Whenever — that   ② Whenever — when
③ However — that   ④ Whatever — that
⑤ Whatever — when

02

• In South Korea, March is the month _____ the academic year begins.
• _____ you say and do reveals your personality.
• Romeo is the role _____ suits him!

① which — That — what
② when — What — that
③ when — What — what
④ which — What — that
⑤ when — That — that

03-04 다음 중 어법상 어색한 문장을 고르시오.

03

① Did he report the reason why he missed the seminar?
② 2015 was the year when I entered elementary school.
③ Thursday is traditionally the day when Britain votes in elections.
④ The restaurant to that I was referring has closed down.
⑤ He moved to Paris, where he spent the rest of his life.

04

① The toaster that you bought at the second-hand shop doesn't work.
② What the boy wants to get for his birthday is an electronic bike.
③ Designers who work in the fashion industry need to keep up with the latest trends.
④ The scholarship was given to the student whom we received the most impressive application.
⑤ She asked him to apologize for his mistake, which he refused to do.

05 밑줄 친 ①~⑤ 중 어법상 어색한 것은?

Charlie is a boy ① who I have been friends with ② since childhood. Last week, he got married to Shiela, ③ that I set up on a blind date with him two years ago. The couple looked ④ perfect together. ⑤ Seeing them walk down the aisle, I was happy for them.

06 다음 중 밑줄 친 부분의 쓰임이 <보기>와 같은 하나는?

보기 Whatever happens in reality is the reflection of your mind.

① Whatever you have faith in, stand up for it.
② Whenever I see a rainbow, I feel happy and hopeful.
③ Whoever left their phone on the table, please come back and get it.
④ However long it takes, you should pursue your dreams.
⑤ Whoever leaves the office last should turn off all the lights.

07 다음 중 밑줄 친 부분을 생략할 수 없는 것은?

① Lee is the man who is sketching on paper.

② The reason why he practices yoga is to find inner peace.

③ I finally located the place where I had parked my car.

④ Make a list of those for whom you are grateful.

⑤ Pollution is the problem that we all live with.

08 빈칸에 공통으로 들어갈 알맞은 말을 고르시오.

• The sunset _____ we watched together was so divine.
• It is certain _____ nothing in the world is certain.
• Look at _____ boy who shaved his head!

① whatever   ② how   ③ which
④ what   ⑤ that

09~10 괄호 안에 주어진 말과 관계사를 활용하여 우리말을 영어로 옮기시오. (단, 필요시 어형을 바꾸어 6단어로 쓸 것)

09

장 선생님이야말로 내가 문학을 공부하도록 영감을 주신 분이다. (inspire, study, literature)

→ Ms. Jang is the very person _____ _____ .

10

이탈리아는 그 모양이 장화처럼 보이는 남부 유럽의 국가이다. (shape, a boot)

→ Italy is a country in southern Europe _____ _____ .

선택형 문제

11~20 다음 중 어법상 적절한 것을 고르시오.

11 Foods what / that sit out on tables exert a greater influence on your diet.
• 2020년 6월 고1 응용

12 The woman whom / whose car broke down on the highway was helped by a passing motorist.

13 The leader of the expedition, which / who had years of experience in extreme weather conditions, guided the team safely through the storm.

14 There have been occasions which / in which you have observed a smile and you could sense it was not genuine. • 2021년 6월 고1

15 The museum has several galleries, each of them / which showcases a different era in art history.

16 The number of people whom / with whom we can continue stable social relationships might be limited naturally by our brains.
• 2020년 3월 고1

17 As we were parting for the evening, we reflected on that / what we had covered that day. • 2020년 6월 고1

18 Whatever / Whenever happens — good or bad — the proper attitude makes the difference. • 2019년 11월 고2

19 In the United States, nearly 80 percent of respondents donated money to a charity, that / which was the highest among the six nations. • 2018년 11월 고2

20 Being envious of that / what others have only serves to make you unhappy.
• 2018년 11월 고2

97

21 (A), (B), (C)의 각 네모 안에서 어법에 맞는 표현으로 가장 적절한 것은?

One of the ways to identify your values is to look at **(A)** that / what frustrates or upsets you. Anger often indicates an ignored value or a misdirected passion. Think of specific times when you were mad or frustrated. What about these situations upset you most? Write down your descriptions of them. To find your values, **(B)** reflecting / reflect on the words or phrases you've written to focus on what's most important to you. For example, if you get **(C)** annoying / annoyed when someone asks you about something he could figure out for himself, perhaps you value resourcefulness, independence, or taking care of oneself.

• 2013년 11월 고1 응용

(A)	(B)	(C)
① what —	reflecting —	annoyed
② what —	reflect —	annoyed
③ what —	reflect —	annoying
④ that —	reflecting —	annoying
⑤ that —	reflect —	annoyed

22~23 다음 글의 밑줄 친 부분 중, 어법상 **틀린** 것을 고르시오.

22 Like anything else involving effort, compassion takes practice. We have to work at getting into the habit of standing with others in ① their time of need. Sometimes offering help is a simple matter that ② does not take us far out of our way — remembering to speak a kind word to someone who is down, or spending an occasional Saturday morning ③ volunteering for a favorite cause. At other times, helping involves some real sacrifice. "A bone to the dog is not charity," Jack London observed. "Charity is the bone ④ is shared with the dog, when you are just as hungry as the dog." If we practice taking the many small opportunities to help others, we'll be in shape to act when those times ⑤ requiring real, hard sacrifice come along.

• 2020년 6월 고1 응용

23 Hours later — when my back aches from sitting, my hair is styled and dry, and my almost invisible makeup has been applied — Ash tells me it's time ① to change into my dress. We've been waiting until the last minute, ② afraid any refreshments I eat might accidentally fall onto it and stain it. There's only thirty minutes ③ left until the show starts, and the nerves that have been torturing Ash seem ④ to have escaped her, choosing a new victim in me. My palms are sweating, and I have butterflies in my stomach. Nearly all the models are ready, some of ⑤ them are already dressed in their nineteenth-century costumes. Ash tightens my corset.

• 2022년 3월 고2 응용

DAY 10

명사와 대명사

Point 01 명사의 종류

Point 02 관사의 용법

Point 03 인칭대명사 / 재귀대명사

Point 04 부정대명사

수능＋내신 핵심 포인트

- ✅ 절대 불가산명사
- ✅ 'the+형용사'의 수 일치
- ✅ '목적격 대명사 vs. 재귀대명사' 구별
- ✅ 부정대명사의 종류와 용법

영어의 명사는 기본적으로 셀 수 있는지 여부로 구분된다.
대명사 중에서는 특히 부정대명사가 자주 출제된다.

STEP 1 수능 어법 핵심 이론 총정리

01 명사의 종류
영어의 명사는 셀 수 있는지, 없는지로 구분된다. 이는 동사의 형태에도 영향을 미친다.

(1) 셀 수 있는 명사(= 가산명사)

> 정리 셀 수 있는 명사는 단수와 복수(-s)로 구별되며, 단수명사 앞에는 한정사가 꼭 필요하다.

> 예문 There is **a book** in this bag. 이 가방에 책이 한 권 있다. → There is book. (X)
> I read **books** about success. 나는 성공에 관한 책들을 읽었다.
> 복수명사는 한정사 없이 사용 가능

(2) 셀 수 없는 명사(= 불가산명사)

> 정리 셀 수 없는 명사는 부정관사(a, an)과 함께 쓰이지 않으며, 항상 단수 취급한다.

> 예문 That's **good news**! 그거 좋은 소식이네! → a good news (X)

> 암기 시험에 자주 나오는 절대 불가산명사

지적 활동 관련	information, knowledge, homework, evidence, advice, news
짐, 수하물 관련	baggage, luggage
종류 명사	furniture, machinery, jewelry, equipment, clothing

(3) 셀 수 없는 명사의 수량 표현 → 명사에 직접 -(e)s를 붙이지 않고, 단위명사 활용

a **piece** of bread	빵 한 조각	two **pieces** of bread	빵 두 조각
a **slice** of pizza	피자 한 조각	eight **slices** of pizza	피자 여덟 조각
a **cup** of coffee	커피 한 잔	three **cups** of coffee	커피 세 잔
a **glass** of water	물 한 잔	four **glasses** of water	물 네 잔

한정사
명사 앞에 붙어서 명사를 특정한 뜻으로 바꾸어 준다.
- 관사(a, an, the)
- 소유격(my, Mary's)
- 지시형용사(this, that, these, those)
- 부정형용사(all, every, some, many 등)

항상 복수 취급하는 명사
: people(사람들), cattle(소), police(경찰), staff(직원들)

주의할 명사의 수
'수사+명사'가 하이픈(-)으로 결합된 복합형용사에서, 수사 뒤 명사는 항상 단수로 쓴다.
a ten-**year**-old boy
a two-**story** house

02 관사의 용법
관사는 부정관사와 정관사로 나뉜다. 부정관사는 처음 언급하는 것을 나타내며, 정관사는 이미 한정되어 어느 것인지 알 수 있는 명사를 가리킨다.

(1) 부정관사(a, an)의 의미와 쓰임 → 어떤 대상을 처음 언급할 때 사용

하나의, 어떤(= one)	There is **an** apple on the table. 탁자 위에 사과 한 개가 있다.
~당, ~마다(= per)	Brush your teeth three times **a** day. 양치질을 하루에 세 번 하세요.
대표 단수(종류 전체)	**A** wolf is a member of the dog family. 늑대는 갯과의 동물이다.

(2) 정관사(the)의 의미와 쓰임 → 이미 알고 있는 특정한 대상에 관해 말할 때 사용

이미 언급된 사람, 사물	They have a dog. **The** dog's name is Bobby. 그들은 개를 키운다. 그 개의 이름은 Bobby이다.
유일한 것	**The** Moon is very bright tonight. 오늘 밤 달이 무척 밝다.
대표 단수(종류 전체)	**The** elephant is big and **the** mouse is small. 코끼리는 크고 쥐는 작다.
서수나 최상급 앞	You're **the** first person to smile at me today. 너는 오늘 내게 가장 먼저 웃어준 사람이야.
악기, 신체 부위 앞	He held me by **the** hand. 그는 내 손을 잡았다.
*the+형용사(~한 사람들)	**The** wounded were sent to the hospital. 부상당한 사람들은 병원으로 실려갔다. → 일반적으로 복수 취급

관사를 생략하는 경우
- 명사가 본래 목적을 나타낼 때
  go to school(등교하다)
  go to bed(잠자리에 들다)
- 교통수단, 식사, 운동 앞
  go to work by **car**
  time for **dinner**
  play **baseball**

주의할 관사의 위치
- all/both/double/half+관+명
  I'll pay **double** the price.
- such+a/an+형+명
  = so/too+형+a/an+명
  such a smart boy
  = **so smart** a boy

the+형용사의 단수 취급
the accused(피고)
the deceased(고인, 망자)

다음 글의 밑줄 친 부분 중, 어법상 틀린 것은?

Ryan, an ① eleven-years-old boy, ran home as fast as he could. Finally, summer break had started! When he entered the house, his mom was standing in front of the refrigerator, ② waiting for him. She told him ③ to pack his bags. Ryan's heart soared ④ like a balloon. *Pack for what? Are we going to Disneyland?* He couldn't remember the last time his parents had taken him on a vacation. His eyes beamed. "You're spending the summer with uncle Tim and aunt Gina." Ryan groaned. "The whole summer?" "Yes, the whole summer." The anticipation he ⑤ had felt disappeared in a flash. For three whole miserable weeks, he would be on his aunt and uncle's farm. He sighed.

• 2020년 11월 고2 응용

문제 해결의 **Key**

① '수사+명사'가 하이픈(-)으로 결합된 복합형용사이다.

② his mom의 행동을 보충 설명하는 분사구문이다.

③ tell은 to부정사를 목적격보어로 취하는 5형식 동사이다.

④ 전치사 like 뒤에는 명사구가 나온다.

⑤ '기대감을 느낀' 것은 그 기대감이 '사라진' 것보다 먼저 일어난 일이다.

EXERCISE

A 빈칸에 알맞은 관사를 쓰시오. (a/an, the)

01 The flowers bloomed under _____ Sun all day long.

02 The writing class meets four times _____ week.

03 She took the blind man by _____ arm and led him to the door.

04 Working as a washerwoman, she barely earned more than a dollar _____ day. • 2020년 11월 고1 응용

B 다음 문장이 어법상 적절한지 판단하여 O, X로 표시하시오.

01 The worst time to go to bed was after midnight. • 2022년 6월 고1

02 The animal stories genre was ranked a second most popular among girls. • 2014년 11월 고1

03 If we go by the subway, we'll arrive at the museum in less than 30 minutes.

04 All of the furniture in the house are upside-down.

C 다음 밑줄 친 부분을 바르게 고치시오.

01 We all admired the view of such beautiful a city.

02 My son began to play violins at the age of five.

03 Everything went well until the day a twenty-dollars bill disappeared. • 2020년 9월 고1

04 Most people had only one or two ragged pieces of clothings. • 2019년 3월 고1

DAY 10 명사와 대명사

03 인칭대명사 / 재귀대명사

인칭대명사는 앞에 언급된 명사를 대신하며, 주로 사람을 지칭한다.
재귀대명사는 –self[selves]로 끝나는 대명사를 일컫는다.

(1) 인칭대명사

구분		주격	소유격	목적격	소유대명사	재귀대명사
1인칭	단수	I	my	me	mine	myself
	복수	we	our	us	ours	ourselves
2인칭	단수	you	your	you	yours	yourself
	복수	you	your	you	yours	yourselves
3인칭	단수	he	his	him	his	himself
		she	her	her	hers	herself
		it	its	it	×	itself
	복수	they	their	them	theirs	themselves

소유대명사(~의 것)
- 소유격 뒤 명사의 반복을 피할 때 사용
  My car is as expensive as **yours**(= your car).
- 이중소유격: 하나의 명사에 관사와 소유격을 둘 다 쓰고 싶을 때 사용
  a friend of **mine**
  (a my friend)
  an assistant of **yours**
  (a your assistant)

(2) 재귀대명사

(정리) 목적어와 주어가 같을 때 목적어 자리에 쓰이는 대명사를 말한다. (재귀 용법)

혹은 주어나 목적어를 강조하기 위해서도 쓴다. (강조 용법)

(예문) She introduced **herself**. 그녀가 자신을 소개했다. → 재귀 용법

I **myself** saw it. = I saw it **myself**. 내가 그걸 직접 봤어. → 강조 용법
강조하는 말 바로 뒤 · 문장 맨 끝

재귀대명사 관용표현
- by oneself: 혼자(= alone)
- for oneself: 스스로, 혼자 힘으로, 자기 자신을 위해
- in and of itself: 그 자체로

(3) 의미 없는 it

(정리) 가주어, 가목적어, 비인칭주어로 쓰이는 it은 '그것'으로 해석되지 않는다.

(예문) **It** is easy for him to adapt to new situations. 그가 새로운 상황에 적응하기는 쉽다.

It's sunny today. 오늘 날이 맑다. → 비인칭주어: 날씨, 거리, 시간, 명암 등 표현

04 부정대명사

부정대명사는 불특정한 명사를 대신하거나 수식한다.

(1) one

'한 개'	I don't have a pen. Can you lend me **one**? 나 펜이 없네. 하나 빌려줄래?
일반 사람	**One** must do one's duty. 사람은 자기 의무를 다해야 한다.

all(모든)의 용법
- all+단수명사+단수동사
  All the furniture here is wooden.
- all+복수명사+복수동사
  All his trees grow well.

(2) each, every

each	each+단수명사 / each of the+복수명사 → 둘 다 단수 취급
	Each student is different. 각각의 학생이 다 다르다.
	Each of the students is prepared for the test. 모든 학생이 시험에 준비돼 있다.
every	every+단수명사 → 단수 취급
	Every student has to leave school by six. 모든 학생은 6시까지 하교해야 한다.

주기를 나타내는 every
every가 '~마다'의 의미이면 복수 명사가 붙을 수 있다.
every two weeks(2주마다)
every three months(3달마다)

(3) another, the other(s), some, others

another	하나를 언급하고, '또 다른' 불특정한 하나를 추가로 언급할 때 쓴다.
	I finished my beer. Can you give me **another**? 제 맥주를 다 마셨어요. 또 한 잔 주실래요?
the other(s)	나머지 하나 또는 나머지 전부를 가리키는 표현이다.
	One of the twins has green eyes. **The other** has blue eyes. 쌍둥이 (둘) 중 한 명은 눈이 녹색이다. 나머지 한 명은 눈이 파란색이다.
	One of my siblings doesn't eat meat. **The others** all love meat. 내 형제자매들 중 한 명은 고기를 안 먹는다. 나머지는 다 고기를 좋아한다.
some, others	전체 중 불특정한 일부를 some, 또 다른 불특정한 일부를 others로 표시한다.
	There are 30 students. **Some** are basketball lovers. **Others** prefer soccer. 30명의 학생이 있다. 몇몇은 농구광이다. 다른 몇몇은 축구를 선호한다.

other의 용법
정관사 the나 복수 어미(-s)가 붙지 않은 other는 가산복수명사 또는 불가산명사와 함께 쓴다.
other people
other students
other equipment

다음 글의 밑줄 친 부분 중, 어법상 틀린 것은?

We are more likely to eat in a restaurant if we know that ① it is usually busy. Even when nobody tells us a restaurant is good, our herd behavior determines our decision-making. Let's suppose you walk toward two empty restaurants. You do not know ② which one to enter. However, you suddenly see a group of six people enter one of them. Which one are you more likely to enter, the empty one or ③ another one? Most people would go into the restaurant with people in it. Let's suppose you and a friend go into that restaurant. Now, it has eight people in it. ④ Others see that one restaurant is empty and the other has eight people in it. So, they decide to do the same as ⑤ the other eight.

*herd: 무리, 떼

• 2019년 6월 고1 응용

EXERCISE

A 다음 중 빈칸에 알맞은 단어를 한 번씩 쓰시오. (one, another, the other, others)

01 There are two balls in the basket. One is blue, and _____ is red.

02 This shirt is too big for me. Can I try _____ one?

03 Some students prefer complete silence, while _____ find music helpful.

04 _____ should never judge a person by their appearances.

B 다음 밑줄 친 부분을 어법상 바르게 고치시오.

01 One of her two brothers is a doctor. <u>Another</u> is a lawyer.

02 A friend of <u>my</u> once told me about the CEO of a large company.   • 2019년 3월 고1

03 Ask <u>you</u> when you are watching TV, "Is this really something I want to watch?"   • 2014년 11월 고2 응용

04 Have you noticed that some coaches get the most out of their athletes while <u>other</u> don't?   • 2020년 6월 고1

C 다음 문장이 어법상 적절한지 판단하여 O, X로 표시하시오.

01 She just hoped to get through it without making a fool of herself.   • 2020년 3월 고2 응용

02 The prince ate one grape. Then he ate another.   • 2021년 11월 고1 응용

03 I've lost my credit card. How do I order a new one?

04 On the table were two bowls, one was of fresh chocolate chip cookies and other contained radishes.   • 2014년 9월 고2 응용

번호	p.101에서 본 예문 ▶ 다음 중 어법상 적절한 것을 고르시오.	핵심 개념	문장 해석
A 01	The flowers bloomed under a / the Sun all day long.	Sun은 유일한 대상이다.	꽃들이 하루 종일 태양 아래 피어 있었다.
02	The writing class meets four times a / the week.	'~마다'라는 의미의 관사가 필요하다.	작문 수업은 일주일에 4번 진행된다.
03	She took the blind man by ✕ / the arm and led him to the door.	신체 부위 앞에는 the를 붙인다.	그녀는 맹인의 팔을 잡고 그를 문 쪽으로 이끌었다.
04	Working as a washerwoman, she barely earned more than a dollar the / a day.	'~마다'라는 의미의 관사가 필요하다.	세탁부로 일하며 그녀는 하루에 1달러 남짓 밖에 못 벌었다.
B 01	The worst time to go to bed / go to the bed was after midnight.	'잠자리에 든다'는 의미이므로 bed가 본래 목적대로 사용된 것이다.	잠자리에 들 최악의 타이밍은 자정 이후였다.
02	The animal stories génre was ranked a / the second most popular among girls.	서수 앞에는 정관사를 쓴다.	'동물 이야기' 장르는 소녀들 사이에서 2위를 차지했다.
03	If we go by subway / by the subway, we'll arrive at the museum in less than 30 minutes.	교통수단 앞에서 관사는 생략된다.	지하철로 가면 우리는 박물관에 30분이 안 돼서 도착할 거야.
04	All of the furniture in the house is / are upside-down.	절대 불가산명사 the furniture는 단수 취급한다.	집 안의 모든 가구가 뒤집어져 있다.
C 01	We all admired the view of a such / such a beautiful city.	'such+a(n)+형+명'의 어순을 기억해둔다.	우리 모두 그토록 아름다운 도시 경관에 감탄했다.
02	My son began to play the violin / violins at the age of five.	악기 앞에는 통상적으로 정관사를 붙인다.	내 아들은 5살의 나이에 바이올린 연주를 배우기 시작했다.
03	Everything went well until the day a twenty-dollar / twenty-dollars bill disappeared.	'수사+명사'가 결합된 복합형용사에서, 수사 뒤 명사는 항상 단수로 쓴다.	20달러짜리 지폐 한 장이 사라지던 날까지는 모든 것이 순조로웠다.
04	Most people had only one or two ragged pieces of clothing / clothings.	clothing은 절대 불가산명사이다.	사람들 대부분이 한두 벌의 누더기 옷밖에 가지고 있지 않았다.

번호	p.103에서 본 예문	핵심 개념	문장 해석
A 01	There are two balls in the basket. One is blue, and the others / the other is red.	공 두 개 중 하나를 언급한 후 '나머지 하나'를 언급하고 있다.	바구니에 공 두 개가 있다. 하나는 파란색이고, 나머지는 빨간색이다.
02	This shirt is too big for me. Can I try another / other one?	'another+단수명사', 'other+복수명사'를 기억해 둔다.	이 셔츠는 저한테 너무 커요. 다른 거 입어봐도 돼요?
03	Some students prefer complete silence, while other / others find music helpful.	Some과 대구를 이뤄 '다른 사람들'을 나타내는 대명사 자리이다.	어떤 학생들은 완전한 침묵을 선호하는 한편, 다른 학생들은 음악이 도움이 된다고 여긴다.
04	One / The one should never judge a person by their appearances.	보편적인 교훈이므로 '일반 사람'을 나타내는 대명사가 필요하다.	어떤 사람을 외모로 판단해서는 절대 안 된다.
B 01	One of her two brothers is / are a doctor. The other is a lawyer.	'one of the+복수명사'는 단수 취급한다.	그녀의 두 오빠 중 한 명은 의사이다. 나머지 한 명은 변호사이다.
02	A my friend / friend of mine once told me about the CEO of a large company.	관사와 소유격 대명사는 동시에 사용할 수 없으므로, 이중소유격을 써야 한다.	내 친구 한 명이 언젠가 내게 어느 대기업 CEO 이야기를 해주었다.
03	Ask you / yourself when you are watching TV, "Is this really something I want to watch?"	명령문의 생략된 주어는 you이므로, 목적어가 you이면 항상 재귀대명사로 쓴다.	TV를 보면서 자신에게 물어보라. "이게 진짜 내가 보고 싶어 하는 건가?"
04	Have you noticed that some coaches get the most out of their athletes while other / others don't?	other는 정관사, 복수 어미, 복수명사 없이 단독으로 사용할 수 없다.	어떤 코치들은 선수들에게서 최상의 결과를 도출하는 반면 다른 이들은 그렇지 않음을 알았는가?
C 01	She just hoped to get through it without making a fool of her / herself.	맥락상 '자기 자신을' 우스꽝스럽게 만들지 않고 일을 끝내고 싶어했다는 의미이다.	그녀는 그저 자기 자신을 우스꽝스럽게 만들지 않고서 그것을 끝내기를 바랐다.
02	The prince ate one grape. Then he ate another / other.	other는 정관사(the other), 복수 어미(others), 복수명사 등과 함께 써야 한다.	왕자는 포도 하나를 먹었다. 그러고 나서 그는 하나를 더 먹었다.
03	I've lost my credit card. How do I order a new it / one?	인칭대명사는 관사, 형용사의 수식을 받을 수 없다.	전 신용카드를 분실했어요. 새 거 어떻게 발급받나요?
04	On the table were two bowls, one was of fresh chocolate chip cookies and the other / the others contained radishes.	그릇 두 개 중 하나를 언급한 후 '나머지 하나'를 언급하고 있다.	탁자에는 그릇이 두 개 있었는데, 한 그릇에는 갓 구운 초콜릿 쿠키가, 다른 것에는 무가 있었다.

내신형 문제

01~02 빈칸에 들어갈 말의 형태가 바르게 짝지어진 것을 고르시오.

01

> • How do I look in this black sweater? I bought _____ on sale last week.
> • I do love this car. Do you have a red _____ available?

① one — one　　② it — one

③ it — it　　④ one — it

⑤ that — ones

02

> • Each of his sons _____ a room of his own.
> • Every girl _____ given a small bag.
> • All his words of encouragement _____ a great comfort to me.

① has — was — were

② has — were — were

③ have — were — was

④ have — was — were

⑤ has — was — was

03~04 다음 중 어법상 어색한 문장을 고르시오.

03

① If one wants to succeed, it is important to stay focused.

② We have two tablet PCs; one is for me, and the other is for my brother.

③ There are five boxes, but I can carry only three. Please bring the other.

④ People have many different hobbies. Some like climbing, and others like snowboarding.

⑤ You need to replace your old smartphone with a new one.

04

① We opted to travel by subway to save some money.

② I'm glad to give you a piece of advice.

③ The Welsh Corgi is a breed that captures the hearts of many.

④ She ordered three glass of iced teas with lemon slices.

⑤ What time do you usually have breakfast?

05 밑줄 친 ①~⑤ 중 어법상 어색한 것은?

> The police arrested a suspect for ① breaking into a local grocery store late at night. They found the suspect ② trying to stuff several packages of meat into his backpack. The suspect claimed ③ that he was just looking for a place to sleep, but the police didn't believe ④ himself. After a trial, the accused ⑤ was found guilty of an attempt to steal meat.

06 다음 중 빈칸에 들어갈 말이 다른 하나는?

① K2 is _____ second-highest mountain in the world.

② _____ young have a great potential for growth.

③ Someone tapped me on _____ shoulder.

④ I go to the gym four times _____ week to stay fit.

⑤ _____ North Pole is the northern end of Earth's axis.

07 밑줄 친 부분을 어법상 잘못 고친 것은?

① Every member of the group have(→ has) to contribute to the project's success.

② I bought an umbrella. It's(→ Its) color is black.

③ The one(→ One) should respect the opinion of others.

④ Shoes will be picked up every two week (→ weeks) on Tuesdays.

⑤ What do you think people go to work(→ the work) for?

08 다음 중 어법상 어색한 부분을 2군데 찾아 바르게 고쳐 쓰시오.

I have three aunts. One works as a nurse, the other runs a small shop, and a third is a college student.

_____ → _____

_____ → _____

09~10 괄호 안에 주어진 말을 사용하여 우리말을 영어로 옮기시오. (단, 필요시 어형을 변화시킬 것)

09

부자인 사람들과 가난한 사람들은 돈에 관해 다르게 생각한다. (the, rich, poor, differently)

→ _____ about money.

10

사람들은 진실된 마음이 상처받은 마음을 치유해준다고 말한다. (heal, broken, one)

→ They say a true heart _____.

선택형 문제

11~20 다음 중 어법상 적절한 것을 고르시오.

11 Participants will be transported by a bus / bus to clean up litter. • 2020년 9월 고1

12 Specialization, where each of us focus / focuses on one specific skill, leads to a general improvement of everybody's well-being. • 2022년 9월 고2

13 New machinery with the capacity to produce quality products at a lower price were / was imported. • 2020년 6월 고2 응용

14 All the equipment needed to make sausages are / is provided.

15 Trade will not occur unless both parties want what the other / the others party has to offer. • 2018년 고1 9월

16 Man thought of the natural world in the same terms as he thought of him / himself and other men. • 2018년 11월 고2

17 Mandy cut several equal slice of cakes / slices of cake to share with her friends.

18 Frightening news can rob people of their inner sense of control, making them / themselves less likely to take care of themselves and other people. • 2022년 11월 고1 응용

19 Don't miss out on all the benefits your membership offers you: a / the widest selection of music, great discounts and more! • 2018년 3월 고2

20 Knowledge workers spend up to 60 percent of their time looking for information, responding to emails, and collaborating with other / others . • 2018년 3월 고2

21~23 다음 글의 밑줄 친 부분 중, 어법상 틀린 것을 고르시오.

21 There is a critical factor that determines whether your choice will influence ① that of others: the visible consequences of the choice. Take the case of the Adélie penguins. They are often found ② strolling in large groups toward the edge of the water in search of food. Yet danger awaits in the icy-cold water. There is the leopard seal, for one, ③ which likes to have penguins for a meal. What is an Adélie to do? The penguins' solution is to play the waiting game. They wait and wait and wait by the edge of the water until one of them gives up and jumps in. The moment that occurs, the rest of the penguins watch with anticipation to see what happens next. If the pioneer survives, everyone else will follow suit. If ④ it perishes, they'll turn away. One penguin's destiny alters the fate of ⑤ all the other. Their strategy, you could say, is "learn and live."

*perish: 죽다

• 2019년 11월 고1 응용

22 In the middle of the night, Matt suddenly awakened. He glanced at his clock. ① It was 3:23. For just an instant he wondered what ② had wakened him. Then he remembered. He had heard someone ③ come into his room. Matt sat up in bed, rubbed his eyes, and looked around the small room. "Mom?" he said quietly, hoping he would hear his mother's voice ④ assuring him that everything was all right. But there was no answer. Matt tried to tell ⑤ him that he was just hearing things. But he knew he wasn't. There was someone in his room. He could hear rhythmic, scratchy breathing and it wasn't his own. He lay awake for the rest of the night.

• 2021년 9월 고1 응용

23 In their study in 2007 Katherine Kinzler and her colleagues at Harvard showed that our tendency to identify with an in-group to a large degree begins in infancy and may be innate. Kinzler and her team took a bunch of ① five-month-olds whose families only spoke English and showed the babies two videos. In one video, a woman was speaking English. In ② the other, a woman was speaking Spanish. Then they ③ were shown a screen with both women side by side, not speaking. In infant psychology research, the standard measure for affinity or interest is attention — babies will apparently stare longer at the things they like more. In Kinzler's study, the babies stared at the English speakers longer. In other studies, researchers have found that infants are more likely to take a toy offered by someone who speaks the same language as ④ them. Psychologists routinely cite these and ⑤ others experiments as evidence of our built-in evolutionary preference for "our own kind."

*affinity: 애착

• 2020년 11월 고1 응용

DAY 11

형용사와 부사

Point 01   형용사의 용법
Point 02   부사의 역할과 의미
Point 03   비교구문
Point 04   최상급

수능 + 내신 핵심 포인트

- ✅ '형용사 vs. 부사' 구별
- ✅ 비교구문의 as, than 자리 구별
- ✅ 비교급을 수식하는 부사의 종류
- ✅ 의미상 최상급을 나타내는 다양한 표현

형용사와 부사가 각각 쓰일 수 있는 자리를 잘 구별해두자.
추가로, 비교구문의 각종 형태를 잘 파악해 둔다.

STEP 1 수능 어법 핵심 이론 총정리

01 형용사의 용법

형용사는 명사를 수식하거나, 주어 또는 목적어의 보어 역할을 한다. 수량을 표현하는 형용사들도 알아두자.

(1) 형용사의 역할

정리 형용사는 명사 앞 또는 뒤에서 명사를 수식한다. (한정적 용법)
또는 주어나 목적어를 설명하는 보어 역할을 하기도 한다. (서술적 용법)

예문 a **useful** book 유용한 책   a book **useful** for children 아이들에게 유용한 책

The book you recommended is **useful**. 당신이 추천해준 책은 유용해요.
　　　주어　　　　　　　　　　주격보어

We found the book **useful**. 우리는 그 책이 유용하다는 것을 알았어요.
　　　　목적어　　목적격보어

> **수식어가 뒤에만 오는 대명사**
> : -thing, -one, -body 등
> **someone** important
> **anything** cold to drink

(2) 수량형용사

뒤에 가산명사	뒤에 불가산명사	의미	예문
many	much	많은	**many** pieces 많은 조각 **much** paperwork 많은 서류 작업
a few	a little	약간의, 몇몇의	**a few** kids 몇몇 아이들 **a little** juice 약간의 주스
few	little	몇 안 되는, 거의 없는	**few** people 몇 안 되는 사람들 **little** honey 거의 없는 꿀
긍정문	부정/의문/조건문	의미	예문
some	any	어떤, 약간의 (부정) 전혀	I want **some** bread. 전 빵을 좀 먹을게요. I don't have **any** plans. 계획이 전혀 없어. Do you have **any** ideas? 아이디어 좀 있어?

> **보어로만 쓰이는 형용사(a-)**
> : alive, alone, asleep, awake, afraid, alike, ashamed 등

> **의문문에서의 some**
> 긍정의 대답이 예측되는 권유의 표현일 때 쓴다.
> Would you like **some** bread?
> (먹겠다는 답을 예상함)

02 부사의 역할과 의미

부사는 동사, 형용사, 부사 혹은 문장 전체를 수식한다.

(1) 부사의 역할 → 보통 수식하는 말 앞뒤에 위치

동사 수식	He sang **perfectly**. 그는 완벽하게 노래했다.
형용사 수식	The weather's **very** cold. 날씨가 매우 춥다.
부사 수식	The world changes **remarkably** fast. 세상은 놀랍도록 빨리 변한다.
문장 수식	**Fortunately**, the deal was made. → 문장 맨 앞에 주로 위치 다행히, 거래는 성사되었다.

> **부정의 의미를 갖는 빈도부사**
> 빈도부사 중 부정의 의미를 갖는 seldom, rarely, hardly, never가 문장 맨 앞에 나오면 의문문 어순 도치가 일어난다.
> **Seldom** can we remember our first five years of life.

(2) 빈도부사

정리 사건의 빈도를 묘사하는 부사로, be동사/조동사 뒤, 일반동사 앞에 위치한다.

암기 always, usually, often, sometimes, seldom/rarely/hardly, never

예문 Advice is **seldom** welcome. 충고는 좀처럼 환영받지 못한다.
Jinny **always** comes to work early. Jinny는 항상 회사에 일찍 온다.

(3) 형용사-부사의 형태가 같은 부사

hard	a. 힘든, 어려운 ad. 열심히	**hard** work 힘든 일(노력) / work **hard** 열심히 일하다
high	a. 높은 ad. 높게	a **high** tower 높은 탑 / aim **high** 목표를 높게 잡다
late	a. 늦은 ad. 늦게	a **late** reply 늦은 답장 / stay **late** 늦게까지 깨 있다
fast	a. 빠른 ad. 빠르게	a **fast** runner 빨리 달리는 사람 / run **fast** 빨리 뛰다

> **의미에 주의할 부사**
> • hardly: 거의 ~않다
> She **hardly** stayed awake that day.
> • highly: 매우
> She's a **highly** skilled nurse.
> • lately: 최근에
> Have you seen her **lately**?

(A), (B), (C)의 각 네모 안에서 어법에 맞는 표현으로 가장 적절한 것은?

Creativity is a step further on from imagination. Imagination can be an entirely private process of internal consciousness. You might be lying (A) motionless / motionlessly on your bed in a fever of imagination and no one would ever know. Private imaginings may have no outcomes in the world at all. Creativity (B) is / does . Being creative involves doing something. It would be odd to describe as creative someone who never did anything. To call somebody creative suggests they are (C) active / actively producing something in a deliberate way. People are not creative in the abstract; they are creative in something: in mathematics, in engineering, in writing, in music, in business, in whatever. Creativity involves putting your imagination to work. In a sense, creativity is applied imagination.

• 2021년 6월 고2 응용

문제 해결의 **Key**

(A) lie(~인 채로 있다, 눕다)는 2형식 동사이다.

(B) 대동사는 앞에 나온 동사의 종류에 따라 결정된다.

(C) 'are ~ producing'을 꾸미는 수식어 자리이다.

EXERCISE

A 밑줄 친 부분의 의미로 알맞은 것을 고르시오.

01 He owns a highly successful business. (매우 / 높게)

02 His desk was piled high with papers. (높은 / 높이 / 매우)

03 We apologize for the late arrival of this train. (늦은 / 늦게)

04 There is little hope that the victims will be found alive. (거의 없는 / 약간의)

B 다음 문장이 어법상 적절한지 판단하여 O, X로 표시하시오.

01 I find it difficultly to be objective where my family's concerned.

02 All they wanted was a few peace at home.

03 This product can stay cleanly for five years without the use of detergents. • 2019년 고2 응용

04 A good story illustrates points clearly and often bridges topics easily. • 2019년 11월 고2

C 다음 밑줄 친 부분을 바르게 고치시오.

01 The two dresses look like in shape, length, and color.

02 Laughter in response to tickling kicks in during the first little months of life. • 2014년 9월 고2

03 When the birds return from their winter feeding grounds, the males arrive usually first. • 2018년 3월 고2

04 Hunting success is high variable; a hunter who is successful one week might fail the next. • 2021년 9월 고1

111

03 비교구문 두 대상이 비슷한지, 서로 다른지를 나타내는 비교 표현을 알아두자.

(1) 원급 비교

정리 두 대상의 상태나 성질이 서로 동등함을 표현한다.

형태 A ~ as+원급+as B

예문 His suitcase is **as big as** mine. 그의 여행 가방은 내 것만큼 크다. → mine = my suitcase
The size of the elephant was **as big as** that of a small car. → that = the size
코끼리의 크기는 작은 차의 크기만큼 크다.

(2) 비교급 비교

정리 두 대상 중 어느 하나가 상태나 성질이 더하거나 덜함을 표현한다.

형태 A ~ 비교급+than B

예문 Paektu mountain is **higher than** Halla mountain. 백두산은 한라산보다 높다.
She knows this city **better than I do**. 그녀는 이 도시를 나보다 잘 안다.
일반동사 대동사(= know)

(3) 비교급 관용표현

as+원급+as+주어+can = as+원급+as possible	최대한 ~한	You know I tried **as hard as I could**. 너도 내가 최대한 열심히 노력한 거 알잖아.
비교급+and+비교급	점점 더 ~한	The world's getting **warmer and warmer**. 세계는 점점 더 따뜻해지고 있다.
the+비교급 ~, the+비교급 …	~할수록 더 …하다	**The more** you earn, **the more** you spend. 여러분은 더 많이 벌수록 더 많이 쓴다.

원급 비교의 부정
A ~ not as[so]+원급+as B
= B ~ 비교급+than A
I'm **not as tall as** my sister.
= My sister is **taller than** me.

as, than 뒤의 대동사
as와 than은 접속사이므로 원칙적으로 '주어+동사'를 수반하는데, 이때 동사는 대동사(be, do, 조동사)이다.

배수표현(~ 배 더 …한)
A ~ 배수사+as+원급+as B
= A ~ 배수사+비교급+than B
The new apartment is **twice as spacious as** the old one.
= The new apartment is **twice more spacious than** the old one.

04 최상급 최상급은 셋 이상의 대상 중 '가장 ~한' 것을 묘사한다.

(1) the+최상급

the+최상급+in/of	… (중)에서 가장 ~한	Chan has **the loudest** voice **in** our class. Chan은 우리 반에서 목소리가 제일 크다.
the+최상급 (ever)	(여태껏) 가장 ~한	He's **the brightest** boy I've **ever** seen. 그는 내가 여태껏 본 소년 중 가장 총명하다.
the+서수+최상급	…번째로 가장 ~한	Canada is **the second largest** country of all. 캐나다는 모든 나라 중 두 번째로 크다.
one of the+최상급+복수명사	가장 ~한 것들 중 하나	Lee is **one of the best artists** of our age. Lee는 우리 세대 최고의 예술가들 중 한 명이다.

(2) 최상급 대용표현: 원급, 비교급을 사용해 최상급의 의미를 나타낼 수 있다.

the+최상급	Jim is **the tallest** boy in his class. Jim은 자기 반 학생들 중 가장 큰 소년이다.
= 부정 주어 ~ as[so]+원급+as …	= **No boy** in his class is **as[so] tall as** Jim. Jim네 반에 있는 그 누구도 Jim만큼 크지 않다.
= 부정 주어 ~ 비교급+than …	= **No boy** in his class is **taller than** Jim. Jim네 반에 있는 그 누구도 Jim보다 크지 않다.
= 비교급+than any other+단수명사	= Jim is **taller than any other boy** in his class. Jim은 자기 반에 있는 다른 어떤 소년보다도 키가 크다.
= 비교급+than all the other+복수명사	= Jim is **taller than all the other boys** in his class. Jim은 자기 반에 있는 모든 다른 소년들보다 키가 크다.

비교급·최상급 강조 부사
- 비교급 수식(훨씬): much, even, still, far, a lot
The weather was **far worse** than we expected.
- 최상급 수식(단연코): by far, much, the very
Jordan is **the very** best lawyer in this firm.

최상급 앞 the 생략
- 부사의 최상급
She runs **(the) fastest**.
- 소유격 뒤
my **worst** nightmare
your **best** friend

다음 글의 밑줄 친 부분 중, 어법상 틀린 것은?

In Lewis Carroll's *Through the Looking-Glass*, the Red Queen takes Alice on a race through the countryside. They run and they run, but then Alice discovers that they're still under the same tree ① that they started from. The Red Queen explains to Alice: "*here*, you see, it takes all the running you can do, ② to keep in the same place." Biologists sometimes use this Red Queen Effect to explain an evolutionary principle. If foxes evolve to run faster so they can catch more rabbits, then only the fastest rabbits will live ③ long enough to make a new generation of bunnies that run ④ very faster — in which case, of course, only the fastest foxes will catch enough rabbits to thrive and pass on their genes. ⑤ Although they might run, the two species just stay in place.

*thrive: 번성하다

• 2023년 3월 고1 응용

문제 해결의 Key

① 뒤에 from의 목적어가 없는 불완전한 절이 왔다.

② 'it takes+시간+to부정사' 구문이다.

③ '형/부+enough+to부정사' 구문이다.

④ 비교급 faster를 꾸미는 부사 자리이다.

⑤ 뒤에 절이 나오므로 접속사가 필요하다.

EXERCISE

A 주어진 단어를 어법에 맞게 변형하시오.

01 Jinny is the _____ person I have ever met at work. (sweet)

02 The importance of digital communication in today's world is getting _____ and _____.
(great)

03 Experts on writing say, "Get rid of as _____ words as possible." (many) • 2022년 9월 고1

04 The _____ you get, the _____ flying becomes. (big, hard)

B 다음 문장이 어법상 적절한지 판단하여 O, X로 표시하시오.

01 The company's profits are three times higher as they were last year.

02 I enjoy spicy food more than you are.

03 The Yangtze River in China is a third longest river in the world.

04 No student on our course is more proficient in English as Cindy is.

C 다음 밑줄 친 부분을 어법상 바르게 고치시오.

01 She gave me the whole loaf saying my need was greater than her. • 2019년 11월 고2

02 One of the most powerful tools to find meaning in our lives are reflective journaling. • 2022년 11월 고1

03 For health science invention, the percentage of female respondents was twice as high as those of male respondents. • 2019년 9월 고1

04 The much television we watch, the less likely we are to spend time with our friends. • 2022년 9월 고1 응용

번호	p.111에서 본 예문 ▶ 다음 중 어법상 적절한 것을 고르시오.	핵심 개념	문장 해석
A 01	He owns a high / highly successful business.	high(높게)와 highly(매우)를 구별해야 한다.	그는 매우 성공한 사업체를 소유하고 있다.
02	His desk was piled highly / high with papers.	high(높게)와 highly(매우)를 구별해야 한다.	그의 책상은 종이가 높이 쌓여 있다.
03	We apologize for the late / lately arrival of this train.	late(늦은, 늦게)와 lately(최근에)를 구별해야 한다.	이번 열차의 늦은 도착을 사과드립니다.
04	There is few / little hope that the victims will be found alive.	'few+가산명사', 'little+불가산명사'를 구별해야 한다.	희생자들이 살아서 발견될 것이라는 희망이 거의 없다.
B 01	I find it difficultly / difficult to be objective where my family's concerned.	find의 목적격보어 자리이다. 'to be ~'는 진목적어이다.	나는 가족이 관련된 점에서는 객관적이기 어렵다는 것을 느낀다.
02	All they wanted was a little / a few peace at home.	'a few+가산명사', 'a little+불가산명사'를 구별해야 한다.	그들이 원한 것이라고는 가정에서의 약간의 평화였다.
03	This product can stay clean / cleanly for five years without the use of detergents.	stay는 2형식 동사로, 보어를 필요로 한다.	이 제품은 세제 사용 없이도 5년 동안 깨끗하게 유지될 수 있다.
04	A good story illustrates points clear / clearly and often bridges topics easily.	동사 illustrates를 꾸미는 말이 필요하다.	좋은 이야기는 요점을 분명하게 보여주고 흔히 쉽게 주제를 연결해 준다.
C 01	The two dresses look like / alike in shape, length, and color.	전치사 like(~처럼)와 보어로만 쓰이는 형용사 alike(~와 똑같은)를 구별해야 한다.	두 옷은 모양, 길이, 색깔 면에서 똑같아 보인다.
02	Laughter in response to tickling kicks in during the first few / little months of life.	little은 불가산명사와 결합하므로, 항상 뒤에 단수형이 나온다.	간지럼에 반응해 웃는 것은 생후 몇 달 기간에 시작된다.
03	When the birds return from their winter feeding grounds, the males usually arrive / arrive usually first.	빈도부사는 be동사/조동사 뒤, 일반동사 앞에 위치한다.	새들이 겨울 먹이 서식지에서 돌아올 때, 수컷들이 보통 먼저 도착한다.
04	Hunting success is high / highly variable; a hunter who is successful one week might fail the next.	high(높게)와 highly(매우)를 구별해야 한다.	사냥의 성공은 매우 가변적이라서, 한 주에는 성공한 사냥꾼이 다음 주에는 실패할 수도 있다.

번호	p.113에서 본 예문 ▸ 다음 중 어법상 적절한 것을 고르시오.	핵심 개념	문장 해석
A 01	Jinny is the sweet / sweetest person I have ever met at work.	ever와 함께 '여태껏 … 중 가장 ~한'의 의미인 문장이다.	Jinny는 내가 여태껏 직장에서 만난 사람 중 가장 상냥하다.
02	The importance of digital communication in today's world is getting great and great / greater and greater .	'비교급+and+비교급(점점 더 ~한)' 구문이다.	오늘날 세계에서 디지털 의사소통의 중요성은 점점 더 커지고 있다.
03	Experts on writing say, "Get rid of as many / much words as possible."	'many+가산복수명사', 'much+불가산명사'를 구별해야 한다.	글쓰기 전문가들은 "가급적 많은 단어를 빼라."고 말한다.
04	The bigger you get, the hardest / harder flying becomes.	'the+비교급 ~, the+비교급 …(~할수록 더 …하다)' 구문이다.	네 몸집이 더 커질수록, 날기는 더 어려워져.
B 01	The company's profits are three times higher as / than they were last year.	'배수사+비교급+than' 형태의 배수 표현이다.	회사 수익은 작년보다 3배 높다.
02	I enjoy spicy food more than you are / do .	일반동사인 enjoy를 대신할 대동사가 필요하다.	나는 매운 음식을 너보다 더 즐기지.
03	The Yangtze River in China is the third longer / longest river in the world.	서수는 최상급과 결합해 '…번째로 가장 ~한'의 의미를 나타낸다.	중국의 Yangtze 강은 세계에서 세 번째로 긴 강이다.
04	No student on our course is more proficient in English than Cindy is / does .	be동사 is를 대신할 대동사가 필요하다.	우리 반 학생 누구도 Cindy보다 영어에 유창하지 않다.
C 01	She gave me the whole loaf saying my need was greater than her / hers .	my need와 'her need'가 비교 대상이다.	그녀는 내 필요가 자기 필요보다 더 크다면서 내게 빵 덩어리 전체를 주었다.
02	One of the most powerful tool / tools to find meaning in our lives is reflective journaling.	'one of the+최상급+복수명사(가장 ~한 것들 중 하나)' 구문이다.	우리 삶에서 의미를 찾을 가장 강력한 도구 중 하나는 성찰적 일기 쓰기이다.
03	For health science invention, the percentage of female respondents was twice as high as that / those of male respondents.	단수명사인 the percentage를 대신할 지시대명사가 필요하다.	보건학 발명품의 경우, 여성 응답자의 비율이 남성 응답자의 두 배나 높았다.
04	The more television we watch, the little / less likely we are to spend time with our friends.	'the+비교급 ~, the+비교급 …(~할수록 더 …하다)' 구문이다.	우리가 텔레비전을 더 많이 볼수록, 우리는 친구와 시간을 덜 보내게 된다.

내신형 문제

01~02 빈칸에 들어갈 말의 형태가 바르게 짝지어진 것을 고르시오.

01

- Have you been in a relationship _____ ?
- Mr. Choi stayed _____ at school to write exam questions.

① lately — lately ② late — lately
③ late — late ④ lately — late
⑤ hard — hardly

02

- If mixture is too dry, add _____ water.
- He was devastated to realize there was _____ chance of success.
- They had _____ opportunities to meet each other.

① a little — little — a little
② a little — little — a few
③ a little — few — a few
④ a few — few — a little
⑤ a few — little — a few

03~04 다음 중 어법상 어색한 문장을 고르시오.

03

① I usually call my boyfriend on the way home from work.
② Some celebrity couples are seen rarely together.
③ Never have I taken such a significant risk in my life.
④ Despite his busy days at work, he would often make time for his family.
⑤ Ms. Cho is always considerate towards her students.

04

① The hotter the star, the more brightly it shines.
② The higher the balloon goes, the more excited you'll feel.
③ The more time you spend with your dog, the more happily it becomes.
④ The more my wife drank, the more worried I felt.
⑤ The more choices there are, the more likely consumers are to hesitate.

05 밑줄 친 ①~⑤ 중 어법상 어색한 것은?

Luke was a brilliant scientist. He had spent years researching a new drug to cure a ① deadly disease. ② Finally, he succeeded in creating the cure. But when he tested the drug on a group of lab rats, ③ all of them died within ④ a few hours. As a result, Luke went ⑤ madly and felt disappointed with himself.

06 다음 중 의미가 다른 하나는?

① Ms. Shin is the most creative person in this office.
② No one in this office is as creative as Ms. Shin.
③ Ms. Shin is more creative than all the others in this office.
④ Ms. Shin is as creative as any other person in this office.
⑤ No one in this office is more creative than Ms. Shin.

07 다음 중 밑줄 친 부분의 쓰임이 다른 하나는?

① Could you recommend someone skilled at online marketing?
② Jongwook was present at the birth of his three kids.
③ What makes a book worth reading several times?
④ We all found his stubborn attitude very hard to take.
⑤ Why are so many people, including my brother, afraid of spiders?

08 주어진 문장과 같은 의미가 되도록 빈칸을 채우시오.

As you drink more coffee, you'll become more alert.

= _____ you drink, _____ you'll become.

09~10 괄호 안에 주어진 말을 사용하여 우리말을 영어로 옮기시오. (단, 필요시 어형을 변화시킬 것)

09

사람들은 나이가 들면서 가능한 한 기계적으로 행동하는 경향이 있다. (routinely, possible)

→ As people age, they tend to do things _____
_____ .

10

올해의 록 음악 축제는 작년 축제에 비해 (규모가) 약 세 배 더 컸다. (about, three times, big)

→ This year's rock music festival was _____
_____ last year's.

선택형 문제

11~20 다음 중 어법상 적절한 것을 고르시오.

11 We sometimes find it easily / easy to overlook the importance of small details in a complex task.

12 Emotions usually get / get usually a bad reputation. · 2015년 3월 고2

13 She has won most / more awards than any other athlete in the history of the sport.

14 How can I encourage my team members to cooperate as much as yours are / do ?

15 Never she had / did she have children of her own, but she painted portraits of the children of her friends and family. · 2019년 9월 고1 응용

16 If you save a few / a little money now, you're still not a millionaire. · 2020년 3월 고1

17 In the case of vegetarian pizza, the number of no votes was three times larger than that / those of yes votes. · 2013년 6월 고2

18 Social scientists seldom are / are seldom in a position to control social action. · 2018년 11월 고1

19 The more denim was washed, the more softly / softer it would get. · 2018년 9월 고2

20 Research from New York University found that people over 65 shared seven times as many / much misinformation as their younger counterparts. · 2021년 6월 고1 응용

21 (A), (B), (C)의 각 네모 안에서 어법에 맞는 표현으로 가장 적절한 것은?

People have higher expectations as their lives get better. However, the **(A)** higher / more highly the expectations, the more difficult it is to be satisfied. We can increase the satisfaction we feel in our lives by controlling our expectations. Adequate expectations leave room for many experiences to be pleasant surprises. The challenge is to find a way to have proper expectations. One way to do this is by keeping wonderful experiences **(B)** rare / rarely . No matter what you can afford, save great wine for special occasions. Make an **(C)** elegant / elegantly styled silk blouse a special treat. This may seem like an act of denying your desires, but I don't think it is. On the contrary, it's a way to make sure that you can continue to experience pleasure. What's the point of great wines and great blouses if they don't make you feel great?

• 2018년 6월 고1 응용

(A)	(B)	(C)
① more highly —	rare —	elegantly
② higher —	rarely —	elegantly
③ higher —	rare —	elegant
④ more highly —	rarely —	elegant
⑤ higher —	rare —	elegantly

22~23 다음 글의 밑줄 친 부분 중, 어법상 틀린 것을 고르시오.

22 When you skip breakfast, you are like a car trying to run without fuel. Experts say that a nutritious breakfast is the brain's fuel. A brain that is ① fully fueled concentrates better and solves problems faster. Some students say that getting a few extra minutes of sleep is more important ② as eating a bowl of oatmeal, but they're wrong. Of course, sleeping is important, but going to bed ③ a half-hour earlier would be better than sleeping late and skipping breakfast. For students who want to do well in school, breakfast is ④ the most important meal of the day. Give your brain the fuel it needs to run well. ⑤ To think more clearly and faster, eat a good breakfast.

• 2015년 3월 고1 응용

23 Some researchers at Sheffield University recruited 129 hobbyists to look at how the time ① spent on their hobbies shaped their work life. To begin with, the team measured the seriousness of each participant's hobby, asking them to rate their agreement with statements like "I regularly train for this activity," and also assessed how ② similarly the demands of their job and hobby were. Then, each month for seven months, participants recorded how many hours they had dedicated to their activity, and completed a scale measuring their belief in their ability to ③ effectively do their job, or their "self-efficacy." The researchers found that when participants spent ④ longer than normal doing their leisure activity, their belief in their ability to perform their job increased. But this was only the case when they had a serious hobby that was dissimilar to their job. When their hobby was both serious and similar to their job, then spending more time on ⑤ it actually decreased their self-efficacy.

• 2020년 9월 고2 학평

DAY 12
가정법

Point 01 가정법 과거 / 가정법 과거완료
Point 02 혼합가정법 / 가정법 미래
Point 03 I wish / as if 가정법
Point 04 가정법 관용표현 / 가정법 도치

수능＋내신 핵심 포인트

- ✅ 가정법 과거 및 과거완료의 형태 파악
- ✅ 혼합가정법이 쓰이는 문맥 파악
- ✅ I wish, as if 가정법의 형태와 의미
- ✅ 가정법 도치 구문의 형태

가정법은 동사의 시제를 뒤틀어 사실과 반대되는 소망이나 가정을 말하는 것이다. 문장 형태를 공식처럼 기억해 둔다.

STEP ① 수능 어법 핵심 이론 총정리

01 가정법 과거 / 가정법 과거완료

가정법 과거는 현재 사실과 반대되는 소망 또는 가정을, 가정법 과거완료는 과거 사실과 반대되는 소망 또는 가정을 말한다.

(1) 직설법 vs. 가정법

직설법	사실을 있는 그대로 표현하는 말하기 형식으로, 시제를 있는 그대로 사용
	He **is** an honest man. 그는 정직한 사람이다.
가정법	현실과 반대되는 소망/가정을 표현하는 말하기 형식으로, 시제를 뒤틀어 사용
	I wish he **were** honest. 나는 그가 정직했으면 좋겠어. → 실제로 정직하지 않음을 내포

(2) 가정법 과거

(정리) 과거시제를 이용해 현재 사실과 반대되는 소망이나 가정을 말하는 것이다.

(형태) If+주어+과거시제 동사 ~, 주어+조동사 과거형+동사원형 …

(예문) **If** she **had** some free time, she **would take up** a new hobby. → 반대 가정
그녀에게 자유시간이 좀 있다면, 그녀는 새로운 취미를 배울 텐데.
= As she doesn't have any free time, she doesn't take up a new hobby. → 실제 현재

(3) 가정법 과거완료

(정리) 과거완료 시제를 이용해 과거 사실의 반대를 가정하는 것이다.

(형태) If+주어+had p.p. ~, 주어+조동사 과거형+have p.p. …

(예문) **If** we **had made** a reservation, we **wouldn't have waited** that long.
우리가 예약을 했었더라면, 그렇게 오래 기다리지 않았을 텐데. → 반대 가정
= As we didn't make a reservation, we waited long. → 실제 과거

> **가정법의 조동사 과거형**
> : would, could, should, might
>
> **가정법 과거의 be동사 were**
> 가정법 과거 종속절에 be동사가 필요한 경우 인칭에 상관없이 were를 쓴다.
> If I **were** you, I would say sorry to him first.

02 혼합가정법 / 가정법 미래

혼합가정법은 가정법 과거와 과거완료를 '혼합'한 형태이다. 가정법 미래는 실현 가능성이 극히 낮은 일을 묘사한다.

(1) 혼합가정법

(정리) 과거의 원인이 달랐다면 현재의 결과 또한 달랐을 것이라는 소망, 가정, 후회를 나타낸다.

(형태) If+주어+had p.p. ~, 주어+조동사 과거형+동사원형 …
　　　가정법 과거완료 종속절　　　　가정법 과거 주절

(예문) **If** I **had taken** Spanish in college, I **would have** many job opportunities. 내가 대학 때 스페인어 수업을 들었으면, (지금) 일자리 기회가 많을 텐데. → 반대 가정
= As I didn't take Spanish in college, I don't have many job opportunities. → 실제 현실

(2) 가정법 미래

(정리) 종속절에 were to 또는 should를 써서 현실성이 극히 낮은 일을 가정하는 것이다.

(형태) If+주어+were to+동사원형 ~, 주어+조동사 과거형+동사원형 …
　　　If+주어+should+동사원형 ~, (주어+조동사 현재/과거형+)동사원형 …

(예문) **If** I **were to be** young again, I **would take** more risks. → were to: 불가능한 일
내가 다시 어려진다면, 나는 더 많은 위험을 감수할 텐데.
If we **should hear** any news, we**'ll tell** you immediately. → should: '혹시라도'
우리가 혹시 뭐라도 소식을 듣게 되면, 네게 곧장 말해줄게.

> 혼합가정법은 시제를 표현하는 부사구와 흔히 함께 쓰인다.
> If I hadn't broken up with him **back then**, I wouldn't be this happy **now**.

> should가 들어간 가정법 미래 구문은 if를 생략한 형태로 많이 쓰인다.
> **Should you have** any questions, please contact us.
> = If you should have any questions, ~.

다음 글의 밑줄 친 부분 중, 어법상 틀린 것은?

Imagine that you wanted to travel from New York to Madrid, two cities that are at almost the same latitude. If the earth ① <u>were</u> flat, the shortest route would be to head straight east. If you did that, you ② <u>will arrive</u> in Madrid after travelling 3,707 miles. But, as the earth's surface is curved, there is a path that looks curved and hence longer on a flat map, but ③ <u>which</u> is actually shorter. You can get there in 3,605 miles if you follow the great-circle route, which is to first head northeast, then gradually ④ <u>turn</u> east, and then southeast. The difference in distance between the two routes ⑤ <u>is</u> due to the earth's curved surface. Airlines know this, and arrange for their pilots to follow great-circle routes.

• 2013년 3월 고1 응용

문제 해결의 Key

① 주절의 would be로 보아 가정법 과거 문장이다.

② 종속절의 did로 보아 가정법 과거 문장이다.

③ but 앞의 관계대명사 that과 병렬 연결될 수 있는지 살펴본다.

④ then 앞의 to first head와 병렬 연결될 수 있는지 살펴본다.

⑤ 진짜 주어가 the two routes 인지 The difference인지 판단한다.

EXERCISE

A   주어진 단어를 어법에 맞게 변형하시오.

01 If you _____ your name, what name would you choose? (change)

02 If you made an insect twice as long, its surface area _____ four times bigger. (be)

03 If his alarm hadn't gone off, he _____ late for school this morning. (be)

04 If you _____ to live forever, what would you do with all the time you have? (be)

B   다음 문장이 어법상 적절한지 판단하여 O, X로 표시하시오.

01 What would you do if you were in my shoes?

02 If I didn't oversleep, I wouldn't have missed the author's special lecture this afternoon.

03 If I had gotten married earlier, I would have had a son your age now.

04 If the ice caps were to completely melt, sea levels would rise more than 200 feet.

C   다음 밑줄 친 부분을 바르게 고치시오.

01 If you were a robot, you <u>won't feel</u> bored with repetitive tasks.

02 If he hadn't had so much caffeine, he <u>would have</u> a good night's sleep last night.

03 Our children <u>would have been</u> horrified if they were told they had to go back to the culture of their grandparents.   • 2019년 3월 고1

04 <u>You should have</u> any problems, please feel free to text me anytime.

03 I wish / as if 가정법
I wish 가정법은 현실과 반대되는 소망을 말할 때,
as if 가정법은 현실과 반대되는 비유를 말할 때 쓴다.

(1) I wish 가정법

I wish 가정법 과거	I wish(ed) + 주어 + 과거 동사 (~한다면 좋을 텐데/좋았을 텐데)
	I **wish** you **were** here with me. → 실제 현재와 반대되는 소망 네가 (지금) 여기 같이 있으면 좋을 텐데.
	She **wished** he **were** with her. → 실제 과거와 반대되는 소망 그녀는 그가 자신과 함께 있으면 좋겠다고 (그때) 생각했다.
I wish 가정법 과거완료	I wish(ed) + 주어 + had p.p. (~했더라면 좋을 텐데/좋았을 텐데)
	I **wish** I **had taken** more photos during my trip. → 실제 과거와 반대되는 소망 내가 여행 때 사진을 더 많이 찍었으면 좋을 텐데.
	We **wished** she **had taken** more photos that day. → 실제 대과거와 반대되는 소망 우리는 그날 사진을 더 많이 찍어뒀으면 좋았을 거라고 (그때) 생각했다.

(2) as if 가정법

as if 가정법 과거	~ as if + 주어 + 과거 동사 (실제로 ~가 아니지만 마치 ~인 듯한)
	She feels as if she **were** in heaven. → 실제 현재와 반대되는 비유 그녀는 마치 천국에 있는 듯한 기분이다.
	She felt as if she **were** in heaven. → 실제 과거와 반대되는 비유 그녀는 마치 천국에 있는 듯한 기분이었다.
as if 가정법 과거완료	~ as if + 주어 + had p.p. (실제로 ~가 아니었지만 마치 ~였던 듯한)
	She feels as if she **had gone** back to the past. → 실제 과거와 반대되는 비유 그녀는 마치 과거로 되돌아갔던 듯한 기분이 (지금) 든다.
	She felt as if she **had gone** back to the past. → 실제 대과거와 반대되는 비유 그녀는 마치 과거로 되돌아갔던 듯한 기분이 (그때) 들었다.

I wish, as if 가정법의 특징
: 가정법의 시제가 고정되어 있지 않고, 주절에 따라 변화

I wish 가정법의 직설법 전환
I wish you were my own son.
= **It's a pity that** you **are not** my own son.

as if 가정법의 직설법 전환
We felt as if we shared a place.
= **In fact,** we **didn't** share a place.

04 가정법 관용표현 / 가정법 도치
if 없는 가정법의 다양한 형태를 익혀보자.

(1) without / but for: 주절을 보고 가정법 과거인지, 과거완료인지 판단해야 한다.

가정법 과거	Without/But for ~, 주어+조동사 과거형+동사원형 ... (~이 없다면)
	Without water, none of us could survive. 물이 없다면, 우리 중 아무도 못 산다. = **If it were not for** water, ~.
가정법 과거완료	Without/But for ~, 주어+조동사 과거형+have p.p. ... (~이 없었더라면)
	Without your help, we wouldn't have made that far. 네 도움이 없었더라면, 우리는 그만큼 해내지 못했을 거야. = **If it had not been for** your help, ~.

(2) 가정법 도치: 가정법 종속절의 if를 지우면 다음의 어순으로 도치된다.

가정법 과거	If+주어+were → **Were**+주어 ~
	Were you in my shoes, would you quit your job? (= If you were ~) 네가 내 입장이면, 일을 그만 두겠니?
가정법 과거완료	If+주어+had p.p. → **Had**+주어+p.p. ~
	Had he asked you nicely, would you have said yes? (= If he had asked ~) 그가 네게 친절하게 물었다면, 수락했을 것 같니?
가정법 미래	If+주어+should+동사원형 → **Should**+주어+동사원형 ~
	Should you change your mind, call me anytime. (= If you should change ~) 혹시 마음 바뀌면 아무 때나 전화 줘.

가정법 추가 표현
· it's time+주어+과거시제 ~ (~할 시간이다)
It's time **we got** to bed.
= It's time **we should get** to bed.
= It's time **for us to get** to bed.

가정법 현재 명사절
주장, 요구, 명령, 제안의 동사 (insist, ask, order, suggest 등) 뒤에 나온 that 목적절이 '~해야 한다'라는 의미라면, that절의 동사 자리에 '(should)+동사원형'을 쓴다.
We **asked** that he leave immediately.
우리는 그가 곧장 떠나야 한다고 요청했다.

다음 글의 밑줄 친 부분 중, 어법상 **틀린** 것은?

Since a great deal of day-to-day academic work is ① boring and repetitive, you need to be well motivated to keep doing it. A mathematician sharpens her pencils, works on a proof, tries a few approaches, gets nowhere, and finishes for the day. A writer sits down at his desk, produces a few hundred words, decides they are no good, throws them in the bin, and hopes for better inspiration tomorrow. To produce ② something worthwhile — if it ever happens — may require years of such labor. The Nobel Prize-winning biologist Peter Medawar said that about four-fifths of his time in science ③ was wasted, adding sadly that "nearly all scientific research leads nowhere." ④ What kept all of these people going when things were going badly was their passion for their subject. Without such passion, they ⑤ would achieve nothing.

•2018년 3월 고1 응용

문제 해결의 Key

① 주어인 'a great deal of ~ work'가 '지루함을 유발하는' 주체이다.

② -thing으로 끝나는 대명사는 꾸며주는 형용사가 뒤에 나온다.

③ '부분+of+전체' 주어는 전체 명사에 수일치된다.

④ 앞에 선행사가 없고, 뒤에는 주어가 없는 불완전한 문장이 연결되었다.

⑤ 앞의 문맥을 살펴 가정법 과거완료가 과연 적절한지 판단한다.

EXERCISE

A   주어진 단어를 어법에 맞게 변형하시오.

01 She talks as if she _____ at the accident scene that night. (be)

02 I wish I _____ economics while I was in college. (study)

03 Without her quick thinking, the project might _____ when the mistake happened. (fail)

04 It's time that I _____ my fears and _____ skydiving. (face, go)

B   다음 문장이 어법상 적절한지 판단하여 O, X로 표시하시오.

01 Think and act as if all your dreams had already come true.

02 I was overjoyed as if I were walking on the cloud.   •2021년 3월 고3

03 But for the rain, Sangjae would have a fabulous camping trip last week.

04 You had been there, you would have heard my heart pounding.

C   다음 밑줄 친 부분을 어법상 바르게 고치시오.

01 Get past the 'I wish I didn't do that back then!' way of thinking.   •2021년 3월 고1 응용

02 It's time that we stopped procrastinating and get to work.

03 Cindy loves her nephew as if he is her own child.

04 They requested that the presentation was shortened to 30 minutes.

123

번호	**p.121**에서 본 예문 ▶ 다음 중 어법상 적절한 것을 고르시오.	핵심 개념	문장 해석
A 01	If you changed / had changed your name, what name would you choose?	주절의 'would+동사원형'으로 보아 가정법 과거 문장이다.	네 이름을 바꾼다면 뭐로 할래?
02	If you made an insect twice as long, its surface area would be / would have been four times bigger.	종속절에 과거시제가 나온 것으로 보아 가정법 과거 문장이다.	만일 당신이 곤충을 두 배 길게 만들면, 그것의 표면적은 네 배 더 커질 것이다.
03	If his alarm hadn't gone off, he would have been / be late for school this morning.	과거시제 부사구인 this morning으로 보아 가정법 과거완료 문장이다.	그의 알람이 울리지 않았다면, 그는 오늘 아침 학교에 지각했을 것이다.
04	If you were / had been to live forever, what would you do with all the time you have?	불가능한 일을 가정하는 가정법 미래 구문이다.	네가 영원히 산다면, 그 많은 시간을 다 어디 쓸래?
B 01	What would you do if you were / had been in my shoes?	남의 입장을 가정하는 경우 가정법 과거를 쓴다.	네가 내 입장이면 어떻게 하겠니?
02	If I hadn't overslept, I wouldn't miss / have missed the author's special lecture this afternoon.	과거시제 부사구인 this afternoon으로 보아 가정법 과거완료 문장이다.	내가 늦잠을 자지 않았더라면, 오늘 그 저자의 특강을 놓치지 않았을 거야.
03	If I had gotten married earlier, I would have / would have had a son your age now.	주절의 now로 보아 혼합가정법 문장이다.	내가 더 일찍 결혼했으면 지금 너만 한 나이의 아들이 있을 텐데.
04	If the ice caps are / were to completely melt, sea levels would rise more than 200 feet.	불가능한 일을 가정하는 가정법 미래 구문이다.	만년설이 완전히 녹으면, 해수면은 200피트 넘게 상승할 것이다.
C 01	If you had been / were a robot, you wouldn't feel bored with repetitive tasks.	남의 입장을 가정하는 경우 가정법 과거를 쓴다.	당신이 로봇이라면, 반복 작업에 지루해하지 않을 것이다.
02	If he hadn't had so much caffeine, he would have / have had a good night's sleep last night.	last night이라는 과거시제 부사구로 보아 가정법 과거완료 문장이다.	그가 카페인을 그토록 많이 먹지 않았다면, 어젯밤 잠을 잘 잤을 것이다.
03	Our children would be / would have been horrified if they were told they had to go back to the culture of their grandparents.	if절에 were가 쓰인 것으로 보아 가정법 과거 문장이다.	우리 아이들은 만일 조부모님 세대의 문화로 돌아가라고 하면 겁에 질릴 것이다.
04	Should you / You should have any problems, please feel free to text me anytime.	should가 포함된 가정법 미래에서 if가 생략된 형태이다. 이 경우 도치가 일어난다.	혹시 문제가 생기면, 아무 때나 제게 문자해 주세요.

번호	**p.123**에서 본 예문 ▶ 다음 중 어법상 적절한 것을 고르시오.	핵심 개념	문장 해석
A 01	She talks as if she were / had been at the accident scene that night.	that night이 과거 시점을 설명하므로 가정법 과거완료를 써야 한다.	그녀는 마치 그날 밤 사고 현장에 있었던 것처럼 이야기한다.
02	I wish I studied / had studied economics while I was in college.	while절이 과거 시점을 설명하므로 가정법 과거완료를 써야 한다.	대학교에 다닐 때 경제학을 공부했으면 좋았을 걸.
03	Without her quick thinking, the project might fail / have failed when the mistake happened.	when절이 과거 시점을 설명하므로 가정법 과거완료를 써야 한다.	그녀가 재빨리 생각하지 않았다면, 그 실수가 났을 때 그 프로젝트는 실패했었을 것이다.
04	It's time that I faced my fears and go / went skydiving.	'it's time+주어+과거시제 ~' 구문이다.	이제 내 두려움을 직시하고 스카이다이빙을 가볼 때다.
B 01	Think and act as if all your dreams already came / had already come true.	꿈이 '과거에 이미 이뤄진 것처럼' 여겨보라는 의미이다.	당신의 꿈이 이미 다 이뤄진 것처럼 생각하고 행동하세요.
02	I was overjoyed as if I am / were walking on the cloud.	실제 구름 위에 없지만 '마치 있는 것처럼' 느꼈다는 의미이다.	나는 마치 구름 위를 걷는 것처럼 몹시 기뻤다.
03	But for the rain, Sangjae would have had / would have a fabulous camping trip last week.	과거시제 부사구인 last week로 보아 가정법 과거완료 문장이다.	비가 오지 않았다면, 상재는 지난주 아주 멋진 야영을 했을 것이다.
04	Had you / If you had been there, you would have heard my heart pounding.	가정법 과거완료에서 if를 생략하면 'Had+주어+p.p. ~'로 문장이 시작된다.	네가 거기 있었다면, 내 심장 뛰는 소리를 들었을 거야.
C 01	Get past the 'I wish I hadn't done / didn't do that back then!' way of thinking.	과거시제 부사구인 back then으로 보아 가정법 과거완료 문장이다.	'그때 그러지 말았어야 했는데!'라는 사고방식에서 벗어나라.
02	It's time that we stop / stopped procrastinating and got to work.	it's time 뒤에는 과거시제 또는 'should+동사원형'이 나오는데, and 뒤에 과거시제가 나왔으므로 앞에도 과거형을 써야 한다.	(이제) 우리가 그만 미루고 일할 때이다.
03	Cindy loves her nephew as if he is / were her own child.	실제로 자식이 아니지만 '마치 자식처럼' 사랑한다는 의미이다.	Cindy는 조카를 마치 자기 아이처럼 사랑한다.
04	They requested that the presentation had been shortened / be shortened to 30 minutes.	요구의 동사 requested 뒤의 that절이 '~해야 한다'의 의미를 나타내고 있다.	그들은 발표가 30분으로 단축되어야 한다고 요청했다.

내신형 문제

01~02 빈칸에 들어갈 말의 형태가 바르게 짝지어진 것을 고르시오.

01

- If you _____ a time traveler, what time period would you go to?
- If she _____ my message, she would have contacted me right away.

① were — had read　　② are — had read

③ were — would read　④ were — read

⑤ are — read

02

- _____ in France, I would love to visit the Eiffel Tower in Paris.
- It's time that we _____ an honest conversation about our relationship.

① Were I — had

② I were — had had

③ If I were — to have

④ Had I been — had

⑤ If I had been — to have

03~04 다음 중 어법상 어색한 문장을 고르시오.

03

① If she knew the truth, she would be heartbroken.

② I would have bought the jacket if it had been a little cheaper.

③ If she hadn't lied to him, they would still be friends.

④ Without this elevator, we would be taking the stairs.

⑤ If he didn't forget that it was your birthday, he would have bought you something.

04

① I wish I hadn't heard how the story ends.

② Should you see this man, please contact us immediately.

③ He held my hand as if he is my boyfriend.

④ He wishes he knew what happened while he wasn't here.

⑤ Kim thinks it's time she moved to another job.

05 밑줄 친 ①~⑤ 중 어법상 어색한 것은?

When we compare ourselves to someone who's doing better than we ① are, we feel ② inadequate for ③ not doing as well. This sometimes leads to the desire for someone ④ to meet with misfortune ("I wish she ⑤ doesn't have what she has").

06~07 다음 중 <보기>와 의미가 같은 것을 고르시오.

06

보기 She wishes she had Max's phone number.

① It's a pity she had Max's phone number.

② It's a pity she didn't have Max's phone number.

③ It's a pity she has Max's phone number.

④ It's a pity she doesn't have Max's phone number.

⑤ It's a pity she had had Max's phone number.

07

보기 If they had made a perfect plan for their trip, they wouldn't have got lost in the city.

① As they don't make a perfect plan for their trip, they will get lost in the city.

② As they didn't make a perfect plan for their trip, they got lost in the city.

③ As they made a perfect plan for their trip, they didn't get lost in the city.

④ As they make a perfect plan for their trip, they won't get lost in the city.

⑤ If they won't make a perfect plan for their trip, they will get lost in the city.

08 주어진 문장과 같은 의미가 되도록 빈칸을 채우시오.

But for your careful arrangement, my schedule would have become a mess.

= _____ _____ _____
_____ _____ _____ your careful arrangement, my schedule would have become a mess.

09~10 괄호 안에 주어진 말을 사용하여 우리말을 영어로 옮기시오. (단, 필요시 어형을 변화시킬 것)

09

어젯밤 비가 오지 않았더라면, 오늘 길이 이렇게 질퍽거리지 않을 텐데. (will, this, muddy)

→ If it had not rained last night, the road
_____ today.

10

그녀는 마치 자신이 혼자 모든 것을 처리했던 것처럼 이야기했다. (take care of, everything)

→ She talked as if _____
by herself.

선택형 문제

11~20 다음 중 어법상 적절한 것을 고르시오.

11 If they listened / had listened to the weather forecast, they wouldn't have gone on a camping trip.

12 I wish I had / had had a sister when I was growing up, who I could share clothes with and gossip about boys.

13 She stared at us as if we had been / were ghosts, even though we were standing right in front of her.

14 Were I / I were a good public speaker, I would gladly give a speech at your wedding.

15 If I had learned to ski, I might be / might have been on the slopes right now.

16 If it were / Were it not for my friends and family, I don't believe I would be where I am now.

17 If a food contains more sugar than any other ingredient, government regulations require that sugar is / be listed first on the label.
• 2020년 3월 고2

18 It's time for us to change / changed our thinking about the rights of humans and animals.
• 2021학년도 수능 응용

19 If you had to write a math equation, you probably wouldn't write / wouldn't have written "Twenty-eight plus fourteen equals forty-two.", instead of "28+14=42."
• 2021년 3월 고1 응용

20 Let's say that we are on a star situated sixty million light-years away. If we had / had had a really awesome telescope pointed at the Earth, we would see the dinosaurs walking around.
• 2018년 9월 고2 응용

21 (A), (B), (C)의 각 네모 안에서 어법에 맞는 표현으로 가장 적절한 것은?

As Natalie was logging in to her first online counseling session, she wondered, "How can I open my heart to the counselor through a computer screen?" Since the counseling center was a long drive away, she knew that this would save her a lot of time. Natalie just wasn't sure **(A)** if / that it would be as helpful as meeting her counselor in person. Once the session began, however, her concerns went away. She actually started thinking that it was **(B)** very / much more convenient than expected. She felt as if the counselor **(C)** had been / were in the room with her. As the session closed, she told him with a smile, "I'll definitely see you online again!"

• 2022학년도 고3 6월 응용

(A)		(B)		(C)
① if	—	much	—	had been
② if	—	very	—	were
③ if	—	much	—	were
④ that	—	much	—	had been
⑤ that	—	very	—	were

22~23 다음 글의 밑줄 친 부분 중, 어법상 **틀린** 것을 고르시오.

22 If you were at a social gathering in a large building and you overheard someone say that "the roof is on fire," what ① would be your reaction? Until you knew more information, your first inclination might be toward safety and survival. But if you ② were to find out that this particular person was talking about a song called "The Roof Is on Fire," your feelings of threat and danger would be diminished. So ③ once the additional facts are understood — that the person was referring to a song and not a real fire — the context is better understood and you are in a better position to judge and react. All too often people react far too quickly and emotionally over information without ④ establishing context. It is so important for us to identify context related to information because if we ⑤ failed to do so, we may judge and react too quickly.

• 2018년 11월 고1 응용

23 If creators knew when they were on their way to fashioning a masterpiece, their work would progress only forward: they would halt their idea-generation efforts as they struck gold. But in fact, they backtrack, returning to versions that they ① had earlier discarded as inadequate. In Beethoven's ② most celebrated work, the Fifth Symphony, he scrapped the conclusion of the first movement because it felt too short, only to come back to it later. ③ Beethoven had been able to distinguish an extraordinary from an ordinary work, he would have accepted his composition immediately as a hit. When Picasso was painting his famous *Guernica* in protest of fascism, he produced 79 different drawings. Many of the images in the painting ④ were based on his early sketches, not the later variations. If Picasso could judge his creations as he produced them, he would get ⑤ consistently "warmer" and use the later drawings. But in reality, it was just as common that he got "colder".

• 2020년 9월 고2 응용

DAY 13
특수구문

Point 01   병렬구조
Point 02   생략 / 삽입 구문
Point 03   강조 구문
Point 04   도치 구문

수능＋내신 핵심 포인트

✔ 등위접속사 병렬구조
✔ 부사절 생략 구문의 형태
✔ 'it is ~ that …' 강조구문의 형태
✔ 도치 구문 속의 주어-동사 수 일치

병렬구조와 수일치는 길어진 문장 해석에 기본이 되며 시험에도 자주 출제된다. 그리고 문장 해석에 어려움을 줄 수 있는 삽입, 강조, 도치 구문도 잘 정리해 두자.

STEP 1 수능 어법 핵심 이론 총정리

01 병렬구조 문법적으로 성격이 같은 말끼리 연결되는 경우를 살펴보자.

(1) 등위접속사 병렬구조: and, but, or, so 등 앞뒤로 연결되는 말은 문법적 성격이 같다.

and	He <u>washed</u> the car **and** <u>mowed</u> the lawn. 그는 세차하고 잔디를 깎았다. → 동사 병렬
but	The food was <u>nice</u> **but** <u>expensive</u>. 그 음식은 맛있었지만 비쌌다. → 형용사 병렬
or	Do you prefer <u>coffee</u> **or** <u>tea</u>? 커피가 좋으세요, 차가 좋으세요? → 명사 병렬
so	<u>The door was open</u>, **so** <u>he came in</u>. 문이 열려 있어서, 그는 들어갔다. → 문장 병렬

명령문+등위접속사
· 명령문+and: ~하라, 그러면
  Hurry, **and** you'll catch the last bus home.
· 명령문+or: ~하라, 그렇지 않으면
  Hurry, **or** we'll be late.

(2) 상관접속사 병렬구조: 짝을 이뤄 쓰이는 접속사 표현을 알아둔다.

both A and B (A와 B 둘 다)	The hotel room was **both** spacious **and** cozy. 그 호텔 방은 넓고도 아락했다.
either A or B (A, B 둘 중 하나)	We will **either** hike up the mountain **or** swim in the lake. 우린 등산을 하거나 아니면 호수에서 수영할 거야.
neither A nor B (A도 B도 아닌)	**Neither** the green shirt **nor** the pink shirt looks good on you. 녹색 셔츠도 분홍색 셔츠도 너한테 잘 안 어울리네.
not only A but also B (A뿐 아니라 B도)	They **not only** ate all the donuts **but also** drank all the coffee. 그들은 도넛을 다 먹었을 뿐 아니라 커피도 다 마셨다.

상관접속사 수일치
· both **A** and **B** → 복수
· either A or **B**
  neither A nor **B**
  not only A but also **B**
  → **B**에 일치

(3) 비교대상 병렬구조: 'A ~ as+원급+as B'와 'A ~ 비교급+than B'의 A, B는 문법적 성격이 같다.

예문 **Swimming** is as refreshing as **taking a shower.** 수영은 샤워만큼 상쾌하다.

He **is** more experienced in management than I **am.** 그는 나보다 경영 경험이 더 많다.
<u>be동사</u> 대동사(= am experienced in management)

02 생략 / 삽입 문장에서 일부 어구를 빼거나 중간에 끼워 넣는 경우에 관해 알아보자.

(1) 생략 구문

중복 어구 → 등위접속사 뒤	I went to the store, and she to the bank. → went 생략 나는 가게에 갔고, 그녀는 은행에 갔다.
접속사 that	I think you are right. → 목적절을 이끄는 접속사 that 생략 네가 맞는 거 같아.
목적격 관계대명사	Choose anything you want. → 목적격 관계대명사 that 생략 네가 원하는 건 뭐든 골라.
주격 관계대명사+be	Have you seen the vlog **uploaded on my channel**? 내 채널에 올라온 브이로그 봤어요? → which[that] was 생략
부사절 축약	**While in Europe**, she visited many museums. → she was 생략 유럽에 있는 동안, 그녀는 여러 박물관을 다녔다.
대부정사	Do you want to join me for coffee? / Yes, I'd love to. 나랑 커피 마시러 갈래? / 응, 좋아. → join you 생략

부사절 축약
부사절의 '주어+be동사'를 생략한 형태로, 흔히 시간/조건/양보 부사절에서 볼 수 있다. 생략되는 주어는 주절의 주어와 주로 같지만 다를 수도 있다.
Please do not disturb me, **unless** (it is) **necessary.**
→ 문장의 주어: you(명령문)
→ 부사절의 주어: it
  (= to disturb me)

(2) 삽입 구문

콤마, 줄표(—) 사이 → 보충 설명	Claire, **as a skilled traveler,** knows how to navigate foreign cities. Claire는 노런한 여행자로서 외국 도시에서 길 찾는 법을 안다.
관계대명사 삽입절 → 주격 관·대+(S'+V')+V	Even people <u>who</u> **we think** are talented struggle with self-doubt. 우리가 재능 있다고 생각하는 사람들조차 자기 의심으로 고생한다.

관계대명사 삽입절에 나오는 동사
: think, guess, know, suppose, feel 등
(생각, 가정, 추측 관련)

(A), (B), (C)의 각 네모 안에서 어법에 맞는 표현으로 가장 적절한 것은?

Acoustic concerns in school libraries are much more important and complex today than they **(A)** did / were in the past. Years ago, before electronic resources were such a vital part of the library environment, we had only to deal with noise produced by people. Today, the widespread use of computers, printers, and other equipment has added machine noise. People noise has also increased, **(B)** because / because of group work and instruction are essential parts of the learning process. So, the modern school library is no longer the quiet zone it once was. Yet libraries must still provide quietness for study and reading, because many of our students want a quiet study environment. Considering this need for library surroundings, it is important to design spaces where unwanted noise can be eliminated or at least **(C)** keep / kept to a minimum.

*acoustic: 소리의   • 2018년 6월 고1 응용

문제 해결의 **Key**

(A) '비교급+than' 앞뒤로 연결되는 비교대상은 서로 문법적 성격이 같아야 한다. 즉 than 앞의 동사에 따라 than 뒤의 대동사를 결정해야 한다.

(B) 뒤에 절이 나오는지, 명사구가 나오는지 따져본다.

(C) A or B 병렬구조를 완성하는 문제이다.

EXERCISE

A 주어진 단어를 어법에 맞게 변형하시오.

01 He attended the reception, gave a toast, and _____ early. (leave)

02 A good essay not only engages the reader but _____ them to think. (get)   • 2021년 9월 고1 응용

03 We are asking you to look around your house and _____ any instruments that you may no longer use. (donate)   • 2020년 9월 고1

04 A law could be passed allowing everyone, if they so wish, _____ a mile in two minutes. (run)   • 2021년 3월 고1

B 다음 문장이 어법상 적절한지 판단하여 O, X로 표시하시오.

01 Both Singapore and Taiwan is located in the subtropical zone.

02 What can I, as a parent, to do or say to motivate my child to continue in sports?   • 2013년 9월 고1

03 All the things we buy that then just sit there gathering dust are waste.   • 2021년 3월 고1

04 Despite tired, he continued to flip through the papers.

C 다음 밑줄 친 부분을 바르게 고치시오.

01 It is rare, if not impossibly, to bump into a world-famous celebrity in person.

02 Neither the book nor the magazines is on the shelf.

03 Selfish adults or kids do not make sound decisions as well as are grateful people.   • 2013년 9월 고1

04 The students who I think has the most potential are the ones who are the most dedicated.

03 강조 문장에서 어느 한 부분을 강조하는 방법을 살펴보자.

(1) 동사 강조: '정말로 ~하다[했다]'

형태 do/does/did+동사원형 → 원래 동사의 시제, 수를 do 동사에 반영

예문 She <u>loves</u> mint chocolate. 그녀는 민트 초코를 좋아한다.
→ She **does love** mint chocolate.
　　　현재+3인칭 단수

The hotel <u>exceeded</u> our expectations. 그 호텔은 우리 기대 이상이었다.
→ The hotel **did exceed** our expectations.
　　　　　　과거

(2) it is[was] … that ~ 강조구문: '~한 것은 바로 …이다[였다]'

정리 it is[was]와 that 사이에 명사(구) 또는 부사(구)를 넣어 강조한다.

원래 문장	Alan <u>ate</u> the last pancake this morning. Alan은 오늘 아침 마지막 팬케이크를 먹었다.
주어 강조	It was **Alan** that ate the last pancake this morning. 오늘 아침에 마지막 팬케이크를 먹은 것은 바로 Alan이었다.
목적어 강조	It was **the last pancake** that Alan ate this morning. Alan이 오늘 아침에 먹은 것은 바로 마지막 팬케이크였다.
부사구 강조	It was **this morning** that Alan ate the last pancake. Alan이 마지막 팬케이크를 먹은 것은 바로 오늘 아침이었다.

주의 it is[was]와 that 사이에 형용사가 있다면 가주어-진주어 구문이다.

It is **essential** that you drink plenty of water in hot weather.
　가주어　　　　　　　　　　　　진주어(~것)
더운 날씨에는 물을 많이 마시는 것이 필수적이다.

> **강조구문의 시제**
> 원래 문장이 현재시제면 is를, 과거시제면 was를 쓴다.

> **강조구문의 that 대체**
> 강조어구가 사람이면 that 대신에 who를 써도 된다. 마찬가지로 시간이나 장소가 강조되면 when이나 where를 쓰기도 한다.

04 도치 '주어+동사'가 평소와는 다른 어순으로 쓰이는 경우를 살펴보자.

(1) 장소 부사구 또는 보어 도치: '동사+주어' 어순

장소 부사구 도치	On the hill **stands a white castle**. → 장소 전치사구+동사+주어 언덕 위에 하얀 성이 있다.
보어 도치	Happy **are those** who have good friends. → 보어(형용사)+동사+주어 좋은 친구를 둔 사람들은 행복하다.

(2) 부정어구의 도치: 의문문 어순

조동사+주어 +동사원형	Only then **did she realize** she got lost. → only: 준부정어(오로지, 겨우) 그때에서야 그녀는 길을 잃어버린 것을 깨달았다.
be+주어	Rarely **are we given** a second chance in life. 우리는 인생에서 두 번째 기회를 좀처럼 얻지 못한다.
have+주어+p.p.	Never a day **has she missed** her violin lessons. 그녀는 바이올린 수업을 단 하루도 빼먹지 않았다.

(3) 동의 구문: 'so/neither+대동사+주어' 어순

예문 If I <u>can do</u> this, <u>so can you</u>. 내가 이걸 할 수 있다면, 너도 할 수 있어. → 긍정 동의(~도 그렇다)
A: I don't like Japanese ramen. / B: Neither[Nor] **do I**. → 부정 동의(~도 그렇지 않다)
전 일본 라멘을 안 좋아해요.　　　　　　　저도요.

(4) as/than 도치: 'as/than+대동사+주어' 어순 → 반드시 도치되지는 않음

예문 Helen survived the war as **did three of her sisters**(= **three of her sisters did**). Helen은 자신의 세 자매가 그랬듯(살아남았듯) 전쟁에서 살아남았다.

> **there goes/here comes+주어**
> 장소 부사구 도치의 일종이다.
> **There goes Adam's sister!**
> **Here comes Jimmy's dog!**
> *cf.* There she <u>goes</u>!
> 　　Here it <u>comes</u>!
> 　(대명사 주어는 도치 X)

> **도치를 일으키는 부정어구**
> • no, not, never(절대 ~않다)
> • seldom, rarely, scarcely, hardly(좀처럼/거의 ~않다)
> • only+부사(구), only when, only after

> **as/than 도치 주의사항**
> 주어가 대명사면 도치되지 않는다.
> Helen survived the war as **they did**(~~did they~~).

(A), (B), (C)의 각 네모 안에서 어법에 맞는 표현으로 가장 적절한 것은?

In addition to controlling temperatures when **(A)** handling / handled fresh produce, control of the atmosphere is important. Some moisture is needed in the air to prevent dehydration during storage, but too much moisture can encourage growth of molds. Some commercial storage units have controlled atmospheres, with the levels of both carbon dioxide and moisture **(B)** regulating / being regulated carefully. Sometimes other gases, such as ethylene gas, may be introduced at controlled levels to help achieve optimal quality of bananas and other fresh produce. Related to the control of gases and moisture **(C)** is / are the need for some circulation of air among the stored foods.

*dehydration: 탈수
**controlled atmosphere: 저온 저장과 함께 공기의 농도를 조절하는 장치

• 2018년 3월 고2 응용

문제 해결의 Key

(A) 'when+분사' 형태의 부사절 축약 구문이다. fresh produce가 분사의 목적어이다.

(B) 'the levels of ~ moisture'가 '조절하는' 행위의 주체인지 대상인지 따져본다.

(C) 도치 구문의 어순을 토대로 진짜 주어를 찾아본다.

EXERCISE

A 주어진 단어를 활용해 밑줄 부분을 강조하는 문장을 작성하시오. (it, that, do / 필요시 어형을 바꿀 것)

01 His hard work brought him both rank and wealth.

02 Liam loves being in places where so few have ventured. • 2019년 6월 고2 응용

03 Joe met his wife-to-be at his best friend's wedding last spring.

04 She ate a plate of spaghetti the night before a race. • 2018년 3월 고2 응용

B 다음 문장이 어법상 적절한지 판단하여 O, X로 표시하시오.

01 At the main entrance of the hospital a statue stands.

02 Attached is the activity worksheets you requested the other day.

03 It was in the middle of the night that he woke up to sense something was wrong. • 2019년 11월 고1 응용

04 Only when he saw the doe crying for her dead mate he realized animals can feel the pain of loss.
• 2021년 3월 고1 응용

C 다음 밑줄 친 부분을 어법상 바르게 고치시오.

01 Enclosed is a copy of my resume and a letter of recommendation.

02 During there, I took lots of photos to remember my trip.

03 Not only it is painful to admit that we feel inferior, but it is even worse for others to find out that we do. • 2022년 11월 고2 응용

04 We should give our youth an education is going to arm them to save humanity. • 2018년 9월 고2

번호	p.131에서 본 예문 ▶ 다음 중 어법상 적절한 것을 고르시오.	핵심 개념	문장 해석
A 01	He attended the reception, gave a toast, and leaving / left early.	동사구가 A, B, and C 형태로 병렬 연결되는 구조이다.	그는 연회에서 참석해서 건배를 하고 일찍 자리를 떴다.
02	A good essay not only engages the reader but get / gets them to think.	not only A but (also) B에서, A와 B는 병렬구조를 이룬다.	좋은 에세이는 독자를 끌어들일 뿐 아니라 그들이 생각하게 만든다.
03	We are asking you to look around your house and donate / donating any instruments that you may no longer use.	문맥상 '집을 둘러보고 ~ 기부하도록' 요청하는 것이다.	여러분이 집을 둘러보시고 더 이상 사용하지 않는 어떤 악기든 기부해 주시기를 요청합니다.
04	A law could be passed allowing everyone, if they so wish, run / to run a mile in two minutes.	allow는 to부정사를 목적격보어로 취한다.	원한다면 모든 사람이 2분 안에 1마일을 달릴 수 있도록 허용하는 법이 통과될 수도 있다.
B 01	Both Singapore and Taiwan is / are located in the subtropical zone.	both A and B는 늘 복수 취급한다.	싱가포르와 대만은 둘 다 아열대 지대에 있다.
02	What can I, as a parent, do or say to motivate my child continue / to continue in sports?	motivate는 to부정사를 목적격보어로 취한다.	제가 부모로서 아이한테 스포츠를 계속할 동기를 부여하려면 어떤 말이나 행동을 하면 될까요?
03	All the things we buy that then just sit there gathering dust are / being waste.	주어인 All the things 뒤로 동사를 연결해야 한다. (that) we buy와 'that ~ dust'가 주어를 꾸민다.	우리가 사고 나서 제자리에서 먼지를 끌어모으기만 하는 모든 물건은 쓰레기이다.
04	Although / Despite tired, he continued to flip through the papers.	부사절 축약 구문으로, tired 앞에 he was가 생략되어 있다.	피곤했지만, 그는 계속 서류를 뒤적거렸다.
C 01	It is rare, if not impossible / impossibly, to bump into a world-famous celebrity in person.	if 뒤에 it is가 생략되어 있다. 즉 보어가 들어갈 자리이다.	세계적인 스타를 직접 마주치는 것은 불가능하지는 않더라도 드문 일이다.
02	Neither the book nor the magazines is / are on the shelf.	neither A nor B가 주어이면 B에 수일치한다.	그 책도 잡지들도 선반에 없었다.
03	Selfish adults or kids do not make sound decisions as well as are / do grateful people.	앞에 나온 일반동사구 make sound decisions를 대체하는 말이 필요하다.	이기적인 어른이나 아이는 감사해하는 사람들만큼 좋은 결정을 잘 내리지 못한다.
04	The students whom / who I think have the most potential are the ones who are the most dedicated.	'주어+(생각·가정) 동사'가 삽입되는 위치는 주격 관계대명사 뒤다.	내가 생각하기로 가장 큰 잠재력을 지닌 학생들은 가장 열심히 하는 학생들이다.

A 01	It was his hard work that brought / was brought him both rank and wealth.	his hard work가 '가져다주는' 주체인 지, 대상인지 생각해본다.	그에게 지위와 부를 모 두 가져다 준 것은 그의 노력이었다.
02	Liam do / does love being in places where so few have ventured.	Liam은 3인칭 단수 주어이다.	Liam은 거의 아무도 과 감히 가보지 않은 장소에 가기를 아주 좋아한다.
03	It was at his best friend's wedding that / which Joe met his wife-to-be last spring.	부사구를 강조하는 것이므로 which를 쓸 수 없다.	Joe가 지난 봄에 아내 될 사람을 만난 곳은 바 로 그의 제일 친한 친구 결혼식이었다.
04	It was a plate of spaghetti what / that she ate the night before a race.	강조되는 명사구 a plate of spaghetti가 선행사처럼 기능한다.	그녀가 경주 시합 전날 밤에 먹은 것은 스파게 티 한 접시였다.
B 01	At the main entrance of the hospital a statue stands / stands a statue .	'장소 부사구+동사+주어' 도치 구문이 다.	병원 정문에 동상이 하 나 서 있다.
02	Attached are / is the activity worksheets you requested the other day.	'보어+동사+주어'의 도치 구문이므로, 주어를 뒤에서 찾는다.	첨부된 것은 귀가 요 전날 요청하신 활동 학 습지입니다.
03	It was in the middle of the night when / that he woke up to sense something was wrong.	in the middle of the night가 시간 부 사구이다.	그가 잠에서 깨어 뭔가 잘못됐음을 깨달은 것 은 한밤중이었다.
04	Only when he saw the doe crying for her dead mate did he realize / he realized animals can feel the pain of loss.	only가 포함된 부사절이 문장 앞에 나왔 으므로 주절의 주어와 동사는 도치된다. 부사절의 주어와 동사는 그대로 둔다.	그는 암사슴이 죽은 짝 을 위해 우는 것을 봤을 때에야 동물이 상실의 아픔을 느낄 수 있음을 깨달았다.
C 01	Enclosed are / is a copy of my resume and a letter of recommendation.	'보어+동사+주어'의 도치 구문이므로, 주어를 뒤에서 찾는다.	동봉된 것은 제 이력서 와 추천서입니다.
02	While / During there, I took lots of photos to remember my trip.	부사절 축약 구문으로, there 앞에 I was가 생략되어 있다.	거기 있는 동안, 나는 내 여행을 기억하기 위 해 사진을 많이 찍었다.
03	Not only is it painful to admit that we feel inferior, but it is / is it even worse for others to find out that we do.	not only A but also B에서 도치는 A에 만 적용한다.	우리가 열등감을 느낀 다고 인정하는 건 고통 스러울 뿐 아니라, 남들 이 우리가 그런 것을 아 는 게 훨씬 더 나쁘다.
04	We should give our youth an education is / that is going to arm them to save humanity.	an education을 꾸미는 수식어구 자리 이다. 문장의 동사는 이미 있다(should give).	우리는 청소년들에게 인류를 구할 준비를 시 켜줄 교육을 제공해야 한다.

내신형 문제

`01-02` 빈칸에 들어갈 말의 형태가 바르게 짝지어진 것을 고르시오.

01

> • Not only _____ a speech, but he will also have a book signing.
>
> • She liked both the lip gloss _____ the eyeliner that Ella gave to her.

① the author will give — and
② will give the author — but
③ will the author give — and
④ will the author give — or
⑤ the author will give — or

02

> • Yumi speaks and writes Spanish as fluently as _____ .
>
> • I haven't submitted my essay yet. _____ .

① do you — So has Emma
② do you — Neither has Emma
③ you do — Neither Emma has
④ you do — So hasn't Emma
⑤ you do — Neither has Emma

`03-04` 다음 중 어법상 어색한 문장을 고르시오.

03

① Either the core players or the coach decides the starting lineup.
② Neither my boss nor my colleagues agree with my proposal.
③ The team members, as well as the leader, needs to follow the project's guidelines.
④ The tax burden on domestic companies is 30 percent higher than that of international companies.
⑤ Not only the rain but also the strong winds make it difficult to drive.

04

① Little did I dream of landing a teaching position in college.
② Only on Fridays and Saturdays can I stay out late.
③ Hardly I had finished my part of the presentation when Jack showed up.
④ He is looking forward to the audition, and so am I.
⑤ My boyfriend knows me better than any other person does.

05 밑줄 친 부분의 쓰임이 <보기>와 다른 것은?

> **보기**　It was Seb that knocked on the door in the rainy night.

① It was at the post office that I ran into Mia again.
② It is a serious problem that we lack access to clean water here.
③ It was thanks to your support that I got over the heartbreak.
④ It was Jinny that aced the pop quiz we took last class.
⑤ It is through tragedy that we realize the importance of living in the present.

06 다음 중 밑줄 친 부분이 잘못 쓰인 것은?

① Can you give me a hand? / Sorry, my hands are full. I'll ask Cindy to.
② In the room remains the scent of her perfume.
③ Last weekend I saw a drama series that I believe is a masterpiece.
④ There goes she, running to catch the bus.
⑤ Technology start-ups often have little, if any, profit in their first few years.

07 다음 글의 밑줄 친 ①~⑤ 중 어법상 <u>틀린</u> 것은?

Jenny always thought her brother didn't pay ① <u>much attention</u> to her. But ② <u>when</u> she lost her job, he was ③ <u>the very</u> first one ④ <u>to offer</u> help. Only then ⑤ <u>she realized</u> that her brother cares about her.

08 주어진 우리말을 참고하여 다음 문장의 밑줄 친 부분을 알맞게 고치시오.

과학자들은 두려움에 대한 즉각 반응을 담당하는 뇌 부위를 찾았다.

= Scientists have located the part of the brain <u>is</u> responsible for immediate reactions to fear.

_____ → _____

09~10 다음 문장의 밑줄 친 부분을 강조하여 문장을 새로 작성하시오.

09

<u>Three hours later</u>, Melanie came back from her dance lesson.

→ _____ .

10

He <u>borrowed</u> money from me to open a stand to sell homemade pastries.

→ _____
_____ .

선택형 문제

11~20 다음 중 어법상 적절한 것을 고르시오.

11 The influence of peers, she argues, is / are much stronger than that of parents.
• 2020년 6월 고1

12 Our students consider you the artist who has influenced / has influenced them the most.
• 2022년 6월 고2 응용

13 You make split-second decisions about threats in order to have plenty of time to escape, if necessary / necessarily . • 2020년 9월 고1

14 Close the windows, and / or you can keep the mosquitoes out.

15 Gone is / are the days when people relied solely on newspapers for news.

16 At any moment, you can choose to start showing more respect for yourself or stop / stopping hanging out with friends who bring you down. • 2018년 3월 고1

17 His assumption that they all believed was a joke turned / turning out to be true.

18 I don't like spicy food, and neither my girlfriend does / does my girlfriend , so we always order mild dishes at restaurants.

19 It was the United States where / that had the largest final energy consumption in 2016.
• 2020년 9월 고1 응용

20 There a lonely old man lived / lived a lonely old man in a small cottage by the river.

21 (A), (B), (C)의 각 네모 안에서 어법에 맞는 표현으로 가장 적절한 것은?

Our world today is comparatively harmless. We don't have to be careful every moment that a tiger is behind us. We do not have to worry about starving. Our dangers today are, for example, high blood pressure or diabetes. To be clear, we have a Stone Age brain that lives in a modern world. Because of this, many situations **(A)** consider / are considered a threat by our brains, although they are harmless to our survival. In the past, danger meant we either had to flee or **(B)** fought / fight . If we have an appointment but are stuck in a traffic jam, that does not really threaten our lives. However, our brain considers this a danger. That is the point. There is no danger, but our brain rates it as such. If we have an unpleasant conversation with our partner, it does not threaten our lives, and we do not have to flee or fight. The danger is an illusion. Our Stone Age brain sees a mortal danger **(C)** is / that is not there.

• 2019년 11월 고2 응용

	(A)		(B)		(C)
①	consider	—	fought	—	that is
②	are considered	—	fight	—	that is
③	consider	—	fight	—	is
④	are considered	—	fight	—	is
⑤	are considered	—	fought	—	that is

22~23 다음 글의 밑줄 친 부분 중, 어법상 **틀린** 것을 고르시오.

22 Distance is a reliable indicator of the relationship between two people. Strangers stand further apart than ① does acquaintances, acquaintances stand further apart than friends, and friends stand further apart than romantic partners. Sometimes, of course, these rules are violated. ② Recall the last time you rode 20 stories in an elevator packed with total strangers. The sardine-like experience no doubt made the situation a bit uncomfortable. With your physical space ③ violated, you may have tried to create "psychological" space by avoiding eye contact, focusing instead on the elevator buttons. By reducing closeness in one nonverbal channel (eye contact), one can compensate for unwanted closeness in ④ another channel (proximity). Similarly, if you are talking with someone who is seated several feet away at a large table, you are likely to maintain constant eye contact — something you might feel uncomfortable doing if you ⑤ were standing next to each other.

*sardine-like: 승객이 빽빽이 들어찬   **proximity: 근접성

• 2022년 3월 고2 응용

23 It's reasonable to assume that every adult ① alive today has, at some point in their life, expressed or heard from someone else a variation of the following: "Where did all the time go?" "I can't believe it's the New Year. Time flies!" "Enjoy it. One day you'll wake up and ② realize you're 50." ③ Despite different on the surface, the sentiment behind these phrases is the same: time feels like it moves faster ④ as we get older. But why does this happen? According to psychologist Robert Ornstein, the speed of time and our perception of it is heavily influenced by how much new information is available for our minds to absorb and process. In essence, the more new information we take in, ⑤ the slower time feels. • 2018년 9월 고1 응용

DAY 14~15

실전 TEST

DAY 14   실전 TEST 1회 (01~15)

DAY 15   실전 TEST 2회 (16~30)

문제풀이 핵심 STEP

✅ 목표 시간(22분)에 맞춰 문제 풀기

✅ 제대로 채점표에 결과 기록

✅ 해설지에서 문제별 출제 Point 확인

✅ 틀린 Point 내용은 다시 돌아가 복습하기

01 다음 글의 밑줄 친 부분 중, 어법상 틀린 것은?

Salva had to raise money for a project to help southern Sudan. It was the first time ① that Salva spoke in front of an audience. There were more than a hundred people. Salva's knees were shaking as he walked to the microphone. "H-h-hello," he said. His hands ② trembling, he looked out at the audience. Everyone was looking at him. At that moment, he noticed that every face looked ③ interesting in what he had to say. People were smiling and seemed friendly. That made him ④ feel a little better, so he spoke into the microphone again. "Hello," he repeated. He smiled, ⑤ feeling at ease, and went on. "I am here to talk to you about a project for southern Sudan."

· 2020년 9월 고1 응용

02 다음 글의 밑줄 친 부분 중, 어법상 틀린 것은?

Sometimes the pace of change is ① far slower. The face you saw reflected in your mirror this morning probably ② appearing no different from the face you saw the day before — or a week or a month ago. Yet we know that the face that stares back at us from the glass is not the same, cannot be the same, as it ③ was 10 minutes ago. The proof is in your photo album: Look at a photograph ④ taken of yourself 5 or 10 years ago and you see clear differences between the face in the snapshot and the face in your mirror. If you lived in a world without mirrors for a year and then saw your reflection, you ⑤ might be surprised by the change. After an interval of 10 years without seeing yourself, you might not at first recognize the person peering from the mirror. Even something as basic as our own face changes from moment to moment.

*peer: 응시하다

· 2023년 6월 고1 응용

✅ 어휘 Check

raise money 모금하다   audience 관객, 청중   tremble 떨다   at ease 편안한

✅ 어휘 Check

reflect (거울 등에 상을) 비추다   stare at ~을 응시하다   proof 증거
clear 명확한   reflection (거울 등에 비친) 상, 반영   interval 간격
basic 기본적인

03

(A), (B), (C)의 각 네모 안에서 어법에 맞는 표현으로 가장 적절한 것은?

Clara, an (A) 11-year-old / 11-years-old girl, sat in the back seat of her mother's car with the window down. The wind from outside blew her brown hair across her ivory pale skin — she sighed deeply. She was sad about moving and was not smiling. Her heart felt like it hurt. The fact (B) that / which she had to leave everything she knew broke her heart. Eleven years — that was a long time to be in one place and build memories and make friends. She (C) has been / had been able to finish out the school year with her friends, which was nice, but she feared she would face the whole summer and the coming school year alone. Clara sighed heavily.

• 2018년 11월 고1 응용

	(A)		(B)		(C)
①	11-years-old	—	that	—	has been
②	11-year-old	—	which	—	had been
③	11-year-old	—	that	—	has been
④	11-year-old	—	that	—	had been
⑤	11-years-old	—	which	—	had been

04

다음 글의 밑줄 친 부분 중, 어법상 틀린 것은?

Jack stopped the cycle of perfectionism that his son Mark was developing. Mark could not stand to lose at games by the time he was eight years old. Jack was contributing to Mark's attitude by always ① letting him win at chess because he didn't like to see Mark get upset and cry. One day, Jack realized ② that was more important to allow Mark some experience with losing, so he started winning at least ③ half the games. Mark was upset at first, but soon began to win and lose with more grace. Jack felt a milestone ④ had been reached one day when he was playing catch with Mark and threw a bad ball. Instead of getting upset about missing the ball, Mark was able to use his sense of humor and ⑤ commented, "Nice throw, Dad. Lousy catch, Mark."

*milestone: 중대한 시점

• 2018년 3월 고2 응용

05 다음 글의 밑줄 친 부분 중, 어법상 틀린 것은?

Grant Wood grew up on a farm and drew with ① underline whatever materials could be spared. Often he used charcoal from the wood fire ② to sketch on a leftover piece of brown paper. He was only ten when his father died, and his mother moved the family to Cedar Rapids, Iowa, ③ where Wood went to school. He studied part-time at the State University of Iowa and attended night classes at the Art Institute of Chicago. When he was 32, he went to Paris to study at the Académie Julian. In 1927, he traveled to Munich, Germany, where some of ④ the most accomplished artists of the period were working. ⑤ During there, he saw German and Flemish artworks that influenced him greatly, especially the work of Jan van Eyck. After that trip, his style changed to reflect the realism of those painters.

• 2018년 3월 고2 응용

06 다음 글의 밑줄 친 부분 중, 어법상 틀린 것은?

The principal stepped on stage. "Now, I present this year's top academic award to the student ① who has achieved the highest placing." He smiled at the row of seats where twelve finalists had gathered. Zoe wiped a sweaty hand on her handkerchief and glanced at ② the other finalists. They all looked as pale and uneasy as herself. Zoe and one of the other finalists ③ had won first placing in four subjects so it came down to how teachers ranked their hard work and confidence. "The Trophy for General Excellence ④ is awarded to Miss Zoe Perry," the principal declared. "Could Zoe step this way, please?" Zoe felt as if she ⑤ had been in heaven. She walked into the thunder of applause with a big smile.

• 2022년 3월 고1 응용

✓ 어휘 Check

spare 마련하다, 아끼다   charcoal 숯, 목탄   leftover 나머지
accomplished 기량이 뛰어난   artwork 예술 작품   reflect 반영하다
realism 사실주의

✓ 어휘 Check

principal 교장   finalist 결승 진출자   gather 모이다   wipe 닦다
handkerchief 손수건   glance at ~을 힐끗 보다   pale 창백한
uneasy 불안한   rank 평가하다, (순위를) 차지하다   hard work 노력
confidence 자신감   a thunder of applause 우레 같은 박수

07 다음 글의 밑줄 친 부분 중, 어법상 틀린 것은?

When I was in the army, my instructors would show up in my barracks room, and the first thing they would inspect was our bed. It was a simple task, but every morning we were required ① to make our bed to perfection. It seemed a little ② ridiculous at the time, but the wisdom of this simple act has been proven to me many times over. If you ③ will make your bed every morning, you will have accomplished the first task of the day. It will give you a small sense of pride and it will encourage you ④ to do another task and another. By the end of the day, ⑤ that one task completed will have turned into many tasks completed. If you can't do little things right, you will never do the big things right.

*barracks room: (병영의) 생활관 ** accomplish: 성취하다

• 2022년 3월 고1 응용

08 다음 글의 밑줄 친 부분 중, 어법상 틀린 것은?

In modern times, society became more dynamic. Social mobility increased, and people began to exercise a higher degree of choice ① regarding, for instance, their profession, their marriage, or their religion. This posed a challenge to traditional roles in society. It was less evident ② that one needed to commit to the roles one was born into when alternatives could be realized. ③ Increase control over one's life choices became not only possible but desired. Identity then became a problem. It was no longer almost ready-made at birth but something ④ to be discovered. Traditional role identities prescribed by society began to appear as masks imposed on people ⑤ whose real self was to be found somewhere underneath.

*impose: 부여하다

• 2021년 11월 고1 응용

09 (A), (B), (C)의 각 네모 안에서 어법에 맞는 표현으로 가장 적절한 것은?

Over the years, memory **(A)** has given / has been given a bad name. It has been associated with rote learning and cramming information into your brain. Educators have said **(B)** that / what understanding is the key to learning, but how can you understand something if you can't remember it? We have all had this experience: we recognize and understand information but can't recall it when we need it. For example, how many jokes do you know? You've probably heard thousands, but you can only recall about four or five right now. There is a big difference between remembering your four jokes and recognizing or understanding thousands. Understanding doesn't create use. Only when you can instantly recall what you understand, and practice using your remembered understanding, **(C)** you achieve / do you achieve mastery. Memory means storing what you have learned; otherwise, why would we bother learning in the first place?

• 2019년 11월 고2 응용

	(A)		(B)		(C)
①	has given	—	that	—	do you achieve
②	has given	—	what	—	you achieve
③	has been given	—	that	—	you achieve
④	has been given	—	what	—	do you achieve
⑤	has been given	—	that	—	do you achieve

어휘 Check

be associated with ~와 연관되다 rote learning 무턱대고 외우기
cram (좁은 곳에) 쑤셔 넣다, 벼락치기하다 recall 회상하다, 기억하다
mastery 숙달 otherwise 그렇지 않으면 in the first place 애초에

10 다음 글의 밑줄 친 부분 중, 어법상 틀린 것은?

The brain makes up just two percent of our body weight but uses 20 percent of our energy. In newborns, it's no less than 65 percent. That's partly ① <u>why</u> babies sleep all the time — their growing brains exhaust them — and have a lot of body fat, to use as an energy reserve ② <u>when needed</u>. Our muscles use ③ <u>very</u> more of our energy, about a quarter of the total, but we have a lot of muscle. Actually, per unit of matter, the brain uses by far more energy than our other organs. ④ <u>That</u> means that the brain is the most expensive of our organs. But it is also marvelously efficient. Our brains require only about four hundred calories of energy a day — about the same as we get from a blueberry muffin. Try running your laptop for twenty-four hours on a muffin and see ⑤ <u>how</u> far you get.

• 2020년 6월 고1 응용

어휘 Check

make up ~을 구성하다 no less than 자그마치 ~인 partly 부분적으로
exhaust 소진시키다 reserve 보유량, 비축 quarter 4분의 1 muscle 근육
matter 물질 marvelously 현저히 efficient 효율적인 laptop 노트북

11

다음 글의 밑줄 친 부분 중, 어법상 틀린 것은?

Most times a foreign language is spoken in film, subtitles are used to ① translating the dialogue for the viewer. However, there are occasions ② when foreign dialogue is left unsubtitled (and thus incomprehensible to most of the target audience). This is often done if the movie is seen ③ mainly from the viewpoint of a particular character who does not speak the language. Such absence of subtitles allows the audience ④ to feel a similar sense of incomprehension and alienation that the character feels. An example of this is seen in *Not Without My Daughter*. The Persian language dialogue ⑤ spoken by the Iranian characters is not subtitled because the main character Betty Mahmoody does not speak Persian and the audience is seeing the film from her viewpoint.

*subtitle: 자막(을 넣다) **incomprehensible: 이해할 수 없는
***alienation: 소외
• 2022년 3월 고1 응용

✅ 어휘 Check

translate 해석하다, 번역하다 occasion 때, 경우 mainly 주로
viewpoint 관점 absence 부재, 없음

12

(A), (B), (C)의 각 네모 안에서 어법에 맞는 표현으로 가장 적절한 것은?

A recent study from Carnegie Mellon University in Pittsburgh, called "When Too Much of a Good Thing May Be Bad," indicates that classrooms with too much decoration **(A)** is / are a source of distraction for young children and directly affect their cognitive performance. **(B)** Being / Be visually overstimulated, the children have a great deal of difficulty concentrating and end up with worse academic results. On the other hand, if there is not much decoration on the classroom walls, the children are less distracted, spend more time on their activities, and learn more. So it's our job, in order to support their attention, **(C)** to find / finds the right balance between excessive decoration and the complete absence of it.

• 2022년 9월 고1 응용

	(A)		(B)		(C)
①	are	—	Being	—	to find
②	is	—	Being	—	finds
③	is	—	Be	—	to find
④	are	—	Being	—	finds
⑤	are	—	Be	—	to find

✅ 어휘 Check

distraction 주의를 산만하게 하는 것 cognitive 인지적인 overstimulate 과도하게 자극하다 have difficulty V-ing ~하는 데 어려움을 겪다 a great deal of 많은 concentrate 집중하다 end up with 결국 ~하다 support 돕다 excessive 과도한

13 다음 글의 밑줄 친 부분 중, 어법상 틀린 것은?

Robert Schumann once said, "The laws of morals are ① those of art." What the great man is saying here is that there is good music and bad music. The greatest music, even if it's tragic in nature, takes us to a world higher than ours; somehow the beauty uplifts us. Bad music, on the other hand, degrades us. It's the same with performances: a bad performance isn't ② necessarily the result of incompetence. Some of the worst performances occur when the performers, no matter ③ what accomplished, are thinking more of themselves than of the music they're playing. These doubtful characters aren't really listening to what the composer is saying — they're just showing off, ④ hoping that they'll have a great 'success' with the public. The performer's basic task is to try to understand the meaning of the music, and then ⑤ to communicate it honestly to others.

*degrade: 격하시키다 **incompetence: 무능
· 2022년 3월 고1 응용

14 다음 글의 밑줄 친 부분 중, 어법상 틀린 것은?

Whose story it is affects *what* the story is. ① Change the main character, and the focus of the story must also change. If we look at the events through ② other character's eyes, we will interpret them differently. We'll place our sympathies with someone new. When the conflict ③ arises that is the heart of the story, we will be praying for a different outcome. Consider, for example, how the tale of Cinderella would shift if ④ told from the viewpoint of an evil stepsister. *Gone with the Wind* is Scarlett O'Hara's story, but what if we ⑤ were shown the same events from the viewpoint of Rhett Butler or Melanie Wilkes?

*sympathy: 공감
· 2023년 3월 고1 응용

✔어휘 *Check*

morals 도덕 tragic 비극적인 somehow 왠지, 어떻게든 uplift 고양시키다
not necessarily 반드시 ~한 것은 아닌 doubtful 미심쩍은 composer 작곡가
show off 과시하다, 뽐내다 honestly 정직하게

✔어휘 *Check*

interpret 해석하다 differently 다르게 conflict 갈등 arise 발생하다
pray for ~을 바라다 outcome 결과 tale 이야기 shift 변하다
viewpoint 관점 evil 사악한 stepsister 의붓자매

15 다음 글의 밑줄 친 부분 중, 어법상 **틀린** 것은?

The desire for fame has its roots in the experience of neglect. No one would want to be famous who hadn't also, somewhere in the past, been made ① to feel extremely insignificant. We sense the need for a great deal of admiring attention when we have been ② painfully exposed to earlier deprivation. Perhaps one's parents were hard ③ to impress. They never noticed one much, they were so busy with other things, focusing on other famous people, unable to have or express kind feelings, or just ④ work too hard. There were no bedtime stories and one's school reports weren't the subject of praise and admiration. That's why one dreams ⑤ that one day the world will pay attention. When we're famous, our parents will have to admire us too.

• 2018년 3월 고2 응용

제대로 채점표 ○X

문번	채점 결과	내가 고른 오답과 오답의 이유 쓰기 (해설의 출제 포인트 부분을 참고하세요!)
01	○ X	
02	○ X	
03	○ X	
04	○ X	
05	○ X	
06	○ X	
07	○ X	
08	○ X	
09	○ X	
10	○ X	
11	○ X	
12	○ X	
13	○ X	
14	○ X	
15	○ X	

✓ 어휘 Check

have root(s) in ~에 뿌리를 두다   neglect 무시, 방치   extremely 극도로
insignificant 하찮은, 사소한   sense 느끼다   admire 존경하다, 감탄하며
바라보다   painfully 고통스럽게   deprivation 결핍   impress 인상을 주다
notice 알아차리다, 관심을 주다   subject 대상, 주제

16 (A), (B), (C)의 각 네모 안에서 어법에 맞는 표현으로 가장 적절한 것은?

My name is Anthony Thompson and I am writing on behalf of the residents' association. Our recycling program has been working well thanks to your participation. However, a problem has recently occurred that (A) needs / need your attention. Because there is no given day for recycling, residents are putting their recycling out at any time. This makes the recycling area (B) messy / messily , which requires extra labor and cost. To deal with this problem, the residents' association has decided on a day to recycle. I would like to let you know that you can put out your recycling on Wednesdays only. I am sure it will make our apartment complex (C) look / looking much more pleasant. Thank you in advance for your cooperation.

• 2021년 3월 고2 응용

	(A)		(B)		(C)
①	needs	—	messily	—	look
②	needs	—	messy	—	look
③	needs	—	messy	—	looking
④	need	—	messily	—	looking
⑤	need	—	messy	—	look

17 (A), (B), (C)의 각 네모 안에서 어법에 맞는 표현으로 가장 적절한 것은?

Benjamin Franklin once suggested that a newcomer to a neighborhood (A) asks / ask a new neighbor to do him or her a favor, citing an old maxim: He that has once done you a kindness will be more ready to do you (B) other / another than he whom you yourself have obliged. In Franklin's opinion, asking someone for something was the most useful and immediate invitation to social interaction. Such asking on the part of the newcomer provided the neighbor with an opportunity to show himself or herself as a good person, at first encounter. It also meant that the latter could now ask the former for a favor, in return, (C) increased / increasing the familiarity and trust. In that manner, both parties could overcome their natural hesitancy and mutual fear of the stranger.

*oblige: ~에게 친절을 베풀다

• 2019년 9월 고1 응용

	(A)		(B)		(C)
①	asks	—	another	—	increasing
②	ask	—	another	—	increasing
③	ask	—	another	—	increased
④	ask	—	other	—	increasing
⑤	asks	—	other	—	increased

✓어휘 Check

on behalf of ~을 대표하여 association 조합, 협회 given 정해진, 특정한 messy 어지러운 decide on ~을 결정하다 put out (쓰레기 등을) 내놓다, (불을) 끄다 apartment complex 아파트 단지 in advance 미리

✓어휘 Check

newcomer 새로 온 사람 favor 호의 maxim 격언 kindness 친절 invitation 초대 on the part of ~쪽의, ~에 의한 encounter 만남 the latter 후자 the former 전자 familiarity 친숙함 party 이해 당사자 hesitancy 머뭇거림, 주저함 mutual 상호의

18 다음 글의 밑줄 친 부분 중, 어법상 **틀린** 것은?

Eddie Adams was born in New Kensington, Pennsylvania. He developed his passion for photography in his teens, ① <u>which</u> he became a staff photographer for his high school paper. After graduating, he joined the United States Marine Corps, where he captured scenes from the Korean War ② <u>as</u> a combat photographer. In 1958, he became staff at the *Philadelphia Evening Bulletin*, a daily evening newspaper ③ <u>published</u> in Philadelphia. In 1962, he joined the Associated Press (AP), and after 10 years, he left the AP ④ <u>to work</u> as a freelancer for *Time* magazine. The Saigon Execution photo ⑤ <u>that</u> he took in Vietnam earned him the Pulitzer Prize for Spot News Photography in 1969. He shot more than 350 covers of magazines with portraits of political leaders such as Deng Xiaoping, Richard Nixon, and George Bush.

• 2018년 9월 고1 응용

19 다음 글의 밑줄 친 부분 중, 어법상 **틀린** 것은?

Vision is like shooting at a ① <u>moving</u> target. Plenty of things can go wrong in the future and plenty more can change in unpredictable ways. When such things happen, you should be prepared to make your vision ② <u>conform</u> to the new reality. For example, a businessman's optimistic forecast can be blown away by a cruel recession or by aggressive competition in ways he ③ <u>could not have foreseen</u>. Or in another scenario, his sales can skyrocket and his numbers can get even better. In any event, he will be foolish ④ <u>to stick</u> to his old vision in the face of new data. There is nothing wrong in modifying your vision or even abandoning it, as ⑤ <u>necessarily</u>.

*recession: 경기 침체

• 2019년 9월 고1 응용

20 다음 글의 밑줄 친 부분 중, 어법상 틀린 것은?

The known fact of contingencies, without knowing precisely what those contingencies will be, ① show that disaster preparation is not the same thing as disaster rehearsal. No matter how many mock disasters are staged according to prior plans, the real disaster will never mirror any one of ② them. Disaster-preparation planning is more like training for a marathon ③ than training for a high-jump competition or a sprinting event. Marathon runners do not practice by running the full course of twenty-six miles; rather, they get into shape by running shorter distances and ④ building up their endurance with cross-training. If they have prepared successfully, then they are in optimal condition to run the marathon over its predetermined course and length, assuming a range of weather conditions, ⑤ predicted or not. This is normal marathon preparation.

*contingency: 비상사태 **mock: 모의의
***cross-training: 여러 가지 운동을 조합하여 행하는 훈련법

• 2021년 3월 고2 응용

21 다음 글의 밑줄 친 부분 중, 어법상 틀린 것은?

Let's return to a time in which photographs were not in living color. During that period, people referred to pictures as "photographs" rather than "black-and-white photographs" as we ① are today. The possibility of color did not exist, so it was unnecessary to insert the adjective "black-and-white." However, suppose we ② did include the phrase "black-and-white" before the existence of color photography. By highlighting that reality, we become conscious of current limitations and thus open our minds to new possibilities and potential opportunities. World War I ③ was given that name only after we were deeply embattled in World War II. Before that horrific period of the 1940s, World War I was simply called "The Great War" or, even worse, "The War to End All Wars." What if we ④ had called it "World War I" back in 1918? ⑤ Such a label might have made the possibility of a second worldwide conflict a greater reality for governments and individuals. We become conscious of issues when we explicitly identify them.

• 2021년 6월 고2 응용

22 (A), (B), (C)의 각 네모 안에서 어법에 맞는 표현으로 가장 적절한 것은?

Only a generation or two ago, mentioning the word *algorithms* would have drawn a blank from most people. Today, algorithms (A) appear / are appeared in every part of civilization. They are connected to everyday life. They're not just in your cell phone or your laptop but in your car, your house, your appliances, and your toys. Your bank is a huge web of algorithms, with humans (B) turned / turning the switches here and there. Algorithms schedule flights and then fly the airplanes. Algorithms run factories, trade goods, and keep records. If every algorithm suddenly stopped working, it (C) would have been / would be the end of the world as we know it.

• 2022년 6월 고1 응용

	(A)	(B)	(C)
①	appear	turning	would be
②	are appeared	turned	would have been
③	appear	turned	would be
④	are appeared	turning	would be
⑤	appear	turning	would have been

23 다음 글의 밑줄 친 부분 중, 어법상 <u>틀린</u> 것은?

Even companies that sell physical products to make profit are forced by their boards and investors ① to reconsider their underlying motives and to collect as much data as possible from consumers. Supermarkets no longer make all their money ② selling their produce and manufactured goods. They give you loyalty cards ③ which they track your purchasing behaviors precisely. Then supermarkets sell this purchasing behavior to marketing analytics companies. The marketing analytics companies perform machine learning procedures, slicing the data in new ways, and ④ resell behavioral data back to product manufacturers as marketing insights. When data and machine learning become currencies of value in a capitalist system, then every company's natural tendency is to maximize ⑤ its ability to conduct surveillance on its own customers because the customers are themselves the new value-creation devices.

*surveillance: 관찰, 감시

• 2021년 3월 고2 응용

✓ 어휘 Check

generation 세대   draw a blank 아무 반응을 얻지 못하다   civilization 문명
huge 거대한   web 망, 거미줄   trade 교역하다

✓ 어휘 Check

make profit 수익을 내다   reconsider 재고하다   underlying 근본적인,
기저에 있는   produce 농산물   manufacture 제조하다   track 추적하다
precisely 정밀하게   analytics 분석(학)   currency 통화, 화폐
capitalist system 자본주의 체제

24 다음 글의 밑줄 친 부분 중, 어법상 틀린 것은?

In this world, being smart or competent isn't enough. People sometimes don't recognize talent when they see it. Their vision is clouded by the first impression we give and ① that can lose us the job we want, or the relationship we want. The way we present ourselves can speak more eloquently of the skills we bring to the table, if we actively cultivate that presentation. Nobody likes to be crossed off the list before ② being given the opportunity to show others who they are. Being able to tell your story from the moment you meet other people ③ is a skill that must be actively cultivated, in order to send the message ④ which you're someone to be considered and the right person for the position. For that reason, it's important that we all learn how to say the appropriate things in the right way and ⑤ to present ourselves in a way that appeals to other people — tailoring a great first impression.

*eloquently: 설득력 있게

· 2019년 6월 고2 응용

25 다음 글의 밑줄 친 부분 중, 어법상 틀린 것은?

If you're an expert, ① having a high follower count on your social media accounts enhances all the work you are doing in real life. A great example is a comedian. She spends hours each day working on her skill, but she keeps ② being asked about her Instagram following. This is because businesses are always looking for easier and cheaper ways to market their products. A comedian with 100,000 followers can promote her upcoming show and ③ increase the chances that people will buy tickets to come see her. This reduces the amount of money the comedy club has to spend on promoting the show and makes the management more likely to choose her over ④ other comedian. Plenty of people are upset that follower count seems to be more important than talent, but it's really about firing on all cylinders. In today's version of show business, the business part is happening online. You need to adapt, because those ⑤ who don't adapt won't make it very far.

· 2019년 6월 고2 응용

✅ 어휘 Check

competent 유능한　cloud 가리다　lose A B A가 B를 잃게 하다
bring to the table ~을 제시하다　cultivate 기르다, 함양하다, 연마하다
cross off (목록 등에서 그어서) 지우다　opportunity 기회　appropriate 적절한　appeal to ~에게 매력적으로 보이다　tailor 재단하다, (요구에) 부응하다

✅ 어휘 Check

follower count 팔로워 수　account 계정, 계좌　enhance 향상시키다
promote 홍보하다　choose A over B B보다 A를 택하다　plenty of 많은
talent 재능　fire on all cylinders 전력을 다하다　adapt 적응하다
make it (시간 맞춰) 가다, 성공하다, 이루다

152　실전 TEST · 2회

26 다음 글의 밑줄 친 부분 중, 어법상 틀린 것은?

Humans are omnivorous, meaning that they can consume and digest a wide selection of plants and animals ① <u>found</u> in their surroundings. The primary advantage to this is ② <u>that</u> they can adapt to nearly all earthly environments. The disadvantage is that no single food provides the nutrition ③ <u>necessary</u> for survival. Humans must be flexible enough to eat a variety of items sufficient for physical growth and maintenance, yet cautious enough ④ <u>not to randomly ingest</u> foods that are physiologically harmful and, possibly, fatal. This dilemma, the need to experiment combined with the need for conservatism, ⑤ <u>known</u> as the omnivore's paradox. It results in two contradictory psychological impulses regarding diet. The first is an attraction to new foods; the second is a preference for familiar foods.

• 2019년 9월 고2 응용

27 다음 글의 밑줄 친 부분 중, 어법상 틀린 것은?

Technology has doubtful advantages. We must balance too much information versus using only the right information and ① <u>keeping</u> the decision-making process simple. The Internet has made so much free information available on any issue ② <u>which</u> we think we have to consider all of it in order to make a decision. So we keep searching for answers on the Internet. This makes us information blinded, like deer in headlights, when ③ <u>trying</u> to make personal, business, or other decisions. ④ <u>To be</u> successful in anything today, we have to keep in mind that in the land of the blind, a one-eyed person can accomplish ⑤ <u>the seemingly impossible</u>. The one-eyed person understands the power of keeping any analysis simple and will be the decision maker when he uses his one eye of intuition.

*intuition: 직관

• 2019년 3월 고1 응용

28 다음 글의 밑줄 친 부분 중, 어법상 **틀린** 것은?

Theseus was a great hero to the people of Athens. When he returned home after a war, the ship that had carried him and his men ① was so treasured that the townspeople preserved it for years and years, replacing its old, rotten planks with new pieces of wood. The question Plutarch asks philosophers is this: is the ② repaired ship still the same ship that Theseus had sailed? Removing one plank and replacing it might not make a difference, but can that still be true once all the planks ③ have been replaced? Some philosophers argue that the ship must be the sum of all its parts. But if this is true, then ④ as the ship got pushed around during its journey and lost small pieces, it would already have stopped ⑤ to be the ship of Theseus.

*plank: 널빤지

• 2019년 3월 고2 응용

29 다음 글의 밑줄 친 부분 중, 어법상 **틀린** 것은?

Twenty-three percent of people admit to ① having been shared a fake news story on a popular social networking site, either accidentally or on purpose, according to a 2016 Pew Research Center survey. It's tempting for me to attribute it to people ② being willfully ignorant. Yet the news ecosystem has become so overcrowded and complicated that I can understand why ③ navigating it is challenging. ④ When in doubt, we need to crosscheck story lines ourselves. The simple act of fact-checking prevents misinformation from shaping our thoughts. We can consult websites such as FactCheck.org to gain a better understanding of ⑤ what's true or false, fact or opinion.

• 2019년 9월 고1 응용

✅ **어휘 Check**

treasure 소중히 여기다 townspeople 시민 rotten 썩은, 상한
sail 항해하다 make a difference 차이를 낳다 sum 총합

✅ **어휘 Check**

admit to ~을 인정하다 accidentally 우연히 on purpose 일부러
tempting 솔깃한 attribute A to B A를 B의 탓으로 돌리다 willfully
의도적으로 ignorant 무지한, 모르는 overcrowded 과도하게 붐비는
challenging 힘든, 어려운 crosscheck 교차 확인하다

30

(A), (B), (C)의 각 네모 안에서 어법에 맞는 표현으로 가장 적절한 것은?

Motivation may come from several sources. It may be the respect I give every student, the daily greeting I give at my classroom door, the undivided attention when I listen to a student, a pat on the shoulder **(A)** that / whether the job was done well or not, an accepting smile, or simply "I love you" when it is most needed. It may simply be **(B)** asking / asked how things are at home. For one student considering dropping out of school, it was a note from me after one of his frequent absences saying that he made my day when I saw him in school. He came to me with the note with tears in his eyes and thanked me. He will graduate this year. Whatever technique is used, the students must know that you care about **(C)** themselves / them . But the concern must be genuine — the students can't be fooled.

• 2020년 3월 고1 응용

	(A)		(B)		(C)
①	whether	—	asking	—	them
②	whether	—	asking	—	themselves
③	whether	—	asked	—	them
④	that	—	asking	—	them
⑤	that	—	asked	—	themselves

✓ 어휘 Check

undivided 분산되지 않은, 완전한 　a pat on the shoulder (격려 등의 의미로) 어깨를 토닥이는 것 　drop out of ~을 중퇴하다, 그만두다 　frequent 빈번한 absence 부재, 결석 　make one's day ~을 매우 기쁘게 하다 　genuine 진정한 fool 속이다

제대로 채점표 OX

문번	채점 결과	내가 고른 오답과 오답의 이유 쓰기 (해설의 출제 포인트 부분을 참고하세요!)
16	O X	
17	O X	
18	O X	
19	O X	
20	O X	
21	O X	
22	O X	
23	O X	
24	O X	
25	O X	
26	O X	
27	O X	
28	O X	
29	O X	
30	O X	

DAY별
수능 필수 어휘

DAY 01 ~ DAY 15 DAY별 필수 어휘 40개
(= 총 600개)

단어 암기 핵심 STEP

- ✅ 리스트에 제공된 단어 확인
- ✅ 본문에서 몰랐던 단어 중심으로 꼼꼼히 암기
- ✅ QR 코드로 시험지 다운 받아 풀기
- ✅ 틀린 단어 중심으로 복습하기

단어 TEST
바로가기

STEP 1~2 단어	의미
approach	v. 접근하다
familiar	a. 친숙한
persistence	n. 끈기, 고집
tender	a. 부드러운
raw	a. 날것의
dependence	n. 의존
interfere with	~을 방해하다
carry on	계속하다
bitterly	ad. 쓰게
entirely	ad. 전적으로
cold-blooded	a. (생물) 냉혈의
metabolism	n. 신진대사
predatory	a. 포식성의
sparse	a. 드문, 희박한
expend	v. 소비하다
overpower	v. 제압하다
residual	a. 잔여의, 남아 있는
attract	v. 매혹하다, 끌다
essential	a. 중요한, 본질적인
shrink	v. 수축되다, 줄어들다

STEP 3 선택형&수능형 단어	의미
significantly	ad. 현저히
break off into	~로 쪼개다, 소분하다
hands-on	a. 직접 하는, 체험의
stressed	a. 스트레스를 받은
on top of	~ 위에
briefly	ad. 짧게
cultivate	v. 경작하다
vulnerable	a. 취약한, 상처받기 쉬운
starvation	n. 굶주림, 기아
composer	n. 작곡가
collaboration	n. 협력
on the spur of moment	즉석으로
accented	a. 강세가 있는
overall	a. 전체적인, 전반적인
simultaneous	a. 동시에 일어나는
sigh	v. 한숨 쉬다 n. 한숨
glow	n. 빛 v. 빛나다
fatigue	n. 피로
resentment	n. 분개
prioritize	v. 우선순위를 두다

STEP 1~2 단어	의미
heartwarming	*a.* 흐뭇한, 감동적인
toast	*n.* 축배, 건배
authentic	*a.* 진짜의
desire	*v.* 바라다
deception	*n.* 기만, 속임
conceal	*v.* 숨기다
corrupt	*a.* 타락한, 부패한
diminish	*v.* 떨어뜨리다, 줄이다
in pairs	짝을 지어
multiple	*a.* 다수의, 여러
threatened	*a.* 위협받은
impressionist	*n.* 인상파 화가
appealing	*a.* 매력적인
informal	*a.* 비격식적인
arbitrary	*a.* 임의적인
modernization	*n.* 현대화
landscape	*n.* 풍경
related	*a.* 관련된
pursue	*v.* 추구하다
confession	*n.* 고백

STEP 3 선택형&수능형 단어	의미
anxiety	*n.* 불안
commitment	*n.* 헌신
tiny	*a.* 매우 작은
undisturbed	*a.* 방해받지 않은
demand	*n.* 수요
flawless	*a.* 완벽한
enthusiasm	*n.* 열정
genius	*n.* 천재
drop off	~을 내려주다
roll down	(손잡이를 돌려서) 내리다, (눈물이) 흘러내리다
yell	*v.* 외치다, 소리 지르다
walk past	~을 지나쳐 걷다
worthwhile	*a.* 가치 있는
cut out	오려내다, 잘라내다
refrigerator	*n.* 냉장고
appreciate	*v.* 감사하다
at the expense of	~의 비용으로, ~을 희생하여
excessive	*a.* 과도한
disrupt	*v.* 방해하다, 지장을 주다
informed decision	잘 알고 내린 결정

단어 TEST 바로가기

STEP 1~2 단어	의미
day off	휴가
mute	v. 무음 처리를 하다
disconnected	a. 단절된
missed call	부재중 전화
fall over	~에 걸려 넘어지다
injure	v. 상처 입히다 n. 부상
surgery	n. 수술
rush	v. 서두르다
in need	어려운, 도움이 필요한
policy	n. 정책
protection	n. 보호
hypothesis	n. 가설
professor	n. 교수
enormous	a. 거대한
unearth	v. 밝혀내다
come up with	~을 떠올리다
dramatic	a. 극적인
pose a question	의문을 제기하다
self-esteem	n. 자존감
homesick	a. 향수를 느끼는

STEP 3 선택형&수능형 단어	의미
dinosaur	n. 공룡
submission	n. 제출
typewriter	n. 타자기
rub	v. 문지르다
charge	n. 충전
take an order	주문을 받다
surface	n. 표면
impact	n. 충격, 영향
disturbance	n. 교란
bang	v. 쾅 하고 치다
compress	v. 압축하다
release	v. 놓아주다, 풀어주다
density	n. 밀도
displace	v. 바꾸다, 대체하다, (원래 위치에서) 옮겨놓다
intellect	n. 지능, 지성
precious	a. 소중한
vehicle	n. 탈것, 차량
thoughtful	a. 사려 깊은
round trip	왕복 이동[여행]
sunset	n. 일몰, 노을

STEP 1~2 단어	의미
underwater	*a.* 수중의
waterproof	*v.* 방수 처리를 하다
attach A to B	A를 B에 부착하다
pole	*n.* 기둥, 막대
flood with	~이 넘쳐나다
inexpensive	*a.* 저렴한
depth	*n.* 깊이
luggage	*n.* 수하물, 짐
rule	*v.* 지배하다
human race	인종
ancient	*a.* 고대의
ancestor	*n.* 조상
gap between A and B	A와 B 사이의 격차
rely on	~에 의존하다
head	*v.* (특정 방향으로) 향하다
wilderness	*n.* 황무지
arise	*v.* 발생하다
as a result of	~의 결과로
recite	*v.* 암송하다, 낭송하다
stability	*n.* 안정성

STEP 3 선택형&수능형 단어	의미
promote	*v.* 추진하다, 홍보하다
actively	*ad.* 적극적으로
structure	*v.* 구조화하다 *n.* 구조
demonstrate	*v.* 입증하다
local community	지역사회
whistle	*v.* 경적을 울리다
progress	*n.* 진전 *v.* 진전되다
on account of	~ 때문에
appearance	*n.* 외모, 겉모습
be native to	~가 원산지이다
compacted	*a.* 꽉 찬, 빡빡한
gather	*v.* 모으다, 모이다
conserve	*v.* 보존하다
for a while	한동안
advertise	*v.* 광고하다
a range of	다양한
hard-earned	*a.* 힘들게 번
necessity	*n.* 필수품
food chain	먹이 사슬
intake	*n.* 섭취(량)

단어 TEST
바로가기

STEP 1~2 단어	의미
purchase	n. 구매 v. 구매하다
likelihood	n. 확률, 가능성
ambassador	n. (홍보) 대사
opinion	n. 의견
advertisement	n. 광고
monitor	v. 감독하다
word-of-mouth	a. 구두의, 구전의
theory	n. 이론
earthquake	n. 지진
organic	a. 유기농의
genuinely	ad. 진짜로, 진심으로
be supportive of	~을 지지하다
energetically	ad. 힘차게, 활력 있게
on and on	계속해서
impatient	a. 성급한
discouraged	a. 낙담한
disappear	v. 사라지다
altogether	ad. 완전히
stretch out	몸을 뻗다
emptiness	n. 공허함

STEP 3 선택형&수능형 단어	의미
rescue	v. 구조하다
turn to	~에 의지하다
outperform	v. ~보다 잘하다
literacy	n. 문해력, 소양
preferential	a. 특혜를 받은
suburb	n. (도심이 아닌) 교외
punishment	n. 처벌
obstacle	n. 장애물
harsh	a. 혹독한
extreme	a. 극심한
exploration	n. 탐험
pose a risk	위험을 제기하다
composition	n. 구성 성분
characteristic	n. 특징
mistakenly	ad. 잘못, 실수로
established	a. 확립된, 정해진
prediction	n. 예측
referee	n. 심판
spectator	n. 관중
brush aside	~을 털어내다, 무시하다

단어 TEST
바로가기

STEP 1~2 단어	의미
strength	n. 강점
weakness	n. 약점
accept	v. 받아들이다
educate	v. 교육하다
personally	ad. 개인적으로, 직접
valuable	n. 귀중품 a. 가치 있는
rude	a. 무례한
be ashamed of	~을 부끄러워하다
in prison	수감된
be associated with	~와 연관되다
view A as B	A를 B로 여기다
kick-start	v. 시동을 걸다
unremarkable	a. 평범한, 특별할 것 없는
modify	v. 수정하다
depict	v. 묘사하다
idle around	빈둥거리다
method	n. 방법
cheat on a test	시험에서 부정행위를 하다
exhausted	a. 소진된, 기운이 빠진
luxurious	a. 사치스러운, 호화로운

STEP 3 선택형&수능형 단어	의미
female	a. 여성의
therapist	n. 치료사
be left out	소외되다, 배제되다, 누락되다
consumption	n. 소비, 섭취
fee	n. (전문적 서비스에 대한) 요금, 수수료
optimally	ad. 최적으로
strategic	a. 전략적인
media agency	언론사
strikingly	ad. 눈에 띄게, 현저하게
obvious	a. 명백한
puzzle	v. 혼란스럽게 하다
biologist	n. 생물학자
rule out	~을 배제하다
land on	~에 착륙하다
literally	ad. 그야말로, 문자 그대로
well-meaning	a. 선의에서 나오는
cautious	a. 신중한, 조심스러운
beat oneself up	자책하다
conflict	n. 갈등
occasional	a. 가끔씩 하는, 때때로의

단어 TEST 바로가기

STEP 1~2 단어	의미
critically	*ad.* 비판적으로
unbiased	*a.* 편향되지 않은
ensure	*v.* 보장하다
benefit	*v.* ~에 이득이 되다 *n.* 이득, 혜택
assess	*v.* 평가하다
superstition	*n.* 미신
compassion	*n.* 동정, 연민
block	*v.* 막다, 차단하다
habitat	*n.* 서식지
(every) once in a while	이따금씩
sniff	*v.* (코를) 킁킁거리다
scent	*n.* 냄새, 향기
freeze	*v.* 얼다, 얼리다
objection	*n.* 반대
promotion	*n.* 승진, 홍보
approve	*v.* 승인하다
cheek	*n.* 뺨, 볼
earplug	*n.* 귀마개
fold	*v.* 접다
burst out laughing	웃음을 터뜨리다, 폭소하다

STEP 3 선택형&수능형 단어	의미
make one's debut	데뷔하다
shocked	*a.* 충격 받은
crime	*n.* 범죄
tragedy	*n.* 비극
raise	*v.* 키우다, (돈을) 모으다
remarkable	*a.* 현저한, 두드러지는, 주목할 만한
inspire	*v.* 영감을 주다
domestication	*n.* 가축화
reduction	*n.* 감소
frustrating	*a.* 좌절스러운
suffer	*v.* 고통 받다, 고생하다
victim	*n.* 희생자
tackle	*v.* (문제와) 씨름하다, (문제를) 다루다
backpack	*v.* 배낭여행을 하다 *n.* 배낭
belonging	*n.* 소지품
tropical	*a.* 열대의
to one's delight	~에게는 기쁘게도
transport	*v.* 이동하다, 운송하다
fascinating	*a.* 매력적인
stereotype	*n.* 편견, 고정관념

STEP 1~2 단어	의미
morality	*n.* 도덕성
longstanding	*a.* 오래된, 다년간의
assumption	*n.* 가정
break a habit	습관을 깨다
cave in to	~에 굴복하다
outdated	*a.* 구식의
cling to	~에 매달리다, ~을 고수하다
conveniently	*ad.* 편의대로, 편리하게
allow for	~을 허용하다, 참작하다, 고려하다
lazy	*a.* 게으른, 안일한, 나태한
poverty	*n.* 가난
weight	*n.* 무게, 가중치
emotionally	*ad.* 감정적으로, 정서적으로
nag	*v.* 닦달하다, 잔소리하다
mow the lawn	잔디를 깎다
hedge	*n.* 울타리
irresponsible	*a.* 무책임한
socialize	*v.* (사람들과) 어울리다
heartbreak	*n.* 상심, 비통
predictability	*n.* 예측 가능성

STEP 3 선택형&수능형 단어	의미
worth	*n.* 가치
decision making	의사 결정
expert	*n.* 전문가
do a favo(u)r	호의를 베풀다
editor	*n.* 편집자
telescope	*n.* 망원경
gentle	*a.* 부드러운
tap	*n.* 두드림 *v.* (가볍게) 두드리다
spring to life	살아 움직이다
exactly	*ad.* 정확히, 바로
fundamental	*a.* 기본적인, 근본적인
artificial	*a.* 인공적인
cost	*v.* ~의 비용이 들다
memorize	*v.* 외우다, 암기하다
broad	*a.* 폭넓은
repetition	*n.* 반복
grocery store	식료품 가게, 슈퍼
average	*a.* 평균의 *n.* 평균
organize	*v.* 조직하다, 정리하다
layout	*n.* 배치

DAY 09 필수 어휘

STEP 1~2 단어	의미
compliment	n. 칭찬
misguide	v. 잘못 인도하다
reward	v. 보상하다 n. 보상
lead to	~을 낳다, 야기하다, ~로 이어지다
consequence	n. 결과
consistently	ad. 일관되게
applaud	v. 박수갈채를 하다
for one's own sake	그 자체를 위해
come across	우연히 만나다
be qualified to	~할 자격이 있다
beggar	n. 거지
last	v. 지속되다
strain	n. 부담, 긴장, (근육 등의) 피로
lonely	a. 외로운
enrich	v. 풍부하게 하다, 강화하다
support	n. 도움, 지지
generalization	n. 일반화
curiously	ad. 희한하게, 별나게
uniform	a. 균일한
custom	n. 관습

STEP 3 선택형&수능형 단어	의미
exert	v. (힘이나 영향력을) 가하다
highway	n. 고속도로
expedition	n. 탐험, 원정
occasion	n. 경우, 상황, 때
observe	v. 관찰하다
era	n. 시대
stable	a. 안정된
proper	a. 적절한
be envious of	~을 부러워하다
anger	n. 분노, 화
misdirected	a. 오도된, 방향을 그르친
passion	n. 열정
description	n. 설명, 묘사, 기술
resourcefulness	n. 지략이 풍부함
independence	n. 독립심
cause	n. 대의명분, 원인
sacrifice	n. 희생 v. 희생하다
invisible	a. 눈에 안 보이는
refreshment	n. 다과
torture	v. 고문하다

STEP 1~2 단어	의미
pack	v. 짐을 싸다
soar	v. 솟구치다, 급등하다
vacation	n. 휴가, 방학
anticipation	n. 기대
in a flash	순식간에
miserable	a. 비참한
bloom	v. (꽃이) 피다
washerwoman	n. 세탁부
genre	n. (예술 작품의) 장르
admire	v. 감탄하다
ragged	a. 누더기의, 넝마인
complete	a. 완전한
silence	n. 침묵
judge by appearance	겉[외모]만 보고 판단하다
notice	v. 알아차리다
get the most out of	~을 최대한 활용하다
athlete	n. 운동선수
make a fool of oneself	바보짓을 하다, 웃음거리가 되다
contain	v. 담다, 포함하다
radish	n. (식물) 무

STEP 3 선택형&수능형 단어	의미
clean up	치우다
litter	n. 쓰레기
specialization	n. 특화, 전문화
specific	a. 특정한, 구체적인
improvement	n. 향상, 개선
well-being	n. 행복, 안녕
import	v. 수입하다
party	n. 당사자
rob A of B	A에게서 B를 빼앗다
miss out on	~을 놓치다
critical	a. 결정적인, 비판적인
stroll	v. 거닐다
pioneer	n. 선구자
follow suit	방금 남이 한 대로 따라 하다
alter	v. 바꾸다
hear things	환청을 듣다
scratchy	a. 긁는 듯한
infancy	n. 유아기
apparently	ad. 분명히, 보아 하니
cite	v. 인용하다

필수 어휘

STEP 1~2 단어	의미
internal	*a.* 내부의
motionless	*a.* 움직이지 않는, 가만히 있는
odd	*a.* 이상한
deliberate	*a.* 고의의, 의도적인
abstract	*n.* 추상적인 것 *a.* 추상적인
applied	*a.* 응용된
objective	*a.* 객관적인
detergent	*n.* 세제
illustrate	*v.* (분명히) 보여주다
bridge	*v.* 연결하다, 이어주다
variable	*a.* 가변적인
evolutionary	*a.* 진화의
principle	*n.* 원리
bunny	*n.* 토끼
pass on	~을 물려주다
species	*n.* (생물) 종
spicy	*a.* 매운
loaf	*n.* (빵) 덩어리
reflective	*a.* 성찰적인
journal	*n.* 일기, 일지

STEP 3 선택형&수능형 단어	의미
overlook	*v.* 간과하다, 못 보고 넘어가다
reputation	*n.* 평판, 명성
history	*n.* 역사
cooperate	*v.* 협동하다
millionaire	*n.* 백만장자
vegetarian	*a.* 채식주의의 *n.* 채식주의자
counterpart	*n.* 상대방, 대응물
leave room for	~에 대한 여지를 남기다
pleasant	*a.* 유쾌한, 즐거운
afford	*v.* ~할 여유가 되다
elegantly	*ad.* 우아하게
What's the point of ~?	~해서 무슨 소용인가?
skip	*v.* 건너뛰다
fuel	*v.* 연료를 공급하다, 부채질하다 *n.* 연료
nutritious	*a.* 영양가 많은
concentrate	*v.* 집중하다
to begin with	처음에는, 우선, 먼저
statement	*n.* 진술
dedicate	*v.* 바치다, 헌신하다
dissimilar	*a.* 비슷하지 않은, 다른

DAY 12 필수 어휘

 단어 TEST 바로가기

STEP 1~2 단어	의미
latitude	*n.* 위도
flat	*a.* 평평한
curved	*a.* 굴곡진, 곡면의
hence	*ad.* 따라서
gradually	*ad.* 점차
go off	(알람 등이) 울리다
oversleep	*v.* 늦잠 자다
author	*n.* 작가, 저자 *v.* 쓰다, 저술하다
ice cap	만년설
melt	*v.* 녹다, 녹이다
have[get] a good night's sleep	숙면하다
horrified	*a.* 겁에 질린
sharpen	*v.* 날카롭게 하다
get nowhere	성과가 없다, 효과가 없다
waste	*v.* 낭비하다 *n.* 낭비, 쓰레기
come true	실현되다
fabulous	*a.* 기막히게 멋진, 굉장한
pound	*v.* (심장이) 뛰다
procrastinate	*v.* (해야 할 일을 하기 싫어서) 미루다
shorten	*v.* 단축하다, 짧게 하다

STEP 3 선택형&수능형 단어	의미
forecast	*n.* 예보, 예측
gossip about	~에 대해 험담하다, ~의 소문을 이야기하다
give a speech	연설하다
slope	*n.* 경사(면), (스키장의) 슬로프
equation	*n.* 방정식
equal	*v.* ~와 같다, ~이다
light-year	*n.* 광년
awesome	*a.* 근사한
session	*n.* (상담, 회의 등을 위한) 시간
save A B	A에게 B를 아껴주다[절약해주다]
in person	직접
go away	(아픔 등이) 가시다, 없어지다
definitely	*ad.* 분명히, 꼭
gathering	*n.* 모임
inclination	*n.* 의향, 성향
additional	*a.* 추가적인
fashion	*v.* 만들다, 빚다
inadequate	*a.* 부적절한, 불충분한
scrap	*v.* 버리다, 폐기하다
movement	*n.* (음악의) 악장

169

단어 TEST
바로가기

STEP 1~2 단어	의미
vital	*a.* 매우 중요한
instruction	*n.* 설명, 지시
quietness	*n.* 조용함
eliminate	*v.* 제거하다, 없애다
reception	*n.* 환영 연회
engage	*v.* 사로잡다, 참여시키다
subtropical	*a.* 아열대의
flip through	~을 뒤적거리다
bump into	~을 우연히 만나다
world-famous	*a.* 세계적으로 유명한
celebrity	*n.* 유명인, 연예인
grateful	*a.* 고마워하는
in addition to	~에 더해서
atmosphere	*n.* 대기, 분위기
mold	*n.* 곰팡이
carbon dioxide	이산화탄소
regulate	*v.* 조절하다, 통제하다
circulation	*n.* 순환
wealth	*n.* 부, 많은 재산
letter of recommendation	추천서

STEP 3 선택형&수능형 단어	의미
split-second	*a.* 순식간의
threat	*n.* 위협
mosquito	*n.* 모기
solely	*ad.* 오로지, 단지
hang out with	~와 시간을 보내다, 어울려 놀다
bring down	끌어내리다, 쓰러뜨리다
turn out	(~라고) 판명되다
cottage	*n.* 오두막
comparatively	*ad.* 비교적
harmless	*a.* 무해한
starve	*v.* 굶주리다, 아사하다
diabetes	*n.* 당뇨병
Stone Age	석기 시대
flee	*v.* 도망가다
mortal	*a.* 치명적인, 죽을 운명의, 인간의
indicator	*n.* 지표
acquaintance	*n.* 지인, 아는 사람
violate	*v.* 위반하다, 침해하다
closeness	*n.* 가까움
sentiment	*n.* 정서, 감상

단어	의미	단어	의미
audience	*n.* 관객, 청중	mobility	*n.* 이동성, 유동성
tremble	*v.* 떨다	regarding	*prep.* ~에 관해
at ease	편안한	evident	*a.* 명백한
stare at	~을 응시하다	commit to	~에 전념하다
proof	*n.* 증거	ready-made	*a.* 기성품의, 미리 만들어진
reflection	*n.* (거울 등에 비친) 상, 반영	recall	*v.* 회상하다, 기억하다
interval	*n.* 간격	otherwise	*ad.* 그렇지 않으면
break one's heart	상심하게 하다	make up	~을 구성하다
heavily	*ad.* 심하게, 힘껏	no less than	자그마치 ~인
perfectionism	*n.* 완벽주의	reserve	*n.* 보유량, 비축 *v.* 예약하다
grace	*n.* 우아함, 품위	marvelously	*ad.* 현저히
lousy	*a.* 엉망인	translate	*v.* 해석하다, 번역하다
spare	*v.* 마련하다, 아끼다	occasion	*n.* 때, 경우
leftover	*n.* 나머지	distraction	*n.* 주의를 산만하게 하는 것
accomplished	*a.* 기량이 뛰어난	cognitive	*a.* 인지적인
glance at	~을 힐끗 보다	uplift	*v.* 고양시키다
confidence	*n.* 자신감	doubtful	*a.* 미심쩍은
a thunder of applause	우레 같은 박수	viewpoint	*n.* 관점
inspect	*v.* 조사하다	evil	*a.* 사악한
ridiculous	*a.* 우스꽝스러운, 터무니없는	insignificant	*a.* 하찮은, 사소한

단어 TEST 바로가기

단어	의미	단어	의미
on behalf of	~을 대표하여	opportunity	n. 기회
messy	a. 어지러운	tailor	v. 재단하다, (요구에) 부응하다
on the part of	~쪽의, ~에 의한	account	n. 계정, 계좌
mutual	a. 상호의	enhance	v. 향상시키다
combat	n. 전투	make it	(시간 맞춰) 가다, 성공하다, 이루다
execution	n. 처형	surroundings	n. 환경
earn	v. 얻다, 벌다, (이익 등을) 가져오다	flexible	a. 융통성 있는, 유연한
unpredictable	a. 예측 불가한	fatal	a. 치명적인
conform to	~에 맞추다, 순응하다	impulse	n. 충동
optimistic	a. 낙관적인	keep in mind	~을 염두에 두다
skyrocket	v. 급증하다	seemingly	ad. 겉보기에
precisely	ad. 정확하게, 정밀하게	analysis	n. 분석
get into shape	건강을 유지하다	treasure	v. 소중히 여기다
refer to A as B	A를 B라고 일컫다	rotten	a. 썩은, 상한
explicitly	ad. 명시적으로	sum	n. 총합
draw a blank	아무 반응을 얻지 못하다	attribute A to B	A를 B의 탓으로 돌리다
underlying	a. 근본적인, 기저에 있는	challenging	a. 힘든, 어려운
currency	n. 통화, 화폐	a pat on the shoulder	(격려 등의 의미로) 어깨를 토닥이는 것
bring to the table	~을 제시하다	drop out of	~을 중퇴하다, 그만두다
cross off	(목록 등에서 그어서) 지우다	genuine	a. 진정한

Memo

정답과 해설

매일
3단계로
훈련하는
영어

수능
어법

교육 R&D에 앞서가는
key 키출판사

처음
만나는
수능어법

예비

매일

3단계로
훈련하는

영어 수능
어법

본문 정답과 해설

STEP ❶ 수능 어법 핵심 이론 총정리

p.11 🗸 기출+응용 문제로 **핵심 어법** 연습

정답 (A) hoping (B) calm (C) disappear

해설

(A) 분사구문의 의미상 주어인 'I'가 '바라는' 주체이므로 hoping이 적절하다.

(B) feeling이 2형식 감각동사의 현재분사형이므로, 뒤에 형용사 보어가 필요하다. 따라서 calm이 적절하다.

(C) felt는 5형식 지각동사로, 목적어와 목적격보어가 능동 관계일 때 원형부정사 또는 현재분사를 보어로 취한다. 따라서 disappear가 적절하다.

해석 내가 호텔 방에서 깨어났을 때는 거의 자정이었다. 남편과 딸이 보이지 않았다. 나는 그들에게 전화를 걸었지만, 나는 그들의 전화가 방에서 울리는 것을 들었다. 걱정이 되어 나는 밖으로 나가 거리를 걸어 내려갔지만, 그들은 어디에서도 찾을 수 없었다. 내가 누군가에게 도움을 요청하려고 했을 때, 근처에 있던 군중이 내 주의를 끌었다. 나는 남편과 딸을 찾으려는 희망을 안고 다가갔고, 문득 낯익은 두 얼굴이 보였다. 나는 안도하며 웃었다. 바로 그때, 딸이 나를 보고 "엄마!"하고 불렀다. 그들은 마술 쇼를 보는 중이었다. 마침내, 나는 모든 걱정이 사라지는 것을 느꼈다.

EXERCISE

A
01 The meat became tender enough to eat raw.
　주어　　동사　　보어
02 The milk turned sour overnight.
　주어　　동사　보어
03 She appeared in my dream last night.
　주어　동사
04 A heavy dependence on natural capital interferes
　　　　　주어　　　　　　　　　　　　　동사
　with economic growth.

B
01 A child brings great joy to his parents.
　주어　　동사　　목적어
02 The worried client continued his story.
　　　주어　　　　동사　　목적어
03 With a friendly smile, Ms. Lee greeted me by
　　　　　　　　　　　　주어　　동사　목적어
　name.
04 You need to learn to deal with failures in life.
　주어　동사　　　　　　목적어

C
01 attended at → attended
02 calmly → calm
03 bitterly → bitter
04 enter into → enter

p.13 🗸 기출+응용 문제로 **핵심 어법** 연습

정답 ②

해설 allow는 to부정사를 목적격보어로 취하므로, survive를 to survive로 고쳐야 한다.

① 콤마 앞뒤로 접속사가 없으므로 분사구문 자리이다. 의미상 주어인 some 뒤에 분사구문 consisting이 알맞게 쓰였다.

③ the sparse food를 꾸미면서 주어 없이 불완전한 절을 연결하는 주격 관계대명사 that이 알맞다.

④ it은 prey를 받는 단수대명사이다.

⑤ 주어 Some predators가 복수명사이므로 have가 알맞게 쓰였다. 'hunting ~ ocean'은 주어를 꾸미는 수식어구이다.

해석 심해에 사는 유기체들은 몸에 물을 저장하여 고압에 적응해 왔고, 일부는 거의 물만으로 구성되어 있다. 대부분의 심해 유기체들은 부레가 없다. 그들은 주변 환경에 체온을 맞추는 냉혈 유기체들로, 이는 그들이 낮은 신진대사를 유지하고 있는 동안 차가운 물에서 생존하게 한다. 먹을 수 있는 드문 음식을 찾는 것이 많은 에너지를 소비하기 때문에, 많은 종들은 오랜 기간 음식 없이 생존할 수 있도록 신진대사를 매우 많이 낮춘다. 심해의 많은 포식성 물고기는 거대한 입과 날카로운 이빨을 가지고 있는데, 이것은 그들이 먹이를 붙잡고 제압하게 한다. 해양의 잔광 구역에서 먹이를 잡는 일부 포식자들은 뛰어난 시력을 가지고 있는 반면, 나머지 포식자들은 먹잇감이나 짝을 끌어들이기 위해 빛을 만들어 낼 수 있다.

EXERCISE

A
01 ~ taught me an important lesson about money.
　　　　　간접목적어　　　　　　　직접목적어
02 Both situations offer you the same essential
　　　　　　　　　　간접목적어　　　직접목적어
　choice.
03 The vivid images send your brain powerful
　　　　　　　　　　　　간접목적어　　직접목적어
　messages.
04 Exercising gives you more energy ~
　　　　　　　간접목적어　직접목적어

B
01 My parents helped me to find a purpose in my
　　　　　　　　　목적어　　　목적격보어
　life.
02 Gratitude keeps you connected to others.
　　　　　　　　목적어　　목적격보어
03 Marie asked me to wait ~
　　　　　　목적어　목적격보어
04 Don't let yourself get thirsty because you are
　　　　　　목적어　　목적격보어
　making your brain shrink.
　　　　　목적어　　목적격보어

C
01 me for a cup of coffee
　→ me a cup of coffee / a cup of coffee for me
02 difficultly → difficult
03 influence → to influence
04 feeling → feel

STEP ② 핵심 어법 한 번 더 연습

p.11에서 본 예문

A
01 tender
02 sour
03 appeared in
04 interferes with

B
01 brings
02 continued
03 me
04 to learn

C
01 attended
02 calm
03 bitter
04 enter

p.13에서 본 예문

A
01 me an important lesson
02 you the same essential choice
03 powerful messages
04 to

B
01 to find
02 connected
03 to wait
04 get

C
01 a cup of coffee
02 difficult
03 to influence
04 feel

STEP ③ 어법 실력 굳히기 단원 종합 Test

01 ① **02** ④ **03** ② **04** ③ **05** ⑤ **06** ⑤ **07** ②
08 (a) fixed (b) fall[falling] (c) to buy
09 contently → content   **10** keep you warm
11 cook us a special meal tonight[cook a special meal for us tonight]
12 significantly   **13** discuss   **14** your kids   **15** to smile
16 participate in   **17** come   **18** feel   **19** to   **20** to you
21 vulnerable   **22** ③   **23** ②   **24** ④

01 ①

해설 4형식 동사 buy를 3형식으로 바꾸면 간접목적어 앞에 for를 써야 한다.

해석 우리는 아들에게 스케치북과 크레용곽을 사주었다.

02 ④

해설 목적어인 my wallet이 '훔쳐지는' 대상이므로 목적격보어 자리에 과거분사 stolen을 써야 한다.
① 'approach+목적어'의 3형식 구조이다.
② 자동사 happen의 1형식 구조이다.
③ 'stay+형용사'의 2형식 구조이다.
⑤ 'discuss+목적어'의 3형식 구조이다.

해석 ① 한 여인이 벤치에 다가갔다.
② 그날 밤 이상한 일이 일어났다.
③ 나의 조부모께서는 계속 건강하시다.
④ 나는 지하철에서 지갑을 도둑맞았다.
⑤ 이사들은 내년도 예산에 관해 토론했다.

03 ②

해설 reach는 전치사 없이 바로 목적어를 취하는 타동사이므로 at을 지워야 한다.
① 'force+목적어+to부정사'의 5형식 구조이다.
③ 'ask+목적어+to부정사'의 5형식 구조이다.
④ 동사 admitted 뒤에 that절이 목적어로 나왔다. to us가 동사와 목적어 사이에 삽입되었다.
⑤ 동사 explained 뒤에 의문사절이 목적어로 나왔다. to us가 동사와 목적어 사이에 삽입되었다.

해석 ① 건강 문제로 인해 그는 어쩔 수 없이 경력을 포기해야 했다.
② 우리는 제때 역에 도착했다.
③ 그는 그녀에게 생일 선물을 보내라고 우리에게 요청했다.
④ 그녀는 자신이 절도를 저질렀다고 우리에게 시인했다.
⑤ 박 선생님은 우리에게 물의 순환이 어떻게 작용하는지 설명했다.

04 ③

해설 지각동사인 hear는 목적어와 목적격보어가 능동 관계일 때 원형부정사 또는 현재분사를 보어로 쓴다. 따라서 to speak를 speak[speaking]로 고쳐야 한다.
① 'bring+간접목적어+직접목적어'의 4형식 구조이다.
② 'promise+직접목적어+to+간접목적어'의 3형식 구조이다.
④ 'advise+목적어+to부정사'의 5형식 구조이다.
⑤ 'make+목적어+원형부정사'의 5형식 구조이다.

해석 ① 단 몇 시간의 수고가 그에게 큰 재산을 가져다 주었다.
② 그 훈련 프로그램은 학생들에게 괜찮은 일자리를 약속한다.
③ 너 Jim이 중국어 하는 거 들었어?
④ 의사는 내게 그 약을 끊으라고 조언했다.
⑤ 전염병은 우리가 위생의 중요성을 깨닫게 만들었다.

05 ⑤

해설 '~에게 …을 말해주다'의 의미를 나타내는 tell은 4형식 동사이다. tell이 5형식으로 쓰이면 'tell+목적어+to부정사'의 형태가 된다.

해석 ① 사실주의는 1840년대 프랑스에서 출현했다.
② 폭발의 원인들은 수수께끼로 남아 있다.
③ 나는 드디어 초고 쓰는 것을 끝냈다.
④ 자원봉사 일은 내게 큰 즐거움을 준다.
⑤ 그녀는 자신이 다른 도시로 이사 갈 것이라고 말했다.

06 ⑤

해설 '~에게 …을 만들어주다'의 의미로 쓰인 make는 4형식 동사이다.
①~④ make(~을 …로 만들다)의 5형식 구조이다.

해석 ① 큰 소송 두 건이 그녀를 훌륭한 변호사로 만들었다.
② 그의 초상화가 그를 유명해지게 만들었다.
③ 그의 불확실한 태도가 나를 헷갈리게 만들었다.
④ 나는 그에게 책을 챙겨서 잠자리에 들라고 시켰다.
⑤ 그녀는 내게 근사한 웨딩드레스를 만들어 주었다.

07 ②

해설 4형식 동사 ask는 3형식으로 전환될 때 간접목적어 앞에 of를 쓴다.

①⑤ 전치사 to 자리이다.
③④ to부정사의 to 자리이다.

해석 ① 그는 여행객들에게 유용한 정보를 제공한다.
② 아이들은 내게 많은 질문을 했다.
③ 마술사는 그녀가 앞으로 나오도록 요청했다.
④ 유전학 연구는 우리가 생활 방식을 바꾸게 했다.
⑤ 웨이터는 우리에게 좋은 서비스를 제공했다.

08 (a) fixed (b) fall[falling] (c) to buy

해설 (a) your car가 '고쳐지는' 대상이므로 fixed를 쓴다.
(b) 동사가 지각동사인 observed이고 an apple이 '떨어지는' 주체이므로, 원형부정사 fall을 쓴다. fall 대신 현재분사인 falling을 써도 되는데, 이 경우 진행의 의미가 강조된다.
(c) 'persuade+목적어+to부정사'에 맞춰 to buy를 써준다.

해석 (a) 차가 고장 나기를 원하지 않는다면, 너는 차를 수리해야 한다.
(b) 그들은 나무에서 사과가 떨어지는 것을 보았다.
(c) 그 영업사원은 내게 자기 제품을 사라고 설득했다.

09 contently → content

해설 감각동사 feel의 보어로 부사를 쓸 수 없으므로 형용사 content를 써야 한다.

해석 당신은 어떻게 하면 삶에 더 만족감을 느낄 수 있을까? 당신이 누리는 좋은 것들에 감사하라, 그러면 이는 당신이 삶의 좋은 것들에 더 집중하게 해줄 것이다.

10 keep you warm

해설 조동사 can 뒤에 동사원형 keep, 이어서 목적어 you를 써준다. keep은 5형식 동사이므로 목적격보어로 형용사 warm을 써서 마무리한다.

11 cook us a special meal tonight
[cook a special meal for us tonight]

해설 cook은 4형식 동사이므로 뒤에 간접목적어 us, 직접목적어 a special meal을 써주고 부사 tonight을 마지막에 붙이면 답이 완성된다. 또는 직접목적어를 cook 뒤에 바로 쓰고 간접목적어 앞에 for를 붙여도 된다.

12 significantly

해설 2형식 동사 feel의 보어처럼 보이지만, 진짜 보어는 뒤에 나오는 less이다. 즉 형용사 보어 less 앞에서 보어를 꾸미는 부사 자리이므로 significantly가 정답이다.

해석 숫자 799는 800보다 훨씬 더 작게 느껴진다.

13 discuss

해설 discuss는 타동사이기 때문에 뒤에 전치사가 나오지 않고, 동사 뒤에 바로 목적어가 연결된다.

해석 그 교수는 학생들에게 작은 그룹으로 쪼개져 그들끼리 그 문제에 대해 토론해 보라고 요청한다.

14 your kids

해설 4형식 동사 give 뒤에 간접목적어 your kids와 직접목적어 true, hands-on farm experience가 이어지는 구조이다.

해석 우리의 일일 봄 농장 캠프는 여러분의 자녀에게 진정한 농장 체험을 제공합니다.

15 to smile

해설 5형식 동사 force는 to부정사를 목적격보어로 쓴다.

해석 심지어 여러분이 스트레스를 받거나 불행하다고 느낄 때조차 얼굴에 미소를 지어보라.

16 participate in

해설 1형식 동사 participate가 목적어를 취하려면 전치사 in이 필요하다.

해석 장난감 회사 열 군데가 세일에 참가할 것입니다.

17 come

해설 had heard가 지각동사이므로 목적격보어 자리에 원형부정사 come이 와야 한다. come 대신 coming을 써도 된다.

해석 그는 누가 자기 방에 들어오는 소리를 들었다.

18 feel

해설 사역동사 make의 목적격보어 자리이므로 원형부정사 feel을 쓴다.

해석 여러분이 누군가에게 (그가) 중요한 사람이라는 느낌이 크게 들게 하면, 그 사람은 의기양양해질 것이다.

19 to

해설 4형식 동사 write는 3형식으로 전환될 때 간접목적어 앞에 to가 붙는다.

해석 그는 그 상담사에게 조언을 구하러 이메일을 쓰기로 결심했다.

20 to you

해설 introduce는 4형식 불가 동사이므로, you 앞에 반드시 to를 써야 한다. 목적어 'the basic concepts ~'가 길기 때문에 원래 문장 끝에 오는 'to+명사'가 먼저 나온 것이다.

해석 오늘이 우리 수업 첫날이므로, 여러분에게 사회 심리학의 기본 개념을 간단히 소개해 주겠습니다.

21 vulnerable

해설 5형식 동사 leave의 목적격보어 자리이므로 형용사 vulnerable이 와야 한다.

해석 몇 종 안 되는 경작 작물에만 의존하는 것은 인류가 굶주림에 취약해지게 할 수 있다.

22 ③

해설 (A) 자동사 results는 전치사 from 또는 in과 함께 써야 뒤에 목적어를 취할 수 있다. 여기서는 '~에서 기인하다'의 의미이므로 from을 쓴다.

(B) 주어 The patterns와 연결되는 동사는 삽입절(whether ~ together) 뒤에 나오는 are이다. 즉 (B)는 주어를 꾸미는 수식어구 자리이므로, 형용사 역할을 할 수 있는 과거분사 heard를 써야 적절하다.

(C) 1형식 동사 occurs(발생하다) 뒤에는 형용사 보어가 필요하지 않으므로, 동사를 꾸밀 수 있는 부사 randomly를 쓴다.

해석 서양에서 개인 작곡가는 음악이 연주되기 한참 전에 음악을 작곡한다. 우리가 듣는 패턴과 멜로디는 사전에 계획되고 의도된다. 그러나 일부 아프리카 부족의 음악은 연주자들의 협연의 결과로 즉석에서 생겨난다. 모든 연주자가 같은 박자에서 쉴 때의 휴지(休止)이든, 모두가 함께 연주할 때의 강박(accented beats)이든 간에, (우리에게) 들리는 패턴은 계획된 것이 아니라 우연히 얻은 것이다. 전체적인 휴지가 4박자와 13박자에 나타날 때, 그것은 각각의 음악가가 "나는 4박자와 13박자에 쉴게."라고 생각했기 때문이 아니다. 오히려, 그것은 모든 연주자의 패턴이 동시에 쉬는 것으로 한데 모아질 때 무작위로 일어난다. 그 음악가들도 아마 4박자와 13박자에 휴지를 듣고서 청중만큼 놀란다. 확실히 그 놀라움은 부족의 음악가들이 음악을 연주할 때 경험하는 기쁨 중 하나이다.

23 ②

해설 get dark(어두워지다)의 get은 2형식 동사이므로, 뒤에는 보어 역할을 할 수 있는 형용사 dark가 나와야 한다.

① 주어인 The island tour bus 뒤로 동사 was moving이 알맞게 쓰였다. Jessica was riding on는 목적격 관계대명사가 생략된 형용사절로, 주어를 꾸미는 수식어 역할을 한다.

③ the cliff 뒤에 주격 관계대명사 that이 이끄는 불완전한 절이 알맞게 연결되었다.

④ 자동사 shone을 꾸미기 위해 부사 brightly가 알맞게 쓰였다.

⑤ 비교급을 수식하는 부사 even(훨씬)이 알맞게 쓰였다. even, much, far, still, a lot 등 비교급을 수식하는 부사를 따로 기억해 둔다.

해석 Jessica가 타고 있는 섬 관광버스는 바다에 면한 절벽 쪽으로 천천히 움직이고 있었다. 바깥에서는 하늘이 점점 어두워지고 있었다. Jessica는 "나는 교통 때문에 일몰을 놓치게 될 거야."라고 말하며 걱정스럽게 한숨지었다. 버스가 절벽의 주차장에 도착했다. 다른 승객들이 가방을 챙기는 동안, Jessica는 재빨리 버스에서 내려서 바다 전망으로 유명한 그 절벽으로 뛰어 올라갔다. 꼭대기에 도달했을 때 그녀는 막 포기하려 했다. 바로 그때 그녀는 지는 해를 보았는데, 그것은 여전히 하늘에서 밝게 빛나고 있었다. Jessica는 "노을이 너무 아름다워. 내가 기대했던 것보다 훨씬 더 좋아."라고 혼잣말했다.

24 ④

해설 5형식 동사 forces는 to부정사를 목적격보어로 취하므로, taking을 to take로 고쳐야 한다.

① 'so ~ that …(너무 ~해서 …하다)' 구문의 부사절 접속사 that이다.

② 동명사구 주어 'spending ~ others' 뒤로 단수동사 doesn't give가 쓰였다.

③ 선행사 numerous benefits에 관해 보충 설명하는 관계대명사

which이다.

⑤ and 앞의 to부정사구 to move forward, (to) meet과 병렬 연결되는 (to) explore를 알맞게 썼다.

해석 삶은 매우 바쁘다. 우리의 하루는 너무 많은 '해야 할 일'로 가득 차서 우리는 '하고 싶은 일'을 할 시간이 없다고 느낀다. 게다가, 모든 우리 시간을 다른 사람들과 함께 보내는 것은 우리에게 리셋 버튼을 누르고 쉴 능력을 주지 않는다. 우리 자신 또는 우리에게 중요한 것을 위한 시간을 거의 또는 전혀 남겨두지 않는 것은 관리되지 않는 스트레스, 좌절감, 피로, 분노, 또는 더 나쁘게는 건강 문제를 낳을 수 있다. 그러나 규칙적인 '여러분의 시간'을 구축하는 것은 많은 이득을 제공할 수 있는데, 이 모든 것들이 삶을 좀 더 달콤하고 좀 더 감당하기 쉽게 하는 데 도움을 준다. 안타깝게도, 많은 사람은 자신의 욕구를 우선시하지 못하는 것 때문에 목표에 도달하느라 고생한다. 하지만, 혼자만의 시간은 여러분이 목표를 향해 나아가고, 개인적인 욕구를 충족시키며, 더 나아가 개인적인 꿈을 탐험하기 위해 시간을 바칠 수 있도록, 일상적인 책임과 다른 사람들의 요구 사항으로부터 강제로라도 휴식을 취할 수 있게 한다.

STEP 1 수능 어법 핵심 이론 총정리

p.21 ☑ 기출+응용 문제로 **핵심 어법** 연습

정답 ①

해설 사역동사 make는 원형부정사 보어를 취하므로, to cry를 cry로 고쳐야 한다.
② did는 앞의 일반동사 mean을 과거시제로 받는 대동사다.
③ a wedding toast를 가리키는 단수 부정대명사 one이다.
④ 가정법 과거 공식인 'if+주어+과거시제 동사 ~, 주어+조동사 과거형+동사원형 …'에 따라 종속절에 purchased를 알맞게 썼다. 현재 사실이 아닌 내용을 가정하는 내용이다.
⑤ can be bought가 주어 없이 불완전한 구조이므로 주격 관계대명사 that을 알맞게 썼다. in a sense는 삽입구이다.

해석 당신의 결혼식 날 신랑 들러리가 당신을 울리는 흐뭇하고 감동적인 축사를 한다고 가정해 보자. 나중에 당신은 그가 직접 축사를 쓰지 않고 온라인에서 산 것임을 알게 된다. 그러면 그 축사는 처음, 즉 당신이 돈을 받은 전문가가 썼다는 것을 알기 전에 비해 의미가 덜해질까? 사람들 대부분은 구매한 축사가 진짜 축사보다 가치가 덜하다는 데 동의한다. 비록 구매한 축사가 기대된 효과가 있다는 점에서 '괜찮을지라도', 그 효과는 기만에 좌우되는 것일지 모른다. 다시 말해, 만약 당신이 온라인에서 감동적인 축사 걸작을 구입한다면 아마 그 점을 숨길 것이다! 만일 구입한 축사의 효과가 그 출처를 감추는 데 좌우된다면, 이 이유로 그것이 진품의 타락한 변형이라고 의심케 된다. 결혼 축사는 어떤 의미로 볼 때는 구매 가능한 상품이다. 그러나 그것들을 사고파는 것은 그 가치를 떨어뜨린다.

EXERCISE

A
01 recite[reciting]
02 (to) improve
03 solve[solving]
04 look[looking] at

B
01 X (worked → to work[working])
02 X (examine → examined)
03 X (feeling → feel)
04 O

C
01 stopping → stop
02 delivering → delivered
03 served → serve[serving]
04 to go → go[going]

p.23 ☑ 기출+응용 문제로 **핵심 어법** 연습

정답 ①

해설 ask는 목적격보어로 to부정사를 쓰므로, works를 to work로 고쳐야 한다.
② 진주어인 to remember의 목적절을 이끄는 명사절 접속사 that이다.
③ 뒤에 paintings라는 명사가 나오므로, 명사 앞에서 명사를 꾸미는 한정사 such가 알맞게 쓰였다.
④ 생략된 의미상 주어 the scene이 '찍히는' 대상이므로 과거분사 snapped가 알맞다.
⑤ 'consider+목적어+형용사'인 5형식을 수동태로 바꾸면 'be considered+형용사'가 되므로 appropriate이 알맞다.

해석 인상주의 화가의 그림은 아마도 가장 인기가 있다. 그것은 보는 사람이 애써서 그 형상을 이해해보라고 요구하지 않는, 쉽게 이해되는 예술이다. 인상주의는 보기에 '편하고', 여름의 장면과 밝은 색깔은 눈길을 끈다. 그러나 이 새로운 그림 방식은 그것이 만들어진 방법뿐 아니라 제시된 방식에 있어서도 대중들에게 도전적이었다는 것을 기억하는 것이 중요하다. 그들은 이전에 그렇게 '형식에 구애받지 않는' 그림을 본 적이 결코 없었다. 캔버스의 가장자리는 마치 카메라로 스냅사진을 찍는 것처럼 임의적으로 장면을 잘랐다. 그 소재에는 기찻길과 공장과 같은 풍경의 현대화가 포함됐다. 이전에는 이러한 대상이 결코 화가들에게 적절하다고 여겨지지 않았다.

EXERCISE

A
01 to be
02 to get
03 to blend
04 to select

B
01 X (cancel → to cancel)
02 O
03 X (lying → to lie)
04 X (gave up → to give up, drank → (to) drink)

C
01 lay → lied
02 seated → sat
03 wound → wounded
04 raised → rose

p.21에서 본 예문

A	B	C
01 recite	01 to work	01 stop
02 to improve	02 examined	02 delivered
03 solve	03 feel	03 serve
04 look at	04 doing	04 going, go

p.23에서 본 예문

A	B	C
01 to be	01 to cancel	01 lied
02 to get	02 to pursue	02 sat
03 to blend	03 to lie	03 wounded
04 to select	04 drink	04 rose

STEP ③ 어법 실력 굳히기 단원 종합 Test

01 ④ 02 ① 03 ② 04 ④ 05 ⑤ 06 ② 07 ③
08 (A) hung (B) break[breaking] into
09 allow her to stay out late
10 nothing compels you to work 11 arise 12 to make
13 had lain 14 fell 15 raised 16 dancing 17 to drink
18 to do 19 prove 20 lays 21 ④ 22 ② 23 ② 24 ②

01 ④

해설 • my tablet PC가 '도둑맞는' 대상이므로 과거분사가 목적격보어로 적합하다.
• order는 to부정사를 목적격보어로 취한다.

해석 나는 내 태블릿을 지하철에서 도둑맞았다. / 상사는 Jay에게 그날(일이) 끝날 때까지 월별 영업 보고서를 끝내라고 명령했다.

02 ①

해설 • watch가 지각동사이므로 목적어와 능동 관계인 목적격보어 자리에 sleep[sleeping]을 쓴다.
• let은 사역동사이므로 원형부정사 check가 보어로 적합하다.
• notice가 지각동사이므로 목적어와 능동 관계인 목적격보어 자리에 shine[shining]을 쓴다.

해석 나는 내 고양이가 벽난로 옆에서 자는 것을 보기를 좋아한다. / 제가 일정을 확인해 드릴게요. / 우리 모두 멀리서 이상한 빛이 반짝이고 있는 것을 눈치챘다.

03 ②

해설 문맥상 saw(톱질하다)의 과거형 자리이므로 saw를 sawed로 고쳐야 한다.
① 타동사 seated 뒤에 재귀대명사 목적어가 알맞게 나와 결과적으로 '~가 앉다'라는 의미가 완성되었다.
③ 자동사 arise(발생하다)가 알맞게 쓰였다.

④ found(설립하다)의 과거형 founded가 알맞게 쓰였다.
⑤ raise(들어올리다)의 과거형 raised가 알맞게 쓰였다.

해석 ① 그는 책상 뒤에 앉았다.
② 목수는 목재를 네 조각으로 잘랐다.
③ 우리가 이 사안을 지금 처리하지 않으면 문제가 생길 수도 있다.
④ 그녀의 가족은 1895년에 그 대학을 설립했다.
⑤ 그들은 그 배를 해저로부터 들어올렸다.

04 ④

해설 문맥상 길이 '구불구불하다'는 의미로 자동사 wind의 과거형인 wound를 써야 한다. wound-wounded-wounded는 '상처 입히다'라는 뜻의 타동사이다.
① 'forbid+목적어+to부정사'의 5형식 구조이다.
② hang(매달다, 걸다)의 과거형 hung이 알맞게 쓰였다.
③ 'while+현재분사' 형태의 분사구문도 알맞고, 'notice+목적어+현재분사' 형태의 5형식 구문도 바르다.
⑤ 'have+목적어+과거분사'의 5형식 구조이다.

해석 ① 그의 자존심은 그가 도움을 청하는 것을 금한다(그는 자존심 때문에 도움을 청하지 못한다).
② Brook은 셔츠를 줄에 널었다.
③ 운전하던 중 그녀는 고양이가 길에 누워 있는 것을 보았다.
④ 그 길은 숲 안까지 구불구불 이어진다.
⑤ 나는 머리를 자르고 파마했다.

05 ⑤

해설 saw의 목적어인 a squirrel이 '열매를 먹는' 주체이므로 목적격보어 자리에 원형부정사나 현재분사를 써야 한다. 즉 eaten을 eat[eating]으로 고쳐야 한다.
① 'want+목적어+to부정사'의 5형식 구조이다.
② 'help+목적어+to부정사'의 5형식 구조이다. 'to catch up and (to) improve ~'가 to부정사 보어의 병렬구조이다.
③ 'advise+목적어+to부정사'의 5형식 구조에서, '~하지 않도록' 충고한다는 의미를 나타내기 위해 to부정사 앞에 not을 붙였다.
④ 'feel+목적어+원형부정사'의 5형식 구조이다.

해석 ① 우리는 네가 다른 사람에게 상처주지 않기를 바란다.
② 과외 교사는 여러분이 (남들을) 따라잡고 성적을 올리도록 도와줄 수 있다.
③ 의사는 내게 소금을 너무 많이 먹지 말라고 충고했다.
④ Ray는 뱃속에서 뭔가 뒤틀리는 것을 느꼈다.
⑤ 공원에서, 나는 다람쥐가 열매를 먹는 것을 보았다.

06 ②

해설 (B) 앞의 it은 the mouse인데, 이것은 '수리되는' 대상이다. 따라서 to fix 대신 fixed를 써야 한다.
(A) 자동사 work(~이 효과가 있다)가 알맞게 쓰였다.
(C) 'Didn't you ~?(~하지 않았니?)'라는 부정의문문에 '~하긴 했다'라는 긍정의 의미를 나타내는 대답이 알맞게 쓰였다.
(D) 'waste+시간+동명사(~에 …만큼의 시간을 쓰다)' 구문이다.
(E) get의 4형식 구조이다.

해석 A: 내 마우스가 작동을 안 해!

B: 그거 최근에 수리받지 않았어?
A: 그랬지. 고작 한 달 전이야! 난 또 서비스 센터까지 가느라 시간 낭비 하고 싶지 않아!
B: 새 거 하나 사, 그럼.

07 ③

해설 encourage는 to부정사를 목적격보어로 취하므로 (C)의 **drink**를 **to drink**로 고쳐야 한다.
(A) 뒤에 절이 나오므로 접속사 **When**이 알맞다.
(B) '한때 ~했다'의 의미를 나타내는 조동사 **used to**이다.
(D) **milk**는 불가산명사이므로 수를 세어야 할 때 단위명사(**glass**)를 이용한다.

해석 Susan이 어렸을 때, 그녀의 선생님이었던 Ms. Ashley는 학생들에게 우유 한 잔을 마시도록 권하곤 했다.

08 (A) hung (B) break[breaking] into

해설 (A) and 앞의 **found**와 병렬 연결되는 과거시제 동사가 필요하다. 사진을 '걸었다'는 의미가 되도록 **hang**(매달다)의 과거형인 **hung**을 써준다.
(B) 지각동사 **observe**는 목적어와 목적격보어가 능동 관계일 때 원형부정사 또는 현재분사를 쓴다.

해석 우리는 낡은 가족 사진을 찾아 그것을 벽에 걸었다. / 그녀는 그 남자가 집으로 침입하는 것을 보았다.

09 allow her to stay out late

해설 allow는 to부정사를 목적격보어로 쓰는 동사이므로, allow her to stay out late가 답으로 적절하다.

10 nothing compels you to work

해설 주어 **nothing**은 단수 취급하므로 동사 **compel**은 3인칭 단수형으로 쓴다. 또한 **compel**은 to부정사를 목적격보어로 취하므로 목적어 **you** 뒤에 **to work**를 연결해준다.

11 arise

해설 뒤에 목적어가 없으므로 타동사 **arouse**를 쓸 수 없다. 정답은 자동사인 **arise**이다.

해석 일정 나이가 되면, 갑작스러운 문화적 변화가 다가올 때 불안감이 생긴다.

12 to make

해설 **ask**는 to부정사를 목적격보어로 취한다.

해석 연구자들은 주민들에게 '안전한 운전자가 되어주세요'라고 쓰인 아주 작은 표지판을 창문에 붙이겠다는 작은 약속을 해달라고 요청했다.

13 had lain

해설 자동사 **lie**(~인 채로 있다, 놓여 있다)의 3단 변화형은 **lie-lay-lain**이다. 따라서 과거완료의 **had** 뒤에 **lain**을 써야 한다. **undisturbed**는 주어를 보충 설명하는 주격보어이다.

해석 모든 보석과 귀중품들은 한 무리의 탐험가들에 의해 발견될 때까지 수 세기 동안 손 닿지 않고 놓여 있었다.

14 fell

해설 자동사 **fall**(넘어지다, 떨어지다)의 과거형은 **fell**이다. **fell-felled-felled**(넘어뜨리다)는 타동사이다.

해석 어제 나는 사다리에서 떨어져 발목이 부러졌다.

15 raised

해설 자동사 **rise**는 목적어를 취하지 못해 수동태(**be p.p.**)로 바꿀 수 없다. 따라서 타동사 **raise**의 과거분사형인 **raised**가 적절하다.

해석 갑작스러운 수요 증가로 가격이 두 달 만에 15% 상승되었다.

16 dancing

해설 지각동사 **saw**의 목적어 **her**가 '춤추고 있는' 주체이므로 **dancing**이 적합하다. 원형부정사 **dance**를 써도 된다.

해석 어느 날 그녀의 엄마는 그녀가 발레리나의 완벽한 스텝과 열정으로 춤추고 있는 것을 보았다.

17 to drink

해설 **advise**는 to부정사를 목적격보어로 취한다.

해석 많은 과학자들과 의사들은 사람들에게 유리나 스테인리스 용기에 담긴 물을 마시도록 충고한다.

18 to do

해설 **encourage**는 to부정사를 목적격보어로 취한다.

해석 매일 아침 향상된 자부심은 여러분이 또 다른 일을 하나씩 해 가도록 격려할 것이다.

19 prove

해설 사역동사 **let**은 목적어와 목적격보어가 능동 관계일 때 원형부정사를 목적격보어로 취한다. 선택지 뒤의 **that**절이 원형부정사 **prove**의 목적어이다.

해석 모든 사람들이 잠재적인 천재라는 것을 내가 여러분에게 증명해 보이겠다.

20 lays

해설 '알을 낳다'는 의미를 가지고 있는 타동사 **lays**가 정답이다.

해석 암컷은 갈색 점이 있는 밝은색 알을 9개에서 12개 낳는다.

21 ④

해설 목적어 **me**가 '웃음짓는' 주체이고, 동사가 사역동사 **made**이므로 원형부정사 **smile**을 써야 한다.
① a brand new cell phone이 '놓여 있는' 주체이므로 자동사 **sit**의 현재분사 **sitting**이 **saw**의 목적격보어로 알맞다.
② 꾸밈 받는 명사인 a girl이 '걸어가는' 주체이므로 현재분사

walking이 알맞게 쓰였다.

③ 'how+형/부+주어+동사(얼마나 ~한지)' 구조에서 형용사가 올지 부사가 올지는 뒤에 나오는 동사에 따라 결정된다. 여기서는 be 동사인 was가 나오므로 보어 역할을 할 형용사로 grateful이 알맞다.

⑤ 지각동사 heard의 목적격보어로 원형부정사 say가 알맞게 쓰였다. walking past her는 목적어인 someone을 꾸민다.

해석 어느 날 나는 직장에 가려고 택시를 탔다. 내가 뒷좌석에 탔을 때, 바로 내 옆에 새로 출시된 휴대 전화가 놓여 있는 것을 보았다. 나는 운전사에게 "바로 전에 탔던 사람을 어디에 내려 주셨나요?"라고 물으며 전화기를 그에게 보여 주었다. 그는 길을 걸어가고 있는 젊은 여자를 가리켰다. 우리는 그녀 쪽으로 차를 몰았고, 나는 창문을 내리고 그녀에게 소리쳤다. 그녀는 매우 고마워했고 그녀의 얼굴 표정에서 나는 그녀가 얼마나 고마워하는지 알 수 있었다. 그녀의 미소는 나를 미소 짓게 만들었고 기분이 정말 좋아지게 했다. 그녀가 전화기를 되찾은 후, 나는 그녀를 지나치던 어떤 사람이 "오늘 운이 좋은 날이군요!"라고 말하는 것을 들었다.

22 ②

해설 help는 목적격보어로 원형부정사 또는 to부정사를 취한다. 따라서 starting 대신 (to) start를 써야 어법상 맞다.

① not just[only] A but (also) B(A뿐만 아니라 B도) 상관접속사구문이다. A, B 자리에 모두 because절이 연결되었다.

③ 주어 없이 동사로 시작하는 명령문(~하라)이다.

④ '~하는 어디에든'이라는 의미로 복합관계부사 wherever가 알맞게 쓰였다.

⑤ 지각동사 feel의 목적어와 목적격보어가 수동 관계이므로 과거분사 lifted를 썼다.

해석 시간을 내서 만화란을 읽어라. 이것은 여러분을 웃게 만들 뿐만 아니라 삶의 본질에 관한 지혜를 담고 있기 때문에 가치가 있다. 'Charlie Brown'과 'Blondie'는 나의 아침 일과의 일부이고, 내가 미소로 하루를 시작할 수 있게 도와준다. 신문 만화란을 읽을 때, 여러분을 웃게 하는 만화를 오려내라. 그것을 냉장고든 직장이든 여러분이 가장 필요로 하는 곳 어디에든 붙이면, 여러분은 그것을 볼 때마다 미소를 짓고 기분이 고양되는 것을 느낄 것이다. 모든 사람들 역시 크게 웃을 수 있게 여러분이 좋아하는 것을 친구들 및 가족과 공유하라. 크게 웃는 게 정말 필요한 아픈 친구들을 방문하러 갈 때 만화를 가져가라.

23 ②

해설 encourage는 to부정사를 목적격보어로 취하므로 enjoy 대신 to enjoy를 써야 한다.

① 동명사구 'allowing ~ pets'가 주어이므로 단수동사 enriches가 알맞게 쓰였다.

③ some residents가 '계속 방해를 받은' 대상이므로, 과거부터 현재를 연결하는 현재완료 시제와 수동태를 결합한 have been disturbed가 알맞게 쓰였다.

④ '~한 사람들'이라는 의미의 복수대명사 those가 알맞다. 이 경우 who절이 수식어구로 흔히 나온다.

⑤ ask(요청하다) 뒤에 완전한 명사절 목적어를 이끄는 접속사 that이 적절히 연결되었다. 이때 that절은 '~해야 한다'라는 의미를 나

타내므로 동사 자리에 '(should)+동사원형'이 나온다.

해석 우리는 반려동물이 있는 분들을 포함하여 모든 주민들을 진심으로 소중하게 생각하고 주민들께 감사하고 있습니다. 우리는 사람들이 반려동물과 함께 살게 하면 그들의 삶이 풍요로워진다고 생각합니다. 우리는 여러분이 반려동물과 함께 있는 것을 장려하지만, 우리는 또한 여러분의 이웃이나 지역사회에 폐를 끼치면서까지 그렇게 하지는 마셔야 함을 확실히 하고자 합니다. 우리는 일부 주민들이 반려견이 짖는 소리로 인한 소음으로 계속 방해받고 있다는 신고를 접수했습니다. 개가 과도하게 짖는 것은 그 소리를 들을 수 있는 모든 분, 특히 나이가 많거나 아픈 분, 혹은 어린 자녀가 있는 분들에게 피해를 줍니다. 반려견이 내는 소음을 최소한으로 유지해 주시기를 정중히 요청합니다. 이 점에 협조해주셔서 감사합니다.

24 ②

해설 find의 목적어-목적격보어가 능동 관계일 때는 보어 자리에 현재분사가 온다. 여기서도 yourself가 '확인하는' 주체이므로 능동을 나타내는 checking을 써야 한다.

① seem의 주격보어로 형용사 sensible이 왔다.

③ 가주어 It에 대응되는 진주어 to keep이다.

④ 'how+주어+동사(be p.p.)' 어순의 간접의문문이다.

⑤ 전치사 about의 목적절을 이끄는 의문형용사(어떤) which이다.

해석 연구는 일하는 사람들이 두 개의 달력을 지니고 있다는 것을 보여준다. 하나는 업무를 위한 달력이고 하나는 개인적인 삶을 위한 달력이다. 비록 그것이 현명해 보일지도 모르지만, 업무와 개인적인 삶을 위한 별도의 달력 두 개를 갖는 것은 주의를 산만하게 할 수 있다. 누락된 것이 있는지를 확인하기 위해, 당신은 스스로가 할 일 목록을 여러 번 확인하고 있음을 깨닫게 될 것이다. 대신, 당신의 모든 일들을 한 곳에 정리하라. 당신이 디지털 매체를 사용하든 종이 매체를 사용하든 중요하지 않다. 당신의 업무와 개인 용무를 한 곳에 둬도 괜찮다. 이것은 당신에게 일과 가정 사이에 시간이 어떻게 쪼개지는지를 잘 알게 해줄 것이다. 이것은 어떤 일이 가장 중요한지에 관해 잘 알고서 결정하게 해줄 것이다.

STEP ① 수능 어법 핵심 이론 총정리

p.31

기출+응용 문제로 핵심 어법 연습

정답 ④

해설 '아버지가 넘어진' 시점이 '여자가 말해준(said)' 시점보다 과거이므로 과거완료 시제를 써야 한다. 따라서 has fallen을 had fallen으로 고쳐야 한다.
① '~하도록, ~하기 위해'라는 의미의 접속사 so that이다.
② '~할 때'라는 의미의 부사절 접속사 As이다.
③ 뒤에 완전한 명사절을 연결하는 접속사 that이다.
⑤ '~하기 위해'라는 의미로 주절을 보충 설명하는 부사구이다.

해석 어느 아름다운 봄날, 나는 휴가를 충분히 즐기고 있었다. 나는 네일 숍에 도착해서 거기 있는 시간 동안 (세상과) 단절되고 차분하고 평화로운 기분이 들도록 내 휴대폰을 음소거했다. 매니큐어를 받는 동안 나는 아주 편안했다. 자리를 뜨면서 나는 내 휴대폰을 확인했고, 낯선 번호로부터 걸려 온 네 통의 부재중 전화를 봤다. 나는 뭔가 나쁜 일이 생겼다는 것을 즉시 알고 다시 전화했다. 한 젊은 여성이 전화를 받아 우리 아버지가 돌에 걸려 넘어져 다쳤고 지금 벤치에 앉아 있다고 말했다. 그가 무릎 수술에서 막 회복했기 때문에 나는 정말 걱정되었다. 나는 그를 보러 가기 위해 급히 차에 올랐다.

EXERCISE

A
01 miss
02 asked
03 has
04 were

B
01 O
02 X (has written → had written)
03 X (has been → was)
04 O

C
01 rose → rises
02 have got married → got married
03 has been → was
04 will already know → already know

p.33

기출+응용 문제로 핵심 어법 연습

정답 ③

해설 교수의 질문에 아무런 답도 생각해내지 못했다는 내용으로 보아, ③은 뭔가 '놓친 것에 틀림없다'는 의미를 나타내야 한다. 따라서 must have p.p. 형태의 must have missed가 적절하다.
① a monk가 '보는' 주체이므로 현재분사로 보충 설명한다.
② 'as+원급+as possible'의 원급 부사 hard(열심히)이다.
④ 'so as to+동사원형(~하기 위해)'의 to부정사 앞에 not을 붙인 형태가 올바르다. 이는 '~하지 않기 위해'라는 뜻이다.
⑤ 목적어 'what ~ see' 앞에 문장의 술어가 필요하므로, 명령문을 만들 수 있는 동사원형이 알맞게 쓰였다.

해석 학기 초, 우리 미술 교수님은 보는 이를 등지고 바닷가에 서서 푸른 바다와 거대한 하늘을 바라보는 수도승 그림을 제시했다. 교수님은 반 학생들에게 물었다. "무엇이 보이나요?" 어두워진 강당은 조용했다. 우리는 숨겨진 의미를 발견하기 위해 최대한 열심히 보고 또 보고 생각 또 생각했지만, 아무것도 떠올리지 못했다. 우리는 분명 그것을 놓친 것이었다. 그녀는 몹시 격분해서 자신의 질문에 대답했다. "그것은 수도승의 그림이에요! 그는 우리를 등지고 있죠! 해안 근처에 서 있고요! 푸른 바다와 거대한 하늘이 있네요!" 음... 왜 우리는 그것을 보지 못했을까? 편견을 주지 않기 위해, 그녀는 그 작품의 작가나 제목을 밝히지 않고 질문을 제시했다. 사실, 그것은 Caspar David Friedrich의 <The Monk by the Sea>였다. 세상을 더 잘 이해하기 위해서, 여러분이 생각하기에 봐야 할 것 같은 것을 추측하기보다는 실제로 보이는 것을 의식적으로 인정하라.

EXERCISE

A
01 ~해야 한다
02 ~해도 된다
03 결정을 내렸어야 했다
04 늘 가곤 했다

B
01 had better to be → had better be
02 was used to sit → used to sit
03 will must → will have to
04 shouldn't have thought → should have thought

C
01 X (be → been)
02 X (being → be)
03 O
04 O

STEP 2 핵심 어법 한 번 더 연습

p.31에서 본 예문

A	B	C
01 miss	01 goes, went	01 rises
02 asked	02 had written	02 got
03 has	03 was published	03 was
04 were	04 have provided	04 already know

p.33에서 본 예문

A	B	C
01 stay	01 be	01 cannot
02 stay	02 used to	02 be
03 made	03 have to	03 must
04 would, used to	04 should	04 must

STEP 3 어법 실력 굳히기 단원 종합 Test

01 ⑤ **02** ④ **03** ④ **04** ① **05** ② **06** ② **07** ①
08 should[Should] **09** must have thought
10 used to be a small bench **11** lasted **12** go **13** for
14 hadn't finished **15** happen **16** might have happened
17 had forgotten **18** rub **19** must have **20** must **21** ③
22 ① **23** ①

01 ⑤

해설 • '~하지 말았어야 했다'라는 과거의 후회 표현을 나타내려면 shouldn't have p.p.를 써야 한다.
• would rather A than B(B하느니 차라리 A하겠다) 구문의 A, B에는 모두 동사원형이 들어간다. would rather가 조동사이기 때문이다.

해석 난 오늘 진짜 피곤해. 어젯밤에 그렇게 늦게까지 깨어있지 말았어야 했어. / 난 하루종일 소파에 앉아있느니 운동을 하겠어.

02 ④

해설 • can이 조동사이므로 동사원형인 make가 적절하다.
• will과 함께 can의 의미를 동시에 나타내려면 can의 대용인 be able to를 활용해야 한다.
• 과거에 믿던 사실에 관해 묘사하는 문장이므로 be의 과거시제인 was를 쓴다. 불변의 사실이 아니므로 주절에 시제 일치시킨다.

해석 더러운 물은 우리를 아프게 만들 수 있다. / 그는 입학시험을 쉽게 통과할 수 있을 것이다. / 한때 과학자들은 지구가 우주의 중심이라고 믿었다.

03 ④

해설 제2차 세계대전이 1945년에 끝났다는 것은 역사적 사실이므로, 단순 과거시제(ended)로 쓴다.
① 완료의 의미를 나타내는 have p.p.가 알맞게 쓰였다.

② two hours ago가 과거 시점을 나타내므로 과거시제 동사 finished가 알맞게 쓰였다.
③ until이 이끄는 시간 부사절의 동사가 미래시제 대신 현재시제 (come)로 바르게 쓰였다.
⑤ 주절의 시제가 과거시제(told)이므로 종속절의 시제 또한 과거 (would give)로 알맞게 일치되었다.

해석 ① 그들은 이미 공항에 도착했다.
② 그녀는 그 일을 두 시간 전에 끝냈다.
③ 나는 네가 돌아올 때까지 여기 있을 거야.
④ 우리는 학교에서 제2차 세계대전이 1945년에 끝났다는 것을 배 웠다.
⑤ 우리 사장님은 내게 곧 월급을 올려주겠다고 말했다.

04 ①

해설 had better의 부정형은 had better 뒤에 not을 붙인 형태이다. 따라서 had not better believe를 had better not believe로 고쳐야 한다.
② 'ought to+동사원형(~해야 한다)'이 알맞다.
③ may have p.p.(~했을지도 모른다)가 알맞다.
④ should have p.p.(~했어야 했다)가 알맞다.
⑤ 'used to+동사원형(~하곤 했다)'이 알맞다. when절이 과거 시 점을 나타내고 있다.

해석 ① 넌 그런 소문은 믿지 않는 게 좋아.
② 우리는 노인을 공경해야 한다.
③ 내 생각에 그들은 아마 계획보다 일찍 떠난 것 같아.
④ 그녀는 선생님 말씀을 들었어야 했어.
⑤ 내가 어렸을 때, 그는 나와 함께 도보여행을 가곤 했다.

05 ②

해설 <보기>의 has left는 '방금, 막'이라는 의미의 부사 just와 함께 쓰 여 완료의 의미를 나타낸다. 따라서 already(벌써, 이미)와 함께 마 찬가지로 완료의 의미를 나타내는 ②가 답으로 적절하다.
① 현재완료의 경험(ever) 용법이다.
③ 현재완료의 결과 용법으로, '이미 잃어버려 현재 갖고 있지 않다' 는 의미이다.
④ 현재완료의 계속(since) 용법이다.
⑤ 현재완료의 계속(for three years) 용법이다.

해석 <보기> 뉴욕행 기차가 방금 떠났다.
① 너 캠핑 가본 적 있어?
② 우린 이미 그 영화를 다 봤어.
③ Sarah는 스마트워치를 또 잃어버렸다.
④ 그녀는 그 이후로 3번 연속 금메달을 땄다.
⑤ 나는 이 스마트폰을 3년 동안 계속 썼다.

06 ②

해설 three times라는 횟수와 함께 쓰인 have been은 경험을 나타낸 다. 마찬가지로 never와 함께 쓰인 ②의 have met도 경험을 나타 낸다.
① 현재완료의 완료(already) 용법이다.
③ 현재완료의 완료(just) 용법이다.
④ 현재완료의 계속(long) 용법이다.

⑤ 현재완료의 계속(for more than 10 years) 용법이다. 참고로 have been V-ing는 현재완료 진행형(계속 ~하고 있었다)이다.

해석 <보기> 난 제주도에 세 번 가봤어.
① 다른 사람이 우리 둘이 원하는 방을 이미 예약했네.
② 그들은 전에 직접 만난 적이 없었다.
③ 경찰차가 방금 도착했다.
④ 많은 분들이 이 중대한 시합을 오래 기다렸습니다.
⑤ 신생아 수는 10년 이상 하락하고 있다.

07 ①

해설 ①의 must는 '~임에 틀림없다'라는 뜻으로, 강한 추측을 나타낸다. ②~⑤ '~해야 한다'라는 의무의 must이다.

해석 ① 그는 내가 꿈꿔왔던 사람임에 틀림없어.
② 여러분은 빨간불일 때 멈춰야 한다.
③ 여러분은 도서관에서 조용히 해야 한다.
④ 우리는 프로젝트를 금요일까지 끝내야 한다.
⑤ 차 안의 모든 승객은 안전벨트를 해야 한다.

08 should[Should]

해설 (a) 문맥상 '~했어야 했다'의 의미이므로 should have p.p.의 should를 써야 한다.
(b) '~해야 할까?'라는 의문문이므로 맨 앞에 Should가 들어가야 한다.

해석 그는 그날 밤 안개 속에서 운전하는 동안 더 조심했어야 했다. / 내가 그에게 전화해 사과해야 할까?

09 must have thought

해설 '분명 ~했을 것이다'는 must have p.p.의 해석이므로 must have thought가 정답이다.

10 used to be a small bench

해설 '예전에[한때] ~했다'는 'used to+동사원형'의 해석이다. 전체적인 문장은 'there be+주어(~이 있다)' 형태이므로, used to be라는 동사구 뒤로 a small bench라는 명사구를 연결해준다.

11 lasted

해설 When절이 과거시제를 나타내므로 lasted라는 과거 동사를 써야 한다.

해석 공룡들이 지구에 살았을 때, 하루는 약 23시간만 지속되었다.

12 go

해설 would rather A than B(B하느니 차라리 A하겠다)의 A, B는 모두 동사원형으로 쓴다. 따라서 go가 적절하다.

해석 그는 오하이오로 돌아가느니 차라리 여기 있겠다고 했다.

13 for

해설 숫자로 표현된 시간 앞에서 '~ 동안'의 의미를 나타내는 것은 전치사 for이다. since는 특정 과거 시점 앞에서 '~ 이후로'의 의미로 쓰

인다.

해석 나일 강가의 사람들은 수천 년 동안 나일 강을 이용해 왔다

14 hadn't finished

해설 two hours before the submission deadline이라는 과거 시점보다 더 이전부터 '내가 기사를 끝내지 못했던' 것이므로 과거완료 동사를 쓴다.

해석 제출 마감 두 시간 전이었는데, 나는 여전히 내 기사를 끝내지 못한 상태였다.

15 happen

해설 be about to(~할 참이다) 뒤에는 동사원형이 나오므로 happen이 적절하다.

해석 그날 밤늦게, Garnet은 자신이 기다려 온 어떤 일이 곧 일어날 것 같은 기분이 들었다.

16 might have happened

해설 타자기 안에서 어떤 일이 '이미 일어났을지도 모른다'고 생각했다는 의미이므로 과거에 대한 추측 표현인 might have happened가 적절하다.

해석 갑자기 내 타자기가 작동을 멈추었다. 내부에 뭔가 일이 생겼을지도 모른다고 생각하면서, 나는 타자기 뚜껑을 열어 살펴보았다.

17 had forgotten

해설 '집으로 돌아온' 사건보다 '차 열쇠를 깜빡했던' 사건이 먼저 일어난 것이므로 과거완료 동사를 쓴다.

해석 그녀는 거의 바로 집으로 돌아왔는데, 자기 차 열쇠를 깜빡했기 때문이었다.

18 rub

해설 조건의 부사절에서는 현재시제가 미래시제를 대신하므로 rub이 적절하다.

해석 만일 여러분이 두 손을 같이 빨리 비비면, 손은 따뜻해질 것이다.

19 must have

해설 '~해야 한다'는 의미가 자연스러우므로 must have를 쓴다. 과거에 대한 강한 추측 표현(must have p.p.)은 어색하다.

해석 나는 최신 전화를 꼭 가져야만 하는 그런 사람들 중 한 명은 아니다. 사실 나는 배터리가 더 이상 충전이 제대로 안 될 때까지 휴대전화를 사용한다.

20 must

해설 '분명 ~했을 것이다'라는 의미의 추측 표현이 되도록 must have p.p.를 써야 한다. '~했어야 했다'라는 과거의 후회 표현(should have p.p.)은 어색하다.

해석 당신의 주문을 받았던 웨이트리스가 분명 헷갈렸나봐요.

21 ③

해설 시간과 조건의 부사절에서는 현재시제가 미래시제를 대신하므로, will bang을 bang으로 고쳐야 한다.

① An analogy라는 단수명사를 받는 지시대명사 that이 알맞게 쓰였다. that은 인칭대명사 it과 달리 뒤에 수식어구(of throwing ~ pond)를 동반할 수 있다.
② 접속사 just as(마치 ~하듯이)가 알맞게 쓰였다.
④ 주어가 the air이므로 단수동사 is가 알맞게 쓰였다.
⑤ 현재완료 동사 have displaced 사이에 부사 likely(아마도)가 적절히 삽입되었다.

해석 소리와 빛은 파장으로 이동한다. 소리 현상에 대해 자주 언급되는 비유는 작은 돌멩이를 고요한 연못 표면에 던지는 것이다. 음파가 음원으로부터 사방으로 퍼지는 것처럼 파장이 충격 지점으로부터 바깥으로 퍼져나간다. 이것은 우리 주변 공기 중의 교란 작용 때문이다. 만약에 당신이 막대기 두 개를 함께 꽝 친다면, 소리를 듣게 될 것이다. 막대기들이 서로 가까워질 때, 그것들 바로 앞에 있는 공기가 압축되고 에너지가 축적된다. 충돌점이 발생하면 이 에너지는 음파로 퍼져나간다. 두 개의 무거운 돌을 가지고 같은 실험을 해보면 똑같은 일이 일어나지만, 돌의 밀도와 표면 때문에 당신은 다른 소리를 듣게 되고, 그 돌이 아마 더 많은 공기를 바꿔 놓았기 때문에 당신은 더 큰 소리를 듣게 된다. 따라서 우리 주변의 대기 중에서 일어나는 물리적 교란 작용이 소리를 만든다.

22 ①

해설 '~하곤 했다'는 '조동사 used to+동사원형'으로 표현한다. 따라서 encouraging 대신 encourage를 쓴다.

② 앞 문장에서 Ms. Ashley가 '학생들에게 우유를 마시게 권했던' 일보다 더 이전부터 우유가 지능에 좋다는 믿음을 '키워왔던' 것이라는 의미로 과거완료 동사를 썼다.
③ 비교급 more precious 뒤에 than(~보다)을 알맞게 썼다.
④ '~하곤 했다'는 뜻의 조동사 would 뒤에 동사원형 offer가 알맞게 쓰였다.
⑤ 가목적어 it에 대응되는 진목적어 to consider를 알맞게 썼다.

해석 Susan이 어렸을 때, Ashley 선생님은 학생들에게 우유를 많이 마시도록 권하곤 했다. 어쩐 일인지 그녀는 우유가 사람의 지능을 높인다는 생각을 키워왔었다. 그녀에게 지능보다 더 소중한 것은 없었다. 가끔 Susan은 그녀에게 단도직입적으로 "지능이 뭐예요?"라고 묻곤 했다. 그때마다 그녀는 다른 대답을 하곤 했다. "지능은 아기가 말하는 첫 번째 단어란다.", "지능은 노란색이야." 또는 "지능은 Tom이 오늘 아침 수학 시간에 한 농담이야." 그 대답들은 그녀를 (답답해서) 미치게 만들곤 했지만, 대략 30년이 지난 지금 그녀는 Ashley 선생님이 그렇게 말했던 이유를 생각해보는 것이 흥미롭다고 생각한다.

23 ①

해설 '내 차로 돌아와 깨달은' 상황보다 '내가 열쇠를 두고 차 문을 잠가버린' 상황이 먼저 일어난 것이므로, 현재완료 대신 과거완료를 써야 한다. 따라서 I've locked를 I'd[I had] locked로 고쳐야 한다.

② 지각동사 saw 뒤에 능동의 목적격보어로 원형부정사 kick이 알맞게 쓰였다.
③ 접속사 since가 시간(~ 이후로)의 의미가 아닌 이유(~ 때문에)의 의미로 쓰였다.
④ '차 키를 가지러 갈 거라는' 상황이 비교적 분명히 일어날 가까운 미래이므로 현재진행 시제로 표현했다.
⑤ 뒤에 명사구 a cowboy가 나오므로 전치사 like(~처럼)가 알맞게 쓰였다.

해석 가게를 떠난 뒤, 나는 차로 돌아와 내가 차 안에 차 열쇠와 핸드폰을 넣고 차 문을 잠갔다는 것을 알게 됐다. 자전거를 탄 십 대 한 명이 내가 절망에 빠져 타이어를 차는 것을 보았다. "무슨 일이죠?"라고 그는 물었다. 나는 내 상황을 설명했다. "내가 남편에게 전화할 수 있다고 해도 이게 우리의 유일한 차라서 그가 내게 차 열쇠를 가져다줄 수 없어요."라고 나는 말했다. 그는 자기 핸드폰을 나에게 건네주었다. 그 사려 깊은 소년은 말했다. "남편분께 전화해서 제가 차 열쇠를 가지러 갈 거라고 얘기하세요." "진심이에요? 왕복 4마일 거리예요." "그건 걱정 마세요." 한 시간 후, 그는 열쇠를 가지고 돌아왔다. 나는 그에게 약간의 돈을 주려 했지만, 그는 거절했다. "그냥 제가 운동이 필요했다고 하죠."라고 그는 말했다. 그러고 나서 영화 속 카우보이처럼, 그는 석양 속으로 자전거를 타고 떠났다.

STEP ❶ 수능 어법 핵심 이론 총정리

p.41

🖋️ 기출+응용 문제로 **핵심 어법** 연습

정답 (A) lowered (B) where (C) been seen

(해설)

(A) and 앞의 waterproofed, attached와 병렬 연결되는 과거시제 동사 lowered가 어법에 맞다.

(B) the water is clear and there is enough light가 완전한 문장인 것으로 보아 관계부사가 필요하다. 따라서 where가 적절하다.

(C) 선행사인 a mysterious deep-sea world가 '보는' 행위의 주체가 아니라 '보이는' 대상이므로 수동태인 been seen이 어법에 맞다.

(해석) 최초의 수중 사진은 William Thompson이라는 영국인에 의해 촬영되었다. 1856년에 그는 간단한 상자형 카메라를 방수 처리하고 막대에 부착하여 남부 England 연안의 바닷속으로 내려 보냈다. 10분간의 노출 동안 카메라에 서서히 바닷물이 차올랐지만 사진은 온전했다. 수중 사진술이 탄생한 것이다. 물이 맑고 충분한 빛이 있는 수면 근처에서는 아마추어 사진작가도 저렴한 수중 카메라로 멋진 사진을 찍을 가능성이 상당히 높다. 어둡고 추운 더 깊은 곳에서는 사진술이 신비로운 심해의 세계를 탐험하는 주요한 방법이며, 그곳의 95%는 예전에는 전혀 볼 수 없었다.

EXERCISE

A
01 be considered
02 are affected
03 was elected
04 were shown

B
01 X (bring → be brought)
02 O
03 O
04 X (read → was read)

C
01 was made of → was made for
02 had ruled → had been ruled
03 will accept → will be accepted
04 give → are given

p.43

🖋️ 기출+응용 문제로 **핵심 어법** 연습

정답 ⑤

(해설) 관계대명사 that이 가리키는 것은 a series of events인데, 이는 '피해질 수도 있었던' 대상이다. 따라서 수동태 동사인 could have been avoided로 고쳐야 한다.

① '지속적 생존'이 '설명되는' 대상이므로 조동사 수동태의 be explained는 적절하다.

② 핵심 주어가 the gap이므로 단수동사 grows는 적절하다.

③ 가주어 it에 대응되는 진주어 'to ~ prepare'가 적절하다. to부정사를 꾸미는 fully가 to와 동사원형 사이에 삽입되었다.

④ will help와 병렬 연결되는 (will) allow가 적절하다.

(해석) 인류의 지속적인 생존은 환경에 적응하는 우리의 능력으로 설명될 수 있을 것이다. 우리가 고대 조상들의 생존 기술 중 일부를 잃어버렸을지도 모르지만, 새로운 기술이 필요해지면서 우리는 그것을 배웠다. 오늘날 우리가 현대 기술에 더 크게 의존함에 따라 한때 우리가 가졌던 기술과 현재 우리가 가진 기술 사이의 간극이 어느 때보다 더 커졌다. 그러므로, 미지의 땅으로 향할 때는 그 환경에 충분히 대비하는 것이 중요하다. 떠나기 전에, 토착 주민들이 어떻게 옷을 입고 일하고 먹는지를 조사하라. 그들이 어떻게 자기 생활 방식에 적응했는가는 여러분이 그 환경을 이해하는 데 도움이 될 것이고, 최선의 장비를 선별하고 적절한 기술을 배우도록 해줄 것이다. 이것은 대부분의 생존(이 걸린) 상황이 피할 수도 있었던 일련의 사건의 결과로 발생한다는 점에서 중요하다.

EXERCISE

A
01 to come[coming]
02 to stop
03 were considered
04 to pull over

B
01 is being cared for → is being cared for by
02 were made clean up → were made to clean up
03 receiving → to receive
04 is filled by → is filled with

C
01 O
02 O
03 X (by → with)
04 O

p.41에서 본 예문

A		B		C	
01	be considered	01	be brought	01	for
02	are affected	02	to us	02	had been ruled
03	was elected	03	tested	03	be accepted
04	were shown	04	to me	04	are given

p.43에서 본 예문

A		B		C	
01	coming	01	cared for by	01	was paid to
02	to stop	02	to clean	02	to recite
03	weird	03	to receive	03	with
04	to pull over	04	with	04	to

STEP **3** 어법 실력 굳히기 단원 종합 Test

01 ② 02 ③ 03 ④ 04 ③ 05 ④ 06 ④ 07 ①
08 has taken → has been taken
09 were praised by the professor
10 was heard making[to make] a strange sound
11 looked after by 12 been promoted 13 in
14 be structured 15 be given to 16 are taught
17 to whistle 18 being made 19 running
20 encouraged 21 ① 22 ② 23 ③

01 ②

해설 • 주어 She가 '선출된' 대상이므로 was elected가 적절하다.
• 주어 Kelly가 '존경받는' 대상이므로 구동사 look up to의 수동태를 써야 한다. 따라서 be동사 뒤에 looked up to를 써주고, 행위자인 other women 앞에 by까지 써주어야 적절하다.

해석 그녀는 부서장으로 선출되었다. / Kelly는 영감을 주는 역할 모델로 다른 여성들의 존경을 받는다.

02 ③

해설 • 전치사 Despite(~에도 불구하고) 뒤로 동명사가 필요한데, 의미상 '체포된다'는 수동의 의미를 나타낼 수 있도록 being p.p. 형태의 being arrested를 써야 한다.
• 'help+목적어+(to)+동사원형'의 수동태는 'be helped to+동사원형' 형태로 쓴다.
• My friend가 '상을 받는' 대상이므로 4형식 동사 award를 수동태로 써야 한다. a scholarship은 직접목적어이므로 be p.p. 뒤에 전치사 없이 그대로 이어진다.

해석 체포되고 있음에도, 그는 평화로워 보였다. / 강아지는 그에 의해 상자 밖으로 나오도록 도움을 받았다. / 내 친구는 중국 정부에 의해 장학금을 수여받았다.

03 ④

해설 4형식 동사 offer의 간접목적어를 주어로 삼은 수동태 문장이다. 직접목적어 a manager position 앞에는 전치사가 필요 없으므로 to를 지워야 어법상 옳다.
① 수동태 관용표현인 be covered with(~로 덮이다)이다.
② His historic legacy가 '기억되는' 대상이기 때문에 조동사 수동태인 will be remembered가 적절히 쓰였다.
③ 지각동사 수동태인 was seen 뒤로 과거분사 보어 broken이 적절히 연결되었다.
⑤ 주어 The match가 '미뤄지는' 대상이기 때문에, 구동사 put off(~을 미루다)의 현재완료 수동태인 has been put off가 쓰였다.

해석 ① 언덕은 형형색색의 들꽃들로 덮여 있다.
② 그의 역사적 유산은 모두에 의해 기억될 것이다.
③ 맨 아래 서랍의 자물쇠가 부서진 것이 보였다.
④ 요전에 나는 경영진 자리를 제의받았다.
⑤ 그 시합은 악천후로 인해 내일까지 연기되었다.

04 ③

해설 '사역동사 make+목적어+원형부정사'를 수동태로 바꾸면 'be made+to부정사'가 된다. make는 지각동사와 달리 현재분사를 목적격보어로 취하지 않으므로, 'be made+현재분사'는 불가능하다.
① 구동사 take care of(~을 돌보다)의 현재진행 수동태이다. 'by+목적격'은 생략되었다.
② 수동태 관용표현인 be attached to(~에 부착되다)이다.
④ '지각동사 see+목적어+원형부정사'의 수동태이다. 원형부정사 보어가 to부정사(to swim)으로 바뀌었다.
⑤ 'allow+목적어+to부정사'의 수동태이다.

해석 ① 그의 건강 문제가 모두 처리되고 있다.
② 식당 칸이 기차에 붙어 있었다.
③ 우리는 차려진 모든 음식을 먹게 되었다.
④ Mark가 강에서 수영하는 것이 보였다.
⑤ 그들은 데이터에 접근하도록 허락받았다.

05 ④

해설 • a gift가 '구매되는' 대상이므로 수동태 동사 was bought를 써야 하며, 간접목적어 me 앞에는 전치사 for를 써야 한다. 따라서 bought for가 빈칸에 알맞다.
• All three papers가 '제출되는' 대상이므로 조동사 had to(~해야 했다) 뒤로 be p.p. 형태인 be submitted를 써주어야 한다.

해석 나를 위해 구입된 선물을 어떻게 반품할 수 있을까요? / 세 보고서 모두 수업 마지막 날까지 제출되어야 했다.

06 ④

해설 be known for(~로 유명하다)는 by 대신 for를 쓰는 수동태 관용표현이다.
①②③⑤ by 대신 with를 쓰는 수동태 관용표현이다.

해석 ① 회의에 있는 모두가 그 결정에 만족했다.
② 그녀의 게시물 다수는 건강과 돈에 관련돼 있다.
③ 선반 위 책들은 먼지로 뒤덮여 있었다.

④ 그녀는 자신의 창의적인 아이디어로 유명해지기를 원한다.
⑤ 지하철은 늘 통근하는 사람들로 붐빈다.

07 ①

[해설] 'instruct+목적어+to부정사'의 수동태는 'be instructed+to부정사'이다. 주어가 일반적이므로 'by+목적격'은 생략 가능하다.

[해석] 그들은 내게 잠재적 고객들에게 이메일을 쓰라고 지시했다.
→ ① 나는 잠재적 고객들에게 이메일을 쓰라고 지시받았다.

08 has taken → has been taken

[해설] 주어인 it(=the table near the window)이 '차지되는' 대상이므로 has taken을 has been taken으로 고쳐야 한다.

[해석] A: 우린 창가 자리에 앉고 싶어요.
B: 죄송합니다만, 그 자리는 이미 찼습니다.

09 were praised by the professor

[해설] The students가 '칭찬받은' 대상이기 때문에 praise의 과거시제 수동태 were praised를 써준다. 행위자는 by를 이용해 나타낸다 (by the professor).

10 was heard making[to make] a strange sound

[해설] 지각동사 hear의 과거시제 수동태이다. was heard 뒤로 현재분사 또는 to부정사가 모두 보어로 나올 수 있으므로 was heard making a strange sound 또는 was heard to make a strange sound가 모두 정답이다. 원형부정사는 안 된다.

11 looked after by

[해설] look after의 수동태인 was looked after 뒤에 전치사 by를 잊지 않고 써준다.

[해석] 그녀가 어렸을 때, 그녀는 이모의 보살핌을 받았다.

12 been promoted

[해설] The second study가 '추진된' 대상이므로 has been promoted가 적절하다.

[해석] 두 번째 연구는 첫 번째 연구만큼이나 적극적으로 추진됐으며, 똑같이 설득력 있다.

13 in

[해설] '~에 관심이 있다'라는 뜻의 수동태 관용표현은 be interested in 이다.

[해석] 소년은 자기 키가 얼마나 큰지 신경 쓰지 않는다. 그는 누가 가장 큰지에 지극히 관심이 있다.

14 be structured

[해설] 주어인 Exercise가 '짜여 들어가는' 대상이므로 조동사 수동태를 완성하는 be structured가 적절하다. 타동사 structure를 능동태로 쓰려면 뒤에 목적어가 필요하다.

[해석] 운동은 일과 안에 짜여 들어갈 수 있다.

15 be given to

[해설] 직접목적어 A special award를 주어로 삼은 수동태이므로, 동사 뒤 간접목적어 앞에는 적절한 전치사가 들어가야 한다. 따라서 be given to가 적절하다.

[해석] 지역 사회와 유능하게 작업했음을 입증하는 학교 또는 대학에 특별 상이 수여될 것입니다.

16 are taught

[해설] 주어 News reporters가 '가르침을 받는' 대상이므로 수동태인 are taught를 쓴다.

[해석] 뉴스 리포터들은 자신의 이야기를 가장 중요한 정보로 시작하도록 배운다.

17 to whistle

[해설] 지각동사 hear의 수동태이다. was heard 뒤에는 원래 목적격보어였던 것이 주격보어로 바뀌어 이어지는데, 주어인 The passenger train이 '경적을 울리는' 주체이므로 to whistle을 써야 한다. 이 to whistle은 원래 문장의 원형부정사 보어를 to부정사로 바꾼 것이다.

[해석] 여객 열차가 플랫폼에 접근하면서 기적을 울리는 소리가 들렸다.

18 being made

[해설] Many efforts가 '이뤄지고 있는' 대상이므로 being made가 적절하다.

[해석] 기후 변화를 늦추기 위한 많은 노력이 현재 이뤄지고 있다.

19 running

[해설] 지각동사 see의 수동태이다. 능동태의 원형부정사 보어는 수동태 뒤에서 to부정사로 바뀌어야 하므로 run은 사용할 수 없다. 따라서 running이 적절하다.

[해석] 그 순간, 말 한 마리가 그들을 향해 달려오는 것이 보였다.

20 encouraged

[해설] 주어 you가 '고무되는' 대상이므로 should be와 함께 조동사 수동태를 완성하는 encouraged를 써야 한다.

[해석] 만일 여러분이 되돌아보며 몇 주, 몇 달, 또는 몇 년 전의 여러분을 오늘의 여러분과 비교한다면, 여러분은 자신의 발전에 대단히 고무될 것이다.

21 ①

[해설] (A) 주어인 plants가 '불리는' 대상이므로 are often called라는 수동태 동사를 써야 한다. 뒤에 나오는 'living stones'는 명사구 보어이다.
(B) resemble은 수동태 불가 타동사이다. 따라서 resemble만 가능하다.

(C) '부분+of+전체' 주어는 전체 명사에 수일치시킨다. 여기서는 전체에 해당하는 **the plant**가 단수명사이므로 동사 자리에 **is**를 써야 한다.

해설 **Lithops**는 독특한 바위 같은 겉모양 때문에 종종 '살아있는 돌'로 불리는 식물이다. 이것은 원산지가 남아프리카 사막이지만, 식물원과 종묘원에서 흔히 팔린다. **Lithops**는 수분이 거의 없는 빡빡한 모래 토양과 극히 높은 온도에서 잘 자란다. **Lithops**는 작은 식물로, 토양의 표면 위로 1인치 이상 자라는 일이 드물며, 보통 단 두 개의 잎을 가지고 있다. 두꺼운 잎은 동물 발의 갈라진 틈이나 함께 모여 있는 한 쌍의 회갈색 돌과 닮았다. 이 식물은 실제 줄기는 없고 식물의 대부분이 땅속에 묻혀 있다. 겉모양은 수분을 보존하는 효과를 가지고 있다.

22 ②

해설 **Let's say** 뒤로 접속사 **that**이 생략된 명사절이 이어진다. 주어인 **a product** 뒤에 동사가 필요하므로, 동명사의 수동태인 **being not advertised**를 술어가 될 수 있는 **is not advertised**로 고쳐야 한다. 'even if ~ for a while'은 삽입절이다.
① '~ make them aware ~'라는 5형식 문장을 수동태로 바꾼 형태이다. 형용사 보어 **aware**가 **be made** 뒤에 그대로 이어졌다.
③ 분사구문을 부정하려면 분사 앞에 **Not**을 붙인다.
④ **helps**의 목적격보어로 원형부정사 **find**를 적절히 썼다.
⑤ 앞에 선행사가 없고 뒤에도 **desire**의 목적어가 없는 불완전한 문장이 나오는 것으로 보아, 선행사를 포함한 관계대명사 **what**이 적절히 쓰였다.

해설 많은 소비자들은 상품이 시장에서 구입 가능하다는 것을 알게 된 후에야 상품을 구매한다. 어떤 상품이 시장에 출시된 후에도 한동안 광고가 되지 않았다고 가정해보자. 그렇다면 어떤 일이 일어날까? 소비자들은 상품이 존재한다는 것을 알지 못해서, 그 제품이 그들에게 어쩌면 유용했을지라도 아마도 사지 않았을 것이다. 광고는 또한 사람들이 자신에게 가장 적합한 상품을 찾을 수 있게 해준다. 사람들은 온갖 범위의 상품들을 알게 되었을 때 상품을 비교하여 구매할 수 있어서 힘들게 번 돈으로 원하는 것을 얻는다. 그래서 광고는 일상생활에서 필수적인 것이 되었다.

23 ③

해설 **It**은 가주어이고 동사 뒤의 **that**절이 진주어인데, 이 **that**절은 '관찰된' 대상이다. 따라서 현재완료 수동태인 **has been observed**를 써야 한다.
① 뒤에 '주어+동사'가 나오므로 접속사 **while**이 바르게 쓰였다.
② 뒤에 완전한 수동태 문장이 나오므로 관계부사 또는 '전치사+관계대명사'를 써야 한다. 따라서 **in which**가 바르게 쓰였다.
④ 주어인 **the number**가 '제한되는' 대상이므로 수동태 동사가 알맞게 쓰였다. 참고로 'the number of+복수명사'는 단수 취급한다.
⑤ 'the+비교급 ~, the+비교급 …(~할수록 더 …하다)'의 두 번째 비교급 **the greater**가 바르게 쓰였다.

해설 먹이 사슬은 식물 안에 있는 에너지원으로부터 먹고 먹히는 반복되는 과정 속에서 일련의 유기체를 통해 식품 에너지가 이동하는 것을 의미한다. 초원에서 풀은 토끼에게 먹히지만 토끼는 결국 여우에게 먹힌다. 이것은 단순한 먹이 사슬의 예이다. 이 먹이 사슬은 식품 에너지가 생산자로부터 소비자 또는 더 높은 영양 수준으로 전달되는 연쇄를 의미한다. 각 이동 단계에서 잠재적 에너지의 상당한 부분인 80~90%가 열로 손실되는 것으로 관찰되어 왔다. 그래서 하나의 연쇄(사슬) 안에 있는 단계나 연결의 수는 보통 4~5개로 제한된다. 먹이 사슬이 짧거나 유기체가 하위 영양 단계에 가까울수록 이용 가능한 에너지 섭취량이 더 커진다.

STEP 1 수능 어법 핵심 이론 총정리

p.51 기출+응용 문제로 핵심 어법 연습

정답 ④

해설 'be used+to부정사(~하기 위해 사용되다)' 구문이므로 persuading 대신 persuade를 써야 한다. 'be used to+동명사'는 '~하는 데 익숙해지다'라는 의미이다.

① 'how+주어+동사' 어순이 알맞다.
② encourage는 목적격보어로 to부정사를 취한다.
③ customers가 '만족을 느끼게 된' 대상이므로 과거분사를 썼다.
⑤ ability는 to부정사의 수식을 받는 명사이다.

해석 왜 당신은 고객이 구매품에 어떻게 반응하는지 신경 쓰는가? 좋은 질문이다. 구매 후 행동을 이해함으로써 당신은 그 영향력, 그리고 구매자가 제품을 재구매할지(그리고 제품을 가질지 또는 반품할지)의 확률을 파악할 수 있다. 당신은 구매자가 다른 사람들에게 당신에게서 제품을 사라고 권장할 것인지 또한 파악할 것이다. 만족한 고객은 당신의 사업을 위한 무급 대사가 될 수 있으므로, 고객 만족은 할 일 목록의 최상단에 있어야 한다. 사람들은 자기가 아는 사람들의 의견을 믿는 경향이 있다. 사람들은 언제든 광고보다 친구를 더 신뢰한다. 그들은 광고가 돈을 받고 '좋은 면'을 말하며, 자신들이 제품과 서비스를 구매하도록 설득하는 데 사용된다는 것을 알고 있다. 판매 후 고객의 만족을 지속적으로 모니터함으로써, 당신은 부정적인 입소문 광고를 피할 수 있는 능력을 가진다.

EXERCISE

A
01 to finish
02 to test
03 to grow
04 to save

B
01 X (win → to win)
02 O
03 X (sorting → to sort)
04 X (see → to see)

C
01 become → to become[becoming]
02 saying → to say
03 asking → to ask
04 get → to get

p.53 기출+응용 문제로 핵심 어법 연습

정답 ③

해설 문맥상 '쉬려고 하던 것을 멈춘다'는 의미이므로 resting을 to rest로 고쳐야 한다.

① 사람 선행사 the man을 꾸미는 주격 관계대명사 who이다.
② begins의 목적어로 동명사 rubbing을 알맞게 썼다.
④ Not only가 맨 앞에 위치한 것을 보아 부정어구 도치구문으로, 뒤에 나오는 주어와 동사가 도치되어 알맞게 쓰였다.
⑤ 명사를 꾸미는 형용사 enough는 'enough+명+to부정사'의 어순으로 쓴다.

해석 아무것도 즉시 일어나지 않으므로, 처음에 우리는 우리가 하는 일에서 어떤 결과도 보지 못한다. 이는 나무 막대 두 개를 함께 비벼 불을 피우려는 사람의 예와 같다. 그는 "여기 불이 있다던데."라고 혼잣말을 하고는 힘차게 문지르기 시작한다. 계속해서 문지르지만, 그는 매우 성급하다. 그는 불을 원하지만 불이 피어나지 않는다. 그래서 그는 풀이 죽어 쉬려고 잠시 멈춘다(잠시 멈춰 쉰다). 그러다 다시 시작하지만, 진행은 더뎌서 그는 또 쉰다. 그 무렵이면 열은 사라지는데, 그가 충분히 오랫동안 그것을 계속하지 않았기 때문이다. 그는 문지르고 또 문지르다가 결국 지치고, 이후 완전히 멈춘다. 그는 지쳤을 뿐만 아니라, 점점 더 좌절해서 "여긴 불이 없네."라면서 완전히 포기한다. 사실 그는 작업은 하고 있었지만, 불을 피우기에 충분한 열이 없었다. 불은 줄곧 거기에 있었지만, 그는 끝까지 하지 못했다.

EXERCISE

A
01 to function
02 to tell
03 to expand
04 to stay

B
01 that you → for you
02 so close → too close
03 that → it
04 enough well → well enough

C
01 X (That → It)
02 X (for → of)
03 O
04 O

p.51에서 본 예문

A	B	C
01 to finish	01 is	01 to become
02 to test	02 to reach	02 to say
03 to grow	03 to sort out	03 to check
04 to save	04 to see	04 to get

p.53에서 본 예문

A	B	C
01 for	01 for	01 It
02 to tell	02 really	02 of
03 to expand	03 to imagine	03 to feel
04 It	04 enough to move on	04 have left

STEP ③ 어법 실력 굳히기 단원 종합 Test

01 ④ **02** ① **03** ③ **04** ③ **05** ② **06** ② **07** ④
08 letting → let, says → to say
09 enough to accept any request for aid
10 for me to arrive on time **11** to have spent
12 to make **13** hard enough **14** to understand
15 to recover **16** to build **17** to keep **18** too
19 to be **20** to find **21** ③ **22** ② **23.** ①

01 ④

해설
- decide는 to부정사를 목적어로 취한다.
- 감정 형용사 surprised 뒤에서 감정의 원인을 설명하는 to부정사구 자리이다. 목적어 a bomb가 뒤에 나오는 것으로 보아 능동형을 써야 한다.

해석 당신은 언제 예술가가 되기로 결심했나요? / 나는 상자에서 폭탄을 발견하고 놀랐다.

02 ①

해설
- time을 수식하는 자리이므로 to부정사구가 들어가야 한다.
- brave가 사람의 성격과 관련된 형용사이므로 의미상 주어 him 앞에 전치사 of를 써야 한다. '가주어 it+be동사(is)'는 생략되었다.
- so as to+동사원형(~하기 위해) 구문이다.

해석 커피 한 잔 마실 시간 있어요? / 그 여자를 구하러 강에 뛰어들다니 그는 용감하기도 하지! / 그들은 좋은 자리를 잡으러 일찍 갔다.

03 ③

해설 수식 받는 명사 something fun이 to read의 의미상 목적어이므로, to read 뒤에는 목적어가 따로 나올 필요가 없다. 따라서 it을 지우고 to read까지만 써야 올바른 표현이다.
① '형/부+enough+to부정사(~하기에 충분히 …한)' 구문이다.

② way는 to부정사구의 수식을 받는 명사이다.
④ thrilled 뒤에 감정의 원인을 설명하는 to부정사구가 적절히 연결되었다. 주어인 'I'가 '선출되는' 대상이므로 부정사의 수동태인 to be p.p.(to be chosen)가 쓰였다.
⑤ 'too+형/부+to부정사(너무 ~해서 …할 수 없다)' 구문이다. 의미상 주어 'for+목적격'도 표시되었다.

해석 ① 그는 혼자서 그 놀이기구를 타기에 충분한 나이이다.
② 팀 스포츠를 하는 것은 활동성을 유지할 좋은 방법이다.
③ 내가 뭔가 재미있는 읽을거리를 찾는 걸 도와주세요.
④ 나는 최고의 댄서로 뽑혀 황홀하다.
⑤ 이 기사는 내가 완전히 이해하기 너무 어렵다.

04 ③

해설 'so ~ that ~ can[could] …(몹시 ~해서 …할 수 있다)'는 'enough+to부정사' 구문으로 바꿀 수 있다. 'too ~ to …'는 부정적 의미를 내포하므로 'so ~ that ~ can't[couldn't] …'와 같은 의미다.
① '의문사+to부정사'는 '의문사+주어+should+동사원형'과 같다.
② excited의 이유를 설명하는 to find out의 의미를 고려해 이유의 접속사 because를 사용했다.
④ 주어인 to부정사구는 동사 앞에 위치하거나, 문장 맨 뒤로 이동한 후 가주어 it으로 대체될 수 있다.
⑤ 예정을 나타내는 be to 용법은 'be scheduled to+동사원형'과 의미가 같다.

해석 ① 난 내 감정을 어떻게 다스려야 할지 모르겠다.
② 나는 우리가 모두 친척이라는 것을 알고 신났다.
③ 그들은 너무 배가 고파서 말이라도 먹을 지경이었다.
④ 걷는 동안 스마트폰을 쓰는 것은 매우 위험하다.
⑤ 리턴 매치는 다음 주 월요일에 열릴 예정입니다.

05 ②

해설 '~하기에'라는 정도의 의미로 쓰인 to부정사구는 부사적 용법으로 본다.
① 주어로 쓰인 명사적 용법의 to부정사이다.
③ '의문사+to부정사'는 명사적 용법의 일종이다.
④ 진주어 역할의 to부정사이므로 명사적 용법이다.
⑤ '~하는 것'이라는 의미의 주격보어이므로 명사적 용법이다.

해석 ① 사랑한다는 것은 상처받기 쉬워지는 위험을 무릅쓰는 것이다.
② Alan의 메신저 아이디는 기억하기 어려워.
③ 그녀는 네게 좋은 에세이 쓰는 방법을 가르쳐줄 거야.
④ 다른 사람의 입장이 되어보는 것은 왜 중요할까?
⑤ 결정(된 것)은 마감을 3주 연장하는 것이었다.

06 ②

해설 '~하는 것'이라는 의미로 주어 My New Year's goal을 보충 설명하는 명사구 보어 역할의 to부정사이다.
①③④⑤ to부정사구가 형용사적 용법으로 쓰여 명사를 수식한다.

해석 ① 네가 결혼할 사람을 찾을 때에는 성격을 고려해야 한다.
② 내 새해 목표는 승진하는 것이다.
③ 우리는 쓸 종이가 다 떨어졌다.

④ 그 부부는 돌볼 아이가 많았다.

⑤ 그녀는 귀신과 이야기하는 놀라운 능력을 지녔다.

07 ④

해설 문맥상 'be+to부정사'가 '~해야 한다, ~하게 되어 있다' 등으로 해석되므로 be to 용법이다. 이때 to부정사는 형용사구이다. ①②③⑤ 부사적 용법 중 '목적'에 해당한다.

해석 ① 어려움을 극복하려면, 도움이 안 되는 습관을 버리라.
② 빨리 부자가 되려면 어떤 태도를 지녀야 할까?
③ 꿈을 이루려면, 그저 꿈에 관해 생각하는 것 이상을 해야 한다.
④ 학생들은 기말시험을 위해 필기고사를 쳐야 한다[치게 돼 있다].
⑤ 그들은 도둑을 잡기 위해 많은 계획을 세웠다.

08 letting → let, says → to say

해설 way는 to부정사의 수식을 받으므로, to letting의 letting을 let으로 고쳐야 한다. 또한 주어 A polite way, 동사 is 뒤에 보어가 필요하므로 says를 to say로 고쳐야 한다.

해석 모르는 사람이 여러분에게 실수로 문자를 보내면 어떻게 반응해야 할까? 그 사람이 잘못 연락했음을 알려주는 공손한 방법은 다음과 같이 말하는 것이다. "죄송하지만, 잘못 보내셨습니다."

09 enough to accept any request for aid

해설 '~할 만큼 충분히 …한'은 '형/부+enough+to부정사'의 의미이다. 따라서 형용사 generous 뒤로 enough to accept any request for aid를 차례로 써준다.

10 for me to arrive on time

해설 '도착하는' 주체가 '나'이므로 의미상 주어를 활용한다. important는 성격 형용사가 아니므로 전치사 for를 이용해 for me to arrive on time을 답으로 작성한다.

11 to have spent

해설 고양이가 '과거에 며칠 혼자 있었던' 것으로 보인다는 의미이므로 완료부정사 to have p.p. 형태의 to have spent가 적절하다. to be p.p.는 수동의 의미이다.

해석 그 고양이는 구조되기 전 며칠 혼자 있었던 것으로 보인다.

12 to make

해설 완전한 주절인 we turn to food 뒤에서 주절의 의미를 보충하는 목적의 부사구가 필요하므로 to make가 적절하다.

해석 우리가 삶을 살아가면서, 짜증이 나거나, 불안하거나, 심지어 그저 지루함을 느낄 때마다, 우리는 기분을 더 좋게 만들기 위해 음식을 이용한다.

13 hard enough

해설 '형/부+enough+to부정사' 구문이므로 hard enough를 쓴다.

해석 나는 속으로 '내가 다른 참가자들보다 우수하다고 할 만큼 충분히 열심히 했나?'라고 생각했다.

14 to understand

해설 if절에 be to가 나오면 의도(~하려면)의 의미이다. be p.p.는 수동태인데, 여기서는 if절에 목적어(machines' mechanics and uses)가 있어 수동태를 쓰기 부적합하다.

해석 사람들이 기계의 역학과 그 용도를 이해하려면 기술적 소양이 필요하다.

15 to recover

해설 ability는 to부정사구의 수식을 받는다.

해석 왜 식물은 재해로부터 회복하는 이 특혜받은 능력을 지니고 있을까?

16 to build

해설 and 뒤의 완전한 문장 we need your help 뒤로 목적의 의미를 보충하는 부사구가 이어지는 것이므로 to build를 쓴다.

해석 현재, 우리의 동물 보호소는 가득 찼고, 그래서 우리는 새로운 보호소를 짓기 위해 당신의 도움이 필요합니다.

17 to keep

해설 주어 The only way를 수식하는 형용사적 용법의 to부정사를 쓴다.

해석 추돌을 막는 유일한 방법은 우리 차와 우리 앞에 있는 차 사이에 여분의 공간을 두는 것이었다.

18 too

해설 '너무 ~해서 …할 수 없는'이라는 의미의 구문은 'too+형/부+to부정사' 형태로 쓴다.

해석 교외는 넓게 펼쳐져 있기 때문에, 걸어서 사무실에 가거나 상점까지 뛰어가기에는 너무 멀다.

19 to be

해설 콤마 뒤의 'punishment must be brief and linked ~'가 완전한 문장이므로, 앞에는 주절의 의미를 보충하는 부사구가 나와야 한다. 따라서 to be(~하려면)가 적절하다.

해석 모든 상황에서 효과가 있으려면 처벌은 간결하고 행동과 직접 연관돼 있어야 한다.

20 to find

해설 only와 더불어 '결국 ~하고 말다'라는 결과의 의미를 나타내는 to부정사 to find를 써주어야 한다.

해석 나는 다시 가게로 향했고, 그곳이 영영 문을 닫았다는 것을 알게 되었다.

21 ③

해설 (A) is의 주격보어 역할을 하는 완전한 명사절을 이끌기 위해 접속사 that을 써야 한다.
(B) to부정사구의 꾸밈을 받는 명사 surfaces가 의미상 전치사 on의 목적어이므로('위에' 착륙하는 것), to land on을 써야 한다.

(C) 주격 관계대명사절의 동사는 선행사에 수일치시킨다. 여기서 선행사는 instruments라는 복수명사이므로 test를 써야 한다.

해석 현재, 우리는 인간을 다른 행성으로 보낼 수 없다. 한 가지 장애물은 이런 여행에 수년이 걸리리라는 점이다. 우주선은 긴 여행에서 생존하는 데 필요한 충분한 공기, 물, 그리고 다른 물자를 운반할 필요가 있을 것이다. 또 다른 장애물은 극심한 더위와 추위 등 다른 행성들의 혹독한 기상 조건이다. 어떤 행성들에는 착륙할 표면조차 없다. 이러한 장애물들 때문에, 우주에서의 연구 임무 대부분은 승무원이 탑승하지 않은 우주선을 사용해서 이루어진다. 이런 탐험들은 인간의 생명에 아무런 위험도 주지 않으며 우주 비행사가 있는 탐험보다 비용이 덜 든다. 이 우주선은 행성의 구성 성분과 특성을 실험하는 기구들을 운반한다.

22 ②

해설 주절인 'you ~ need to ~' 앞에서 '~하기 위해'라는 의미로 주절을 보충 설명하는 부사구 자리이다. 따라서 Get을 To get으로 고쳐야 한다. 보통 주절과 콤마로 분리된 자리는 부사구 자리이다.
① -thing, -one, -body로 끝나는 대명사는 수식어가 뒤에 나온다.
③ 'if+주어+과거시제 동사 ~, 주어+조동사 과거형+동사원형 …' 형태의 가정법 과거 구문이다.
④ 'allow+목적어+to부정사'의 수동태이다.
⑤ 앞에 나온 일반동사 turn out을 대신하고자 대동사 do를 알맞게 썼다.

해석 일부 초보 연구자들은 좋은 가설은 옳다고 보장된 것이라고 잘못 믿는다(예를 들면, '알코올은 반응 시간을 둔화시킬 것이다.'). 하지만 여러분이 가설을 검증해보기 전에 이미 그것이 사실임을 알고 있다면 여러분의 가설을 검증하는 것은 우리에게 아무런 새로운 것도 말해주지 않을 것이다. 연구란 '새로운' 지식을 생산해야 한다는 것을 기억하라. 새로운 지식을 얻으려면 여러분은 연구자이자 탐험가로서 해변의 안전함(기정사실)을 떠나 미개척 영역으로 과감히 들어가 볼 필요가 있다(아인슈타인이 말했듯이, "우리가 무엇을 하고 있는지 안다면 그것은 연구라고 불리지 않을 것이다, 그렇지 않은가?"). 이런 미개척 영역에서 무엇이 일어날 것인지에 관한 여러분의 예측이 틀린다면, 괜찮다. 과학자는 실수를 저질러도 된다(Bates가 말했듯이, "연구는 막다른 길인지 보려고 골목길을 올라가 보는 과정이다."). 정말로 과학자는 흔히 결과를 내는 예측들보다는 결과를 내지 않는 예측들로부터 더 많이 배운다.

23 ①

해설 to부정사의 의미상 주어는 일반적으로 'for+목적격' 형태로 쓰므로 of me를 for me로 써야 한다. 전치사 of는 사람의 성격, 특징을 나타내는 형용사가 있을 때 쓴다.
② '~하기 위해서'라는 의미로 to부정사의 부사적 용법이 쓰였다.
③ 전치사 of의 목적어로 how가 이끄는 명사절이 쓰였다.
④ '아까 실수를 했는지' 걱정된다는 의미가 되도록 완료동명사 having made를 썼다.
⑤ '~하려는 노력'이라는 의미로 'effort+to부정사'를 쓴다. effort는 to부정사의 수식을 받는 명사이다.

해석 시합이 끝난 지 한 시간이 넘었고, 내가 특히 압박감을 느낄 필요는 없다. 나는 심신이 피곤하고, 그래서 앉아서 차가운 음료를 즐기며 편안해지려고 한다. 그러나 어떤 이유에선지 나는 신경을 끌 수가 없다. 머릿속에서 나는 내가 내렸던 모든 결정을 검토해 본다. 나는 다른 심판들이 내가 처리한 방식에 대해 어떻게 생각할지 궁금하다. 내가 했던 실수가 걱정스럽고, 관중들의 이의가 여전히 귓전에서 맴돌고 있다. 나는 계속 혼자 되뇐다. "시합은 잊어.", "동료들과 나는 모든 사안에 합의했어.", "전반적으로 난 잘해냈어." 그러나 걱정을 털어내려는 내 모든 노력에도 불구하고 여전히 걱정거리가 있다.

STEP 1 수능 어법 핵심 이론 총정리

p.61 기출+응용 문제로 **핵심 어법** 연습

정답 ②

해설 술어인 means 앞에 주어가 필요하므로, 동사 Accept 대신 동명사 Accepting을 써야 한다.
① 명령문의 생략된 주어는 you이다. 따라서 명령문의 목적어에 2인칭이 나오면 항상 yourself로 쓴다.
③ 앞에 do의 목적어가 없고 뒤에도 have to do의 목적어가 없는 불완전한 문장이 나오므로 what이 적절하다.
④ 앞에 나온 단수명사 your social image를 대신하기 위해 단수대명사 it을 썼다.
⑤ stop V-ing(~하기를 멈추다) 구문이다.

해석 당신은 당신의 강점과 약점에 관해 스스로에게 정직한가? 자기 자신을 정말로 알고, 약점이 무엇인지 파악하라. 당신의 문제에 있어서 스스로의 역할을 받아들이는 것은 해결책도 당신 안에 있다는 것을 깨닫는다는 뜻이다. 만약 당신이 특정 분야에 약점이 있다면 배움을 구하고, 스스로 상황을 나아지게 하려면 해야 하는 것을 행하라. 만약 당신의 사회적 이미지가 형편없다면, 자신을 들여다보고 필요한 조치를 '오늘 당장' 취해 그것을 개선하라. 당신은 삶에 대응하는 방법을 선택할 능력이 있다. 오늘 당장 모든 변명을 관두겠다고 결심하고, 상황이 어떤지에 관해 자신에게 거짓말하는 것을 그만두라. 성장의 시작은 당신이 자신의 선택에 대한 책임을 스스로 받아들이기 시작할 때 일어난다.

EXERCISE

A
01 보어
02 전치사의 목적어
03 동사의 목적어
04 주어

B
01 X (receive → receiving)
02 O
03 O
04 X (Get → Getting)

C
01 painting → being painted
02 are → is
03 to live → to living
04 he being → his[him] being

p.63 기출+응용 문제로 **핵심 어법** 연습

정답 (A) than (B) spending (C) showing

해설
(A) '비교급+than(~보다 더 …한)'에 맞춰 than을 써야 한다.
(B) 동명사 starting과 병렬 연결되도록 spending을 써야 한다. whether A or B는 'A이든 B이든 (간에)'라는 의미이다.
(C) by V-ing(~함으로써) 구문이므로 showing을 써야 한다.

해석 한 연구에서, 연구자들이 날짜가 새로운 시작(가령 '봄의 첫날')과 관련이 있다고 제시했을 때, 학생들은 그때가 연구자들이 날짜를 평범한 날(가령 '3월의 세 번째 목요일')로 제시한 경우에 비해 목표 추구를 시작하기에 더 매력적인 시기라고 간주했다. 새로운 운동 습관을 시작하는 것이든, 아니면 소셜 미디어에 시간을 덜 쓰는 것이든, 연구자들이 제시하는 날짜가 새로운 시작과 관련될 때 더 많은 학생들이 바로 그때 변화를 시작하려고 했다. 그리고 다른 팀이 수행한 더 최근의 연구는 목표를 추구하는 사람들에게 수정된 주간 일정표를 보여줘서 비슷한 이점을 얻었다고 밝혔다. 달력이 오늘을 (월요일이든 일요일이든) 한 주의 첫날로 표현했을 때, 사람들은 자기 목표를 즉시 진전시킬 동기를 더 많이 느낀다고 보고했다.

EXERCISE

A
01 to learn
02 moving
03 to change
04 to help

B
01 to cheat → cheating[having cheated]
02 wearing → to wear
03 telling → to tell
04 to be → being

C
01 X (bite → biting)
02 X (heard → hearing)
03 O
04 X (to enjoy → enjoying)

p.61에서 본 예문

A
01 listening
02 finishing
03 collecting
04 Praising

B
01 receiving
02 having been
03 being flooded
04 requires

C
01 being painted
02 is
03 living
04 his, him

p.63에서 본 예문

A
01 to learn
02 moving
03 idling
04 to help

B
01 cheating
02 to wear
03 to tell
04 being

C
01 biting
02 hearing
03 gathering
04 enjoying

STEP **3** 어법 실력 굳히기 단원 종합 Test

01 ③ **02** ① **03** ④ **04** ⑤ **05** ③ **06** ② **07** ②
08 (a) to think (b) being **09** give up looking for
10 forget to bring this invitation card **11** getting
12 becoming **13** being left out **14** determining
15 having told **16** to pay **17** fuels **18** Finding
19 sitting **20** meeting **21** ④ **22** ③ **23** ④

---

01 ③

(해설) • hard(열심히)와 함께 '~하려고 노력하다'라는 의미를 나타내는 표현은 try to-V이다.
• stop V-ing(~하는 것을 멈추다)가 문맥상 적합하다. stop to-V는 '~하려고 (다른 하던 일을) 멈추다'의 의미이다.

(해석) 그들은 대회에서 우승하려고 열심히 노력했다. / 일에 대해서는 그만 걱정하고 쉴 때야.

02 ①

(해설) • feel like V-ing(~하고 싶어 하다) 구문이다. sleeping 대신 having slept를 써도 되는데, 이 경우 feel like는 '~한 것 같다'의 의미로 해석된다.
• be worth V-ing(~할 가치가 있다) 구문이다.
• How about V-ing ~?(~하는 게 어때?) 구문이다.

(해석) Ella는 하루종일 자고 싶었다. / Lee의 예술작품은 항상 칭찬받을 가치가 있다. / 당신의 친구와 가족을 위해 더 많은 시간을 내는 게 어떤가?

03 ④

(해설) put off는 동명사를 목적어로 취하는 동사이다. 따라서 to go를 going으로 고쳐야 한다.
① be afraid of V-ing(~하기를 두려워하다) 구문이다.
② mind 뒤에 의미상 주어 me와 동명사 목적어 shutting이 알맞

게 이어졌다.
③ later today로 보아 '앞으로 할 일을 기억하다'의 의미가 되도록 remember to-V를 알맞게 썼다.
⑤ involve는 동명사를 목적어로 취하는 동사이다.

(해석) ① 어떤 사람들은 낯선 사람들과 이야기하기를 두려워한다.
② 제가 창문을 닫아도 괜찮으세요?
③ 오늘 이따가 그에게 이 서류를 보내주는 것을 기억하세요.
④ Chloe는 치과 가는 것을 계속 미룬다.
⑤ 창의력은 상상력을 가동시키는 것을 포함한다.

04 ⑤

(해설) forget to-V(~할 것을 잊다)와 forget V-ing(~했던 것을 잊다)는 그 의미가 서로 다르므로 ⑤가 정답이다.
① start to-V와 start V-ing 모두 '~하는 것을 시작하다'의 의미이다.
② upon V-ing(~하자마자)는 as soon as 또는 the moment를 활용해 표현할 수 있다.
③ there is no V-ing(~하기는 불가능하다)를 it is impossible to-V 형태로 알맞게 표현했다.
④ What do you say to V-ing ~?, How[What] about V-ing ~? 모두 제안의 표현이다.

(해석) ① Sue는 14살에 모델로 일하기 시작했다.
② 무대에 오르자마자, 그녀는 심장이 뛰는 것을 느꼈다.
③ 그 협상이 얼마나 지속될지 알기는 불가능하다.
④ 너 Jina와 화해하는 게 어때?
⑤ 나 어젯밤에 약 먹어야 하는 걸 잊어버렸어.
    ≠ 난 어젯밤에 약 먹었던 걸 잊어버렸어.

05 ③

(해설) 마지막 줄의 동사 is 앞에 주어가 필요하므로 browse 대신 browsing을 쓴다.
① enjoy는 동명사를 목적어로 취한다.
② without V-ing(~하지 않고서) 구문이다.
④ 목적(~하기 위해)을 나타내는 부정사구이다.
⑤ 동명사구 주어는 단수 취급하므로 is가 알맞게 쓰였다.

(해석) 집에서 쇼핑을 즐기고 싶은가? 당신은 매장에 가지 않고도 필요한 물건을 살 수 있다. 원하는 것을 고르기 위해 휴대용 기기로 온라인 매장을 둘러보기만 하면 된다.

06 ②

(해설) ②의 taking은 is와 어울려 '~하고 있다'라는 의미를 나타내는 진행 시제의 현재분사이다.
① 술어 takes 앞에서 주어 역할을 하는 동명사이다.
③ doesn't permit의 목적어인 동명사이다.
④ 술어 keeps 앞에서 주어 역할을 하는 동명사이다.
⑤ be동사 뒤에서 '~하는 것'이라는 의미의 보어 역할을 하는 동명사이다.

(해석) ① 플룻 연주하는 법을 배우는 것은 시간과 인내심을 필요로 한다.
② 내 아내는 자신의 아픈 아버지를 돌보고 있다.
③ 우리 선생님은 수업 중 먹는 것을 허용하지 않는다.

23

④ 규칙적으로 운동하는 것은 여러분을 건강하고 활기 있게 유지시켜 준다.

⑤ 내 즐거움 중 하나는 야구 경기를 보는 것이다.

07 ②

(해설) '~되는 것'이라는 의미의 동명사 수동태를 써야 적절한 문맥이므로 having을 being으로 고친다.
①③④⑤ having p.p.는 주절보다 먼저 일어난 사건을 표시하는 동명사 완료형이다.

(해석) ① 한 젊은 남자가 내 가방을 훔쳤다는 혐의를 받았다.
② 당신은 당신의 현재 모습대로(있는 그대로) 받아들여질 자격이 있다.
③ 약을 모두 먹고 나서 그녀는 잘 회복되었다.
④ 나는 거짓말을 했던 것에 죄책감을 느낀다.
⑤ 10대 시절의 사랑을 놓쳐버린 것에 대한 후회를 어떻게 극복할 수 있을까?

08 (a) to think (b) being

(해설) (a) '생각을 멈추라'는 의미가 아니라 '(하던 일을) 멈추고 (잠시) 생각해보라'는 의미이므로, stop to-V를 완성하는 to think가 정답이다.
(b) far from V-ing(~하기는커녕) 구문이다.

(해석) (a) 행동하기 전에 잠시 멈추고 생각하는 것(곰곰이 생각하는 것)은 기르기 아주 좋은 습관이다.
(b) 언짢기는커녕, 그녀는 안도감을 느꼈다.

09 give up looking for

(해설) give up은 동명사를 목적어로 취하므로 give up looking for가 정답이다.

10 forget to bring this invitation card

(해설) 나중에 파티에 올 때 잊지 말고 초대장을 들고 오라는 의미의 문장이므로 forget to-V를 활용한다. 따라서 forget to bring this invitation card가 정답이다.

11 getting

(해설) is의 보어 자리이므로 명사구 역할을 할 수 있는 getting이 적절하다. got이 들어가면 수동태가 되므로 문맥상 부적합하다.

(해석) 어려운 부분은 밭을 준비하는 것임을 모든 농부가 안다.

12 becoming

(해설) lead to(~로 이어지다)의 to는 전치사이다. 따라서 의미상 주어 her 뒤에 동명사 becoming이 이어져야 적절하다.

(해석) 그녀의 연구는 그녀가 의료 장비 특허를 받은 최초의 아프리카계 미국인 여성 의사가 되게 해주었다.

13 being left out

(해설) If절의 주어이자 동명사의 의미상 주어인 you가 '소외되는' 대상이므로 being p.p. 형태를 써야 한다.

(해석) 여러분이 친구들에 의해 소외되는 상황에 대처하고자 고생하고 있다면, 치료사가 도움을 줄 것이다.

14 determining

(해설) have difficulty V-ing(~하는 데 어려움을 겪다) 구문이다.

(해석) 연구자들은 알코올 섭취와 암 사이의 연결고리를 결정짓는 데 어려움을 겪는다.

15 having told

(해설) '과거에 마음을 터놓고 말해준' 것을 현재 고마워한다는 의미이므로 having p.p. 형태를 써야 한다. 간접목적어 her, 직접목적어 'what ~ mind'가 둘 다 나오는 것으로 보아 수동형은 부적합하다.

(해석) 그녀는 그가 자기 마음속에 지나가는 것들을 터놓고 얘기해줬던 것에 만족한다.

16 to pay

(해설) afford는 to부정사를 목적어로 취한다.

(해석) 그의 환자 중 다수가 가난한 농부들이어서, 그들은 Dr. Ross의 얼마 안 되는 진료비를 항상 지불할 수 있는 것은 아니었다.

17 fuels

(해설) 동명사구 주어는 단수 취급하므로 단수동사 fuels가 적절하다.

(해석) 여러분이 보고 만질 수 있는 결과물을 만들어내는 체험 활동을 하는 것은 보상 체계를 활성화시켜 그것이 최적으로 기능하게 만든다.

18 Finding

(해설) is 앞에 주어가 필요하므로 동명사 Finding이 적합하다.

(해석) 물고기를 잡을 수 있는 최적의 장소를 찾는 것은 언론사의 첫 번째 전략적 역할이다.

19 sitting

(해설) spend+시간+V-ing(~하느라 시간을 보내다) 구문이다.

(해석) 이 여자는 단지 자기 나라를 방문한 혼란에 빠진 여행자를 도우려고 자기 집에서 몇 시간 떨어진 곳으로 가는 기차에 앉아 하루종일 보냈다.

20 meeting

(해설) upon V-ing(~하자마자) 구문에 맞춰 meeting을 써야 한다.

(해석) 댄스 교사인 Mr. Edler를 만나자마자 어머니는 Melanie를 교습소에 받아달라고 청했다.

21 ④

(해설) avoid는 동명사를 목적어로 취하므로, to land를 landing으로 고쳐야 한다.
① 'less+원급+than(~보다 덜 …한)' 구문이다.

② 전치사 from의 목적어로 동명사 having을 썼다.

③ 'spend+시간+V-ing(~하느라 시간을 보내다)' 구문이다.

⑤ '명사+분사'가 합쳐진 복합형용사이다. 이 형용사의 꾸밈을 받는 insects가 '질병을 갖고 다니는' 주체이므로, carrying이 현재분사로 알맞게 쓰였다.

> 해석 포유류는 다른 동물군에 비해 색이 덜 화려한 경향이 있지만, 얼룩말은 눈에 띄게 흑백인 모습이다. 이렇게 대비가 큰 무늬는 무슨 목적을 수행할까? 색의 역할이 항상 명확한 것은 아니다. 얼룩말이 줄무늬를 지녀서 얻을 수 있는 것이 무엇인가라는 이 질문은 과학자들을 1세기 넘게 곤혹스럽게 했다. 이 신비를 풀기 위해, 야생 생물학자 Tim Caro는 탄자니아에서 얼룩말을 연구하면서 10년 이상을 보냈다. 그는 답을 찾기 전에 이론을 하나씩 배제해 나갔다. 줄무늬는 얼룩말들을 시원하게 해 주지도 않았고, 포식자들을 혼란스럽게 하지도 않았다. 2013년에 그는 얼룩말의 가죽으로 덮인 파리 덫을 설치했고, 비교를 위해 영양의 가죽으로 덮인 다른 덫들도 준비했다. 그는 파리가 줄무늬 위에 앉기를 피하는 것처럼 보인다는 것을 알게 되었다. 더 많은 연구 후에, 그는 줄무늬가 질병을 옮기는 곤충으로부터 얼룩말을 그야말로 구해줄 수 있다는 결론을 내렸다.

22 ③

> 해설 동명사구 주어(getting up super early)는 단수 취급하므로, change를 changes로 고쳐야 한다.

① 과거에 대한 추측(~했을지도 모른다)을 나타내기 위해 may have p.p.가 알맞게 쓰였다.

② 전치사 of 뒤에 목적어로 동명사 getting을 알맞게 썼다.

④ if는 여기서 조건 부사절이 아닌, don't know의 목적어인 명사절을 이끈다. 따라서 미래시제를 현재시제로 대체하지 않고 그대로 써도(will ~ make) 된다. actually는 동사구를 꾸미는 부사이다.

⑤ involve는 동명사를 목적어로 취한다.

> 해석 친구나 가족의 충고는 모든 것 중 가장 선의에서 나오는 말이지만, 새로운 습관에 여러분 자신을 맞출 최선의 방법은 아니다. 핫 요가가 친구의 삶을 바꿔 놓았을지는 모르지만, 그것이 곧 요가가 여러분에게 맞는 관행이란 뜻일까? 우리 모두에게는 새벽 4시 30분에 일어나는 새로운 습관이 자기 삶을 바꿨고 우리도 그렇게 해야 한다고 '확언하는' 친구들이 있다. 나는 엄청 일찍 일어나는 것이 사람들의 삶을 때로는 좋은 방식으로, 때로는 그렇지 않게 바꾼다는 것을 의심하지 않는다. 그러나 다음을 주의하라. 이 습관이 여러분의 삶을 실제로 낫게 만들지는 알 수 없으며, 특히 그것이 여러분의 잠이 줄어든다는 의미라면 더 그렇다. 그러니, 친구에게 효과가 있었던 것을 시도해 볼 수 있지만, 친구의 해결책이 여러분을 똑같이 바꿔주지 않는다고 해서 자책하지 말라. 이 모든 접근법은 추측과 우연을 포함한다. 그리고 그것은 여러분 삶의 변화를 위해 노력하는 좋은 방법은 아니다.

23 ④

> 해설 동명사구 주어(Navigating landscapes ~)는 단수 취급하므로, 동사 자리의 are를 is로 고쳐야 한다.

① assume의 목적어인 that절의 주어로 동명사 being이 적절하게 쓰였다.

② to find의 의미상 주어와 목적어가 모두 문장의 주어인 we이므로, to find의 목적어 자리에 재귀대명사 ourselves가 바르게 쓰였다.

③ 주격 관계대명사절 속 동사는 선행사에 수일치시킨다. 여기서 선행사는 복수명사인 Problems이므로 that 뒤에 need라는 복수동사가 알맞게 쓰였다.

⑤ '수사+명사'가 결합된 복합형용사이다. 이때 수사가 복수이더라도 뒤에 나오는 명사는 무조건 단수형으로 쓰므로, two million-year의 형태가 올바르다.

> 해석 다양성, 어려움, 그리고 갈등은 우리의 상상력을 유지하게 도와준다. 사람들 대부분은 갈등은 나쁜 것이고 '편안한 구역'에 머무는 것이 좋은 것이라고 단정한다. 그것은 정확히는 사실이 아니다. 물론, 우리는 직장 또는 의료 보험이 없거나, 배우자, 가족, 직장 상사, 직장 동료들과의 다툼에 빠진 자신의 모습을 보고 싶어 하지 않는다. 하나의 나쁜 경험이 우리에게 평생 지속되는 데 충분할 수 있다. 하지만 가족과 친구들과의 작은 의견 충돌, 기술적 또는 재정적 문제, 직장과 가정에서의 어려움이 우리의 능력에 대해 진지하게 고민하게 도와준다. 해결책이 필요한 문제들은 우리가 창의적인 해답들을 개발하기 위해 우리의 뇌를 사용하도록 강요한다. 시련과 이따금씩 갈등을 주는 변화무쌍한 지형을 헤쳐가는 것은 우리 감각과 마음에 아무런 어려움을 제기하지 않는 지형을 다니는 것보다 창의성에 훨씬 도움이 된다. 우리의 2백만 년 역사는 어려움과 갈등으로 가득 차 있다.

STEP 1 수능 어법 핵심 이론 총정리

p.71 기출+응용 문제로 **핵심 어법** 연습

정답 (A) conducting (B) how (C) benefits

해설

(A) the scientist or group이 실험을 '수행하는' 주체이므로 현재분사 conducting을 수식어로 써준다.

(B) 'how+형/부+주어+동사(얼마나 ~한지)' 구문이므로 how를 쓴다. 바로 뒤의 부사 well을 보고 힌트를 얻을 수 있다.

(C) is와 benefits가 병렬을 이뤄 결론이 '긍정적이고' 회사에도 '이득을 준다'는 의미를 완성해야 한다.

해석 다른 과학자의 실험 결과물을 읽을 때, 그 실험에 대해 비판적으로 생각하라. 다음을 자문해 보라. 관찰들이 실험 중 또는 이후 (중 언제) 기록되었나? 결론이 합리적인가? 그 결과들은 반복될 수 있는가? 정보의 출처는 신뢰할 만한가? 당신은 실험을 수행한 그 과학자나 집단이 편향되지 않았는지도 물어야 한다. 편향되지 않는다는 것은 실험의 결과로 특별한 이익을 얻지 않는다는 뜻이다. 예를 들면, 만약 한 제약회사가 회사의 새로운 제품 중 하나가 얼마나 효과가 좋은지 시험해보려는 실험 비용을 지불한다면, 특별한 이익이 관련된 것이다. 즉 만약 실험에서 그 제품이 효과 있음을 보여준다면, 그 제약회사는 이익을 본다. 따라서, 그 실험자들은 객관적이지 않다. 그들은 결론이 긍정적이고 제약회사에 이익이 되게 할지도 모른다. 결과들을 평가할 때, 있을 수도 있는 편향을 생각하라!

EXERCISE

A 01 written
02 used
03 published
04 satisfied

B 01 O
02 X (surrounded → surrounding)
03 O
04 X (offering → offered)

C 01 excited → exciting
02 frustrating → frustrated
03 involved → involving
04 blocked → blocking

p.73 기출+응용 문제로 **핵심 어법** 연습

정답 ③

해설 'He stopped ~'라는 완전한 주절 뒤에 주어의 행동을 보충 설명하는 분사구문이 뒤따르는 문맥이다. He는 '냄새 맡는' 행위의 주체이므로 sniffing이 적절하다.

① '수사+명사'가 결합된 복합형용사에서 명사는 항상 단수형으로 쓴다.

② '지각동사+목적어+원형부정사'의 5형식 문장이다.

④ 뒤에 완전한 3형식 구조(this giant animal ~ me)가 오므로 접속사 that이 적절하다.

⑤ meat을 꾸미는 to부정사구(~할)이다.

해석 로키산맥에서 2주간 여행하던 중, 나는 자연 서식지에서 회색곰 한 마리를 보았다. 처음에 나는 그 곰이 땅을 가로질러 걸어가는 모습을 보았을 때 기분이 좋았다. 그것은 이따금 멈춰서서 고개를 돌려 깊게 코를 킁킁거렸다. 그것은 뭔가의 냄새를 따라가고 있었는데, 나는 서서히 거대한 이 동물이 내 냄새를 맡고 있다는 것을 깨닫기 시작했다! 나는 얼어붙었다. 이것은 더는 멋진 경험이 아니었고, 이제는 생존의 문제였다. 그 곰의 동기는 먹을 고기를 찾는 것이었고, 나는 분명히 그의 메뉴에 올라 있었다.

EXERCISE

A 01 Leaving
02 being
03 Disappointed
04 taking

B 01 Having been heard → Having heard
02 were → being
03 folding → folded
04 thought → thinking

C 01 X (considered → considering)
02 O
03 X (Wanted → Wanting)
04 O

STEP ② 핵심 어법 한 번 더 연습

p.71에서 본 예문

A	**B**	**C**
01 written	01 broken	01 exciting
02 used	02 surrounding	02 frustrated
03 published	03 interested	03 involving
04 satisfied	04 offered	04 blocking

p.73에서 본 예문

A	**B**	**C**
01 Leaving	01 Having heard	01 considering
02 being	02 being	02 Having won
03 rolling	03 folded	03 Wanting
04 taking	04 thinking	04 given

STEP ③ 어법 실력 굳히기 단원 종합 Test

01 ④ **02** ④ **03** ② **04** ① **05** ③ **06** ③ **07** ④
08 (a) left (b) towed
09 separating the young couple forever
10 Having found a lost child **11** interested **12** leaving
13 involved **14** Raised **15** stored **16** developing
17 caused **18** amazed **19** frustrating
20 Having never done **21** ② **22** ② **23** ④

01 ④

(해설) · The kids가 '매혹된' 감정을 느낀 것이므로 fascinated가 적절하다.
· 분사구문의 부정은 앞에 not을 붙여 표현하므로 not knowing이 적절하다.

(해석) 아이들은 그들의 새 장난감에 매혹되었다. / 무슨 말을 할지 모른 채 내 머리는 종종 멍해진다.

02 ④

(해설) · the Earth가 '보이는' 대상이므로 Seen이 적절하다.
· progress가 '놀람을 유발하는' 주체이므로 astonishing이 적절하다.
· 문장의 주어는 all of us인데, 날씨 표현은 비인칭주어 it으로 기술한다. 따라서 분사구문 being 앞에 It을 남겨야 한다.

(해석) 달에서 보면, 지구는 아마 작아보일 것이다. / 아프리카는 지난 10년간 놀라운 발전을 이룩했다. / 폭풍이 쳐서, 우리 모두는 안에 있었다.

03 ②

(해설) 'with+명사+분사'는 부대상황을 나타내는 독립분사구문이다. 이때 의미상 주어는 분사 앞의 명사로, 여기서는 his hands가 눈을 '(그늘 지도록) 가리는' 주체이므로 shading을 써야 한다.
① she가 '웃는' 주체이므로 Smiling이 바르게 쓰였다.

③ 자신감을 잃기 '몇 년 전부터' 실직 상태였던 것이므로 주절보다 먼저 일어난 일을 나타내는 having p.p. 형태를 쓴다. 이때, 의미상 주어가 '실직된' 대상이기도 하므로, 수동의 의미까지 담고자 having been p.p. 형태의 Having been unemployed를 썼다.
④ he가 '놀람을 느끼는' 것이므로 과거분사 Surprised는 알맞게 쓰였다.
⑤ 분사구문 관용표현 judging from my experience(내 경험으로 판단컨대)이 알맞게 쓰였다.

(해석) ① 밝게 미소지으며 그녀는 나와 악수했다.
② Jay는 손으로 (그늘을 만들려고) 눈을 가린 채 서 있었다.
③ 몇 년 동안 실직 상태였던 그녀는 자신감을 잃었다.
④ 소문에 놀라서, 그는 창백해졌다.
⑤ 내 경험으로 판단해보면, 그 프로젝트를 끝내는 데 2주가 더 걸릴 거예요.

04 ①

(해설) 의미상 주어 she가 '요청을 받는' 대상이므로 Asking을 Asked로 고쳐야 한다.
② Being이 생략되고 형용사 보어만 남은 분사구문이다.
③ 분사구문 관용표현인 Generally speaking(일반적으로 보면)이다.
④ 의미상 주어 All things가 '고려되는' 대상이므로 considered라는 과거분사가 뒤에 나왔다. 자주 쓰이는 표현이므로 숙어처럼 기억해 두어도 좋다.
⑤ a life가 '특징지어지는' 대상이므로 marked가 바르게 쓰였다.

(해석) ① 화난 고객을 상대해 달라는 요청을 받고, 그녀는 스트레스를 받아 보였다.
② 즐겁고 신나서 아이들은 눈을 맞으며 밖을 뛰어다녔다.
③ 일반적으로 보면, 그는 다정한 사람이다.
④ 모든 것을 고려하면, Sam이 가장 적합한 후보이다.
⑤ 그녀는 가난과 고통이 특징인 삶을 살았다.

05 ③

(해설) 주어 The nurse가 '요청하는' 주체이므로 asked를 asking으로 고쳐야 한다.
① 'I'가 '통과하는' 주체이므로 능동을 나타내는 현재분사 Going이 적절하다.
② felt의 주격보어 자리이므로 형용사 anxious가 적절하다.
④ 뒤에 나오는 의미상 주어 she가 '압도되는' 대상이므로 수동을 나타내는 과거분사 Overwhelmed가 적절하다.
⑤ praying의 목적어 역할을 하는 완전한 명사절을 연결하기 위해 접속사 that이 나왔다.

(해석) 뇌 검사 당일, Penny는 오전 9시에 병원에 도착했다. 입원 절차를 거치면서, 그녀는 점점 더 불안해졌다. 간호사가 그녀를 대기실로 안내하며, 그녀에게 이름이 불릴 때까지 거기 있으라고 했다. 두려움에 압도된 그녀는 모든 것이 괜찮기를 계속 기도했다.

06 ③

(해설) consider 뒤의 V-ing는 동명사 목적어(~하는 것)이다.
① a letter를 꾸미는 현재분사이다. 뒤에 목적어와 목적격보어가 모

두 나오므로 능동형으로 썼다.

② career가 '신남을 유발하는' 주체이므로 현재분사 exciting을 썼다.

④ 'I'가 '듣는' 주체이므로 현재분사 Hearing을 썼다.

⑤ a man이 '들고 가는' 주체이므로 현재분사 carrying을 썼다.

해석 ① 그녀는 내게 우리 연애가 끝났다는 편지를 남겼다.

② 국제 경영 분야에서 멋진 커리어를 갖고 싶나요?

③ 요새 많은 사람들이 조기 은퇴를 고려한다.

④ 그의 격려의 말을 듣고, 나는 다시 시작할 의욕이 솟았다.

⑤ 우리는 한 남자가 큰 장미 꽃다발을 들고 있는 것을 보았다.

07 ④

해설 searched는 after가 이끄는 부사절의 과거시제 동사이다.

① are becoming의 보어인 과거분사이다. Children이 '단절되는' 대상이므로 과거분사를 쓴 것이다.

② the issue가 '제기되는' 대상이므로 과거분사 raised를 썼다.

③ when it(= to make decisions) is needed라는 부사절에서 it을 지우고, is를 being으로 바꾼 뒤 being을 생략한 분사구문이다. 의미를 분명히 하고자 접속사를 남긴 것이다.

⑤ 'have+목적어+과거분사' 형태의 5형식 문장이다. something이 '배달되는' 대상이므로 과거분사 delivered를 썼다.

해석 ① 아이들은 자연으로부터 점점 단절되고 있다.

② 제기된 문제에만 집중할 때이다.

③ 필요할 때 결정을 내릴 수 있는 능력은 필수사항이다.

④ 그 늙은 농부는 잃어버린 자기 시계를 오랫동안 찾아다닌 후 지쳐 버렸다.

⑤ 당신은 주문하지 않은 물건을 집에 배달받은 적이 있는가?

08 (a) left (b) towed

해설 (a) 주어 a vehicle이 '남겨지는' 대상이므로 left가 적절하다.
(b) the vehicle이 '견인되는' 대상이므로 towed가 적절하다.

해석 차량이 갓길에 24시간 넘게 빈 채로 남겨져 있다면(방치된다면), 경찰이 그 차를 견인해갈 것이다.

09 separating the young couple forever

해설 주어인 A wall이 '갈라놓는' 주체이므로 현재분사를 활용해 분사구문을 영작한다. 답은 separating the young couple forever이다.

10 Having found a lost child

해설 '미아를 발견한' 일은 '경찰서로 데려간' 일보다 먼저 일어났으므로, 완료분사구문으로 나타낸다. 따라서 Having found a lost child가 적절하다. 앞에 접속사 After를 남겨놔도 된다.

11 interested

해설 주어 She가 '흥미를 느끼는' 것이므로 interested가 적절하다. interesting을 쓰면 '흥미를 주는' 주체라는 뜻이다.

해석 그녀는 연극으로 데뷔했지만 영화계에서 일하는 데 더 관심이 있었다.

12 leaving

해설 의미상 주어 She가 '그를 남겨놓는' 주체이므로 leaving이 적절하다.

해석 그를 충격받고 겁에 질린 상태로 두고 그녀는 현관문을 나섰다.

13 involved

해설 목적어 themselves가 '연루되는' 대상이므로 과거분사 involved가 적절하다.

해석 그들은 종종 자신들이 스캔들, 범죄, 또는 비극에 연루되어 있는 것을 발견한다.

14 Raised

해설 의미상 주어 she가 '길러진' 대상이므로 과거분사 Raised를 쓴다.

해석 놀라운 스토리텔링 능력을 가졌던 할머니에게서 길러진 그녀는 작가가 되려는 영감을 받았다.

15 stored

해설 명사 facts가 '저장되는' 대상이므로 과거분사 stored를 쓴다.

해석 뇌는 저장된 사실을 회상하는 것보다 새로 꾸며낸 것의 세부 사항을 처리할 시간이 더 많이 필요하다.

16 developing

해설 의미상 주어 She가 '키우는' 주체이므로 현재분사 developing이 적절하다.

해석 그녀는 책을 많이 읽어서 외국 문학에 대한 깊은 지식을 키웠다.

17 caused

해설 명사 the various physical changes 뒤에서 수동의 의미로 수식하는 과거분사 caused를 쓴다.

해석 사육으로 인해 야기된 다양한 신체적 변화들 중 하나는 뇌 크기의 감소이다.

18 amazed

해설 의미상 주어 he가 '놀람을 느끼는' 것이므로 amazed가 적절하다.

해석 자신의 성공에 여전히 놀란 상태로 그는 이제 결승전에 진출해 있었다.

19 frustrating

해설 task가 '좌절감을 주는' 주체이므로 frustrating이 적절하다.

해석 원치 않는 습관을 끊으려 노력하는 것은 매우 좌절스러운 일이 될 수 있다.

20 Having never done

해설 의미상 주어 Cheryl이 '해본 적 없는' 주체이므로 having p.p. 형태의 Having never done이 적절하다. having been p.p.는 완료분사구문에 수동의 의미가 더해진 것이다.

해석 이런 일을 전에는 한 번도 해본 적 없던 Cheryl은 그녀가 받을 수도 있는 반응을 예상하지 못했었다.

21 ②

해설 (A) 명사 everything이 '일어나는' 주체이므로 happening을 사용하여 꾸민다. happen은 자동사이므로 명사를 꾸밀 때는 항상 현재분사의 형태이다.

(B) find 5형식 가목적어 구문이다. it 뒤는 목적격보어 자리이므로 형용사인 difficult가 적절하다. 'to study ~'가 진목적어이다.

(C) a way는 방법의 선행사이지만 how와 함께 쓰이지 않으므로 that이 적절하다. 이때 that은 주어가 없는 불완전한 문장(ensures ~)을 연결하는 주격 관계대명사이다.

해석 내가 고등학생일 때, 커피숍에서 공부하면서 소음이나 자기 주변에서 일어나는 모든 것에 방해를 받지 않을 수 있는 학생들이 있었다. 또한 도서관이 아주 조용하지 않으면 공부할 수 없는 학생들도 있었다. 후자의 학생들은 도서관에서조차 자신이 추구하는 유형의 완전한 침묵을 얻는 것이 불가능했기 때문에 고통을 받았다. 이 학생들은 집중을 방해하는 것의 희생자로서, 개인 침실을 제외하고는 어디에서도 공부하기가 매우 어렵다는 것을 알게 되었다. 요즘 세상에 집중에 방해가 되는 것들로부터 도망치는 것은 불가능하다. 집중에 방해가 되는 것들은 어디에나 있지만, 목표를 달성하고 싶다면 여러분은 집중에 방해가 되는 것들에 대처하는 법을 배워야 한다. 집중에 방해가 되는 것들을 제거할 수는 없지만, 그것들이 여러분을 제한하지 않게 하는 방식으로 그것들과 함께 살아가는 법을 배울 수 있다.

22 ②

해설 콤마 앞의 완전한 주절 뒤에서 주절을 보충하는 분사구문 자리이다. 주어 She가 '설명하는' 주체이므로, explained 대신 explaining을 써야 한다. had와 decided는 중간에 접속사 so가 있어 둘 다 동사 형태로 연결될 수 있지만, ② 앞에는 접속사가 없으므로 ②는 반드시 분사여야 한다는 점에 유의한다.

① 'while+현재분사' 형태의 분사구문이다. 주어 Masami가 '배낭여행하는' 주체이므로 V-ing 형태를 썼다.

③ and 앞의 과거시제 동사 told와 병렬 연결되도록 pointed를 적절히 썼다.

④ 명암, 시간, 거리 등을 나타내는 비인칭주어 It이다.

⑤ 'allow+목적어+to부정사'의 5형식 구조이다.

해석 Costa Rica를 배낭여행하던 중, Masami는 자신이 불운한 상황에 처한 것을 알게 되었다. 그녀는 모든 소지품을 잃어버리고 현금 5달러만을 갖고 있었다. 설상가상으로, 최근의 열대 폭풍우 때문에, 모든 전화와 인터넷 서비스가 중지된 상태였다. 그녀는 돈을 구할 방법이 없었기에, 이 집 저 집 문을 두드려보며, 일본에 있는 자기 가족들에게 연락해서 약간의 돈을 보내달라고 하기 전까지 머물 장소가 필요하다고 설명해보기로 했다. 모두가 그녀에게 (머물) 공간이나 여분의 음식은 없다고 말하며 옆집 쪽을 가리켰다. 그녀가 길가의 작은 식당에 도착했을 때는 이미 어둑했다. 식당 주인은 그녀의 이야기를 듣고 진심으로 공감해 주었다. 무척 기쁘게도, Masami는 안으로 초대되었다. 주인은 그녀에게 음식을 조금 주었고, 그녀가 부모님에게 연락을 취할 수 있을 때까지 그곳에 머물게 해주었다.

23 ④

해설 with 뒤로 A, B, and C(a refugee, a soldier ~, and a homeless person) 형태의 명사구 병렬구조가 나온다. 즉 ④는 a soldier를 꾸미는 수식어구 자리인데, 이 soldier는 '고통을 느끼는' 주체이므로 현재분사 suffering의 수식을 받아야 한다. 참고로 suffer는 자동사이므로 명사를 꾸밀 때는 항상 현재분사의 형태이다.

① hope의 목적어인 to부정사구가 'to get lost ~ or (to) be transported ~'와 같이 병렬 연결되는 형태이다.

② 선행사 their stories를 받는 계속적 용법의 관계대명사와 복수동사 are가 적절히 쓰였다.

③ 주어가 '부분+of+전체' 형태이므로, 동사는 전체 명사(the stories)에 수일치시킨다. 따라서 have가 알맞게 쓰였다.

⑤ '현존하고 있는'의 의미로 notions를 꾸미는 현재분사 existing이다. exist는 자동사이므로 항상 현재분사 형태로 명사를 꾸민다.

해석 여러분은 왜 도서관에 가는가? 물론 책 때문이다. 그리고 여러분은 책이 이야기를 들려주기 때문에 책을 좋아한다. 여러분은 이야기에 몰입하거나 다른 누군가의 삶에 들어가보고 싶어 한다. 어떤 유형의 도서관에서는 여러분은 딱 그렇게 할 수 있는데, 비록 그곳에 책이 한 권도 없더라도 가능하다. Human Library에서는 특별한 인생 이야기를 가진 사람들이 자원해서 '책'이 된다. 정해진 시간 동안, 여러분은 그들에게 질문할 수 있고 그들의 이야기를 들을 수 있는데, 이것은 당신이 책에서 발견할 수 있는 그 어느 이야기만큼이나 매력 있고 감동적이다. 그 이야기들 중 많은 것들은 일종의 고정관념과 관련이 있다. 당신은 피난민과 외상 후 스트레스 장애로 고통 받는 군인과 노숙자와 이야기할 수 있다. Human Library는 사람들이 기존의 관념에 도전하게 한다. 즉 만일 그러지 않았다면(도서관에서 이야기를 나눠보지 못했다면) 섣불리 판단했을 사람들에 관해 진짜로 알고, 그들에게서 배움을 얻게 해준다.

STEP 1 수능 어법 핵심 이론 총정리

p.81

기출+응용 문제로 핵심 어법 연습

정답 ④

해설 간접의문문은 '의문사+주어+동사' 어순이므로, are와 animals의 순서를 바꾸어야 한다.
① 형용사 hard를 꾸미는 to부정사구이다.
② the possibility와 동격인 완전한 명사절을 연결하기 위해 접속사 that을 알맞게 썼다.
③ 주어가 삽입구(framed ~ them) 앞의 The historical tendency이므로, 단수동사가 알맞게 쓰였다.
⑤ 전치사 on의 목적어인 'how(어떻게)+주어+동사'가 알맞다.

해석 인간들은 도덕성을 가지고 있고 동물들은 그렇지 않다는 믿음은 너무나 오래된 가정이어서 충분히 습관적 사고라 불릴 만하며, 우리가 모두 알다시피 나쁜 습관은 고치기가 극도로 어렵다. 많은 사람이 이러한 가정에 굴복해 왔는데, 동물들이 도덕적 태도를 가질 가능성의 복잡한 영향들을 다루느니 동물에게서 도덕성을 부정하는 것이 더 쉽기 때문이다. 우리 대 그들이라는 시대에 뒤처진 이원론의 틀에 갇힌 역사적 경향은 많은 사람들이 현재 상태를 고수하게 할 만큼 충분히 강력하다. 동물들이 누구인가에 대한 부정은 동물들의 인지적, 감정적 능력에 대한 잘못된 고정관념을 유지하는 것을 편의대로 허용한다. 분명히 중대한 패러다임의 전환이 요구되는데, 왜냐하면 습관적 사고에 대한 안일한 수용이 동물들이 어떻게 이해되고 취급되는가에 강한 영향을 미치기 때문이다.

EXERCISE

A 01 동격
02 주어, 보어
03 목적어
04 목적어

B 01 X (do you perceive → you perceive)
02 X (If → Whether)
03 O
04 X (that → what)

C 01 were drinks arranged → drinks were arranged
02 that → if[whether]
03 what → that
04 which → that

p.83

기출+응용 문제로 핵심 어법 연습

정답 ⑤

해설 '너무 ~해서 …하다'의 부사절 구문은 'so ~ that …'이므로, which를 that으로 고쳐야 한다. that 뒤에 연결되는 주절은 'the front yard was too high ~'로, 완전한 2형식 구조다.
① 계속적 용법의 which가 chores를 선행사로 받는다.
② a responsible man이 아이를 '다루는' 주체이므로 능동의 현재분사를 써서 수식했다.
③ 주어가 Memories이므로 복수동사 seem이 알맞다.
④ 주격보어 자리에 형용사 high가 알맞게 쓰였다.

해석 음악가였던 아버지는 매우 늦게, 대략 새벽 3시까지 일했기에 주말마다 늦잠을 잤다. 그 결과, 내가 어릴 때 나와 아버지는 별다른 관계를 쌓지 못했다. 잔디 깎기와 울타리 덤불 자르기 등 내가 싫어했던 허드렛일을 처리하라고 아버지가 내게 계속 닦달할 때를 빼면 말이다. 그는 무책임한 아이를 다루는 책임감 있는 사람이었다. 우리가 어떻게 소통했는가에 대한 기억이 지금의 내게는 우습게 느껴진다. 예컨대, 한번은 아버지가 나에게 잔디를 깎으라고 말했고, 나는 앞뜰만 하고 뒤뜰을 깎는 일은 미루기로 했는데, 그 뒤 며칠 동안 비가 내려서 뒤뜰의 잔디가 너무 길게 자라는 바람에 나는 그것을 낫으로 베어내야만 했다. 그 일은 너무 오래 걸려서, 내가 끝냈을 때쯤에는 앞뜰의 잔디가 너무 길어 깎기 어려워졌고, 그런 식이었다.

EXERCISE

A 01 ~할 때, ~하면서 (시간)
02 ~ 때문에 (이유)
03 ~ 이래로 (시간)
04 ~ 동안에 (시간)

B 01 don't use → use
02 during → while
03 because → because of
04 Despite → (Al)though

C 01 O
02 O
03 O
04 X (During → While)

p.81에서 본 예문

A	**B**	**C**
01 that	01 how	01 drinks were
02 What	02 Whether	02 if
03 that	03 which	03 that
04 that	04 what	04 that

p.83에서 본 예문

A	**B**	**C**
01 as	01 if	01 even if
02 as, because	02 while	02 As long as
03 caught	03 because of	03 What
04 while	04 Although	04 While

01 ③ 02 ④ 03 ② 04 ④ 05 ③ 06 ③ 07 ⑤ 08 ⑤
09 unless there are more customers
10 Since the construction ended   11 whether
12 even if 13 What 14 prove 15 because 16 that
17 if 18 While 19 that 20 that 21 ② 22 ① 23 ②

01 ③

해설 • ask(묻다)와 잘 어울려 쓰이는 명사절 접속사는 '~인지 아닌지'라는 의미의 whether이다. 뒤에 완전한 절이 나오므로 의문대명사인 what은 들어갈 수 없다.
• 현재분사와 어울려 '~하는 동안'의 의미를 나타내는 부사절 접속사는 while이다.

해석 그녀는 내가 자기를 위해 일해주는 데 관심이 있는지 물었다. / 그는 길을 따라 걷는 동안 먼지를 뒤집어 썼다.

02 ④

해설 • what A be like는 'A가 어떤지'라는 의미의 명사절이다. 전치사 like의 목적어가 없기 때문에 의문대명사 what이 들어간다는 것을 기억해 둔다.
• 길을 잃을 때를 '대비해서' 지도를 챙겨 다닌다는 의미에 맞게 in case를 써야 한다.
• 주절과 콤마로 분리된 부사절을 이끄는 접속사 자리이다. or not과 함께 쓰여 '~이든 아니든 간에'라는 의미를 나타내는 접속사는 Whether이다.

해석 학생들은 기말고사가 어떨 것인지 궁금했다. / 그녀는 길을 잃을 때를 대비해 지도를 가지고 다녔다. / 사실이든 아니든 간에, 그 소문은 주식 시장에 영향을 미칠 것이다.

03 ②

해설 the fact 뒤에 완전한 명사절이 나와 '사실'의 내용을 보충 설명하는

것으로 보아, 동격의 접속사가 필요하므로 which를 that으로 고쳐야 한다.
① '의문사+주어+동사' 어순의 간접의문문이 알맞다.
③ '~인지 아닌지'라는 의미의 명사절 접속사 if가 알맞게 쓰였다.
④ Whether(~인지 아닌지)가 이끄는 명사절이 주어로 알맞게 쓰였다. 이 Whether는 If로 바꿀 수 없다.
⑤ that절 주어 뒤에 단수동사 was가 알맞게 연결되었다.

해석 ① 난 옛날 학교 친구들이 다 어디 있는지 궁금해.
② 노력이 성공으로 이어진다는 사실을 아무도 부인할 수 없다.
③ 그가 내일 만날 시간이 되는지 내가 알아볼게.
④ 그가 제때 올 것인지는 불확실하다.
⑤ 그가 수영하는 법을 배운 적이 없다는 것은 크게 안타까웠다.

04 ④

해설 뒤에 '주어(his parents)+동사(watched)' 형태의 절이 나오는 것으로 보아 전치사 during 대신 접속사 while을 써야 한다.
① 조건 부사절에서 미래시제가 현재시제(snows)로 알맞게 대체되었다.
② '주어+현재완료 진행 ~, since(~한 이래로)+주어+과거 ~'가 알맞게 쓰였다.
③ 목적의 접속사 so that(~하기 위해, ~하도록)이 알맞게 쓰였다.
⑤ 이유의 접속사 Since(~ 때문에)가 알맞게 쓰였다.

해석 ① 눈이 온다면, 현장학습은 취소될 것입니다.
② 그녀는 대학생이었을 때부터 계속 영화 음악을 작곡해 왔다.
③ 그는 건강을 유지하기 위해 규칙적으로 뛴다.
④ 아기는 부모가 자신을 지켜보는 동안 평화롭게 잤다.
⑤ 머물 이유가 없었기에, 나는 떠나기로 결심했다.

05 ③

해설 'he put ~ fight'가 '주어+동사'로 구성된 절이므로, 전치사 Despite 대신 접속사 (Al)though를 써야 한다.
① 주절보다 먼저 있었던 일을 묘사하는 완료분사구문(having p.p.)이다.
② Jason이 '좌절감을 느끼는' 것이므로 감정유발동사의 과거분사형 frustrated가 알맞게 쓰였다.
④ 뒤에 완전한 절이 연결되므로 접속사 that이 알맞다.
⑤ '그것'이라는 의미의 지시대명사 that이다.

해석 경력상 가장 중요한 경기에서 막 지고서, Jason은 깊은 좌절감을 느꼈다. 그가 선전하기는 했지만, 그는 상대에게 완전히 밀렸다. Jason은 자신이 열심히 훈련했으며 최선도 다했다는 것을 알았지만, 그것이 결과를 바꾸지는 못했다.

06 ③

해설 'so ~ that …(너무 ~해서 …하다)' 구문의 that은 부사절 접속사이다.
① 진주어 역할의 명사절을 이끄는 명사절 접속사 that이다.
② 보어절을 이끄는 명사절 접속사 that이다.
④ 진목적어 역할의 명사절을 이끄는 접속사 that이다.
⑤ The proposal과 동격인 명사절을 이끄는 접속사 that이다.

해석 ① 그 회사가 재정적으로 탄탄하다는 것은 좋은 소식이다.
② 문제는 우리가 시간이 많다고 생각한다는 것이다.

③ 그녀는 몹시 창의적이어서 그녀의 예술작품은 매우 수요가 있었다.
④ 그들은 인터넷이 안 된다는 것을 좌절스럽게 여긴다.
⑤ 그 시스템이 바뀌어야 한다는 제안은 거부되었다.

07 ⑤

(해설) 부사절 접속사 when(~할 때)이다.
①③④ 목적절을 이끄는 의문부사 when이다.
② 진주어절을 이끄는 의문부사 when이다.

(해석) ① 그녀는 진실이 언제 폭로될지 의문이었다.
② 당신이 충분한 시간을 자는 한, 언제 잠드는지는 중요하지 않다.
③ 의사는 내게 언제부터 고통을 느끼기 시작했는지 물었다.
④ 다음 기차가 언제 우리 목적지로 떠나는지 확인해보자.
⑤ 밤이 되자, 도시가 환하게 밝혀졌다.

08 ⑤

(해설) • '~할 때'라는 의미의 접속사가 필요하다.
• 명사 앞에서 '~로서'라는 자격의 의미를 나타내는 전치사가 필요하다.

(해석) 그는 저녁을 준비하면서 직장에서 보낸 하루를 생각했다. / 교사로서, 그녀는 자기 학생들에게 존경을 받는다.

09 unless there are more customers

(해설) '~하지 않으면'은 접속사 unless의 해석이다. unless 뒤에는 긍정형 동사만 나오므로, 답은 unless there are more customers이다.

10 Since the construction ended

(해설) 'since+주어+과거 ~, 주어+현재완료 (진행) ~' 구문이다. end의 과거시제 ended를 사용해 Since the construction ended를 답으로 쓴다.

11 whether

(해설) 뒤에 or not이 나오므로 '~인지 아닌지'라는 의미의 whether가 적절하다.

(해석) 누군가 유명한지 아닌지를 여러분이 어떻게 아는지 스스로에게 묻는 것으로 시작해보라.

12 even if

(해설) '비록' 계획대로 되지 '않더라도' 긍정적인 태도를 유지할 것이라는 의미가 되도록 양보의 접속사 even if를 써주는 것이 적절하다.

(해석) 그녀는 상황이 계획대로 되지 않더라도 계속 긍정적일 것이다.

13 What

(해설) 앞에 선행사가 없고, 뒤에 나오는 brings me joy가 주어 없이 불완전한 문장이다. 따라서 선행사를 포함한 관계대명사 What이 적절하다.

(해석) "나를 기쁘게 하는 것은 누군가 연결을 갈망할 때 내가 들어주는 사람이 될 수 있다는 것입니다."

14 prove

(해설) unless가 이끄는 조건 부사절에서는 현재시제가 미래시제를 대신한다. 따라서 prove가 적절하다.

(해석) 당신이 당신의 가치를 입증하지 못한다면 승진하지 못할 것이다.

15 because

(해설) 삽입절인 'as ~ suggests'를 걷어내면 'the+비교급 ~, the+비교급 …(~할수록 더 …하다)' 형태의 절이 이어지는 것을 확인할 수 있다. 따라서 접속사 because가 적절하다.

(해석) 이 발견은 흥미로운데, 왜냐하면 과학에서 시사하듯이 우리에게 선택권이 더 많을수록 우리의 의사 결정 과정은 더 어려워질 것이기 때문이다.

16 that

(해설) 'he is ~ field'가 완전한 2형식 문장이므로 접속사 that이 적절하다. what 뒤에는 불완전한 절이 나와야 한다.

(해석) 그가 그 분야의 전문가인 것을 고려하면, 그는 탁월한 결과를 뽑아낼 것이다.

17 if

(해설) ask(묻다) 뒤에서 '~인지 아닌지'라는 의미의 명사절을 이끌어야 하므로 if가 적절하다. 이 if는 whether로 바꾸어도 무방하다.

(해석) 제 부탁을 혹시 들어주실 수 있는지 여쭤보려고 편지를 씁니다.

18 While

(해설) 뒤에 동사가 아닌 현재분사가 나오는 것으로 보아, '접속사+V-ing' 형태의 분사구문이 되도록 While을 써준다. she까지 나오려면 뒤에 worked 또는 was working과 같이 동사가 있어야 한다.

(해석) 편집자로 일하는 동안, 그녀는 Harlem Renaissance(흑인 예술 문화 부흥 운동)의 많은 유명한 작가들에게 영감을 주었다.

19 that

(해설) a belief 뒤에 '믿음'의 내용을 설명하는 완전한 동격절이 연결되므로 접속사 that을 써야 한다.

(해석) 당신이 진정으로 원하는 것은 무엇이든지 가질 수 있다는 믿음이 있는 문화에서, 선택에는 문제가 없다.

20 that

(해설) 'so ~ that …(너무 ~해서 …하다)' 구문의 that이 알맞다.

(해석) 우주의 끝이 아마도 너무 오래돼서, 우리가 그런 망원경을 갖고 있다면, 우리는 그 시작을 볼 수 있을지도 모른다.

21 ②

(해설) **(A)** his best efforts가 명사구이므로 전치사 Despite를 써야 적절하다.
(B) 동사 explains 뒤에 확실한 사실 내용을 제시하는 것이므로 접속사 that이 적절하다. whether는 주로 see, check, ask,

doubt 등 불확실한 내용을 궁금해하거나 확인하는 동사와 함께 쓰인다.

(C) 전치사의 목적어 자리이므로 동명사인 **knowing**이 적절하다.

애석 고장 난 보일러를 고치기 위해 애쓰는 어떤 남자에 관한 아주 오래된 이야기가 있다. 수개월에 걸친 최선의 노력에도 불구하고, 그는 고칠 수 없다. 결국 그는 포기하고 전문가를 부르기로 결심한다. 기사가 도착하여 보일러 옆쪽을 가볍게 두드리자 보일러가 작동하기 시작한다. 기사는 남자에게 청구서를 주고, 남자는 기사가 그 일을 하는 데 얼마 걸리지도 않았기 때문에 적은 돈만 내야겠다고 주장한다. 기사는 남자가 보일러를 치는 데 걸린 시간이 아니라 정확히 어디를 쳐야 할지 아는 데 수반된 여러 해의 경력에 돈을 지불하는 것이라고 설명한다. 전문 기사가 보일러를 두드리는 것과 마찬가지로, 효과적인 변화는 많은 시간이 들 필요는 없다. 사실, 그것은 흔히 그저 정확히 어디를 쳐야 할지 아는 것의 문제이다.

22 ①

애설 전치사 뒤에 '~인지 아닌지'라는 의미의 명사절을 연결할 때는 if와 whether 중 **whether**만 쓴다.

② 'so ~ that …(너무 ~해서 …하다)' 구문의 **that**이다.

③ **would have cost**의 직접목적어 자리인데, 뒤에 **you are paying now**와 같이 목적어가 빠진 불완전한 절이 나오므로, 선행사를 포함한 관계대명사 **what**(~것)을 써서 연결한다. **four hundred times**는 배수사로, 직접목적어를 보충 설명한다.

④ 부정어구 **Not only**가 문장 맨 앞에 나와 주어와 동사가 의문문 어순으로 도치된 형태이다.

⑤ '주어+조동사 과거형+동사원형 ~, 주어+had p.p. ~' 형태의 혼합 가정법 문장이다. 이는 과거 상황이 달랐다면 현재의 결과 또한 달랐으리라는 의미를 나타낸다.

해석 기본적인 뭔가의 가격이 크게 하락할 때, 온 세상이 바뀔 수 있다. 조명을 생각해 보자. 아마 여러분은 어떤 유형의 인공조명 아래에서 이 문장을 읽고 있을 것이다. 또한, 여러분은 독서를 위해 인공조명을 이용하는 것이 그럴 만한 가치가 있는지 아마 생각해 본 적이 없을 것이다. 조명 값이 너무 싸기 때문에 여러분은 생각 없이 그것을 이용한다. 하지만 1800년대 초반에는 오늘날 같은 양의 조명에 여러분이 지불하고 있는 것의 400배만큼의 비용이 들었을 것이다. 그 가격이면, 여러분은 비용을 의식할 것이고 책을 읽기 위해 인공조명을 이용하기 전에 다시 한번 생각할 것이다. 조명 가격의 하락은 세상을 밝혔다. 그것은 밤을 낮으로 바꾸었을 뿐 아니라, 자연광이 들어올 수 없는 큰 건물에서 우리가 살고 일할 수 있게 해 주었다. 만약 인공조명의 비용이 거의 공짜 수준으로 하락하지 않았더라면 우리가 오늘날 누리는 것 중에 거의 그 무엇도 가능하지 않을 것이다.

23 ②

애설 간접의문문의 어순은 '의문사+주어+동사'이다. 따라서 **are the eggs**를 **the eggs are**로 바꿔야 한다.

① **prove**의 목적절을 연결하는 접속사 **that**이다. **to you**가 짧은 부사구이므로 목적어 앞에 위치했다.

③ **could** 뒤에 **tell me**가 생략되었다.

④ '의문사+to부정사'구이다.

⑤ 'make it+목적격보어+to부정사 ~' 형태의 5형식 가목적어 구문이다. 진목적어 **to memorize** 앞의 **for you**는 의미상 주어이

다.

애석 우리는 어떻게 우리 아이들이 폭넓은 정보를 기억하도록 가르칠 수 있을까? 모든 사람은 반복에 의한 암기를 통해 많은 양의 정보를 저장, 관리, 기억하도록 만들어진 두뇌를 지닌 잠재적인 천재라는 것을 여러분에게 증명하겠다. 여러분이 가장 많이 쇼핑하는 식료품점을 상상해 보라. 내가 여러분에게 달걀이 어디 있는지 말해 달라고 한다면, 그렇게 할 수 있겠는가? 당연히 여러분은 그럴 수 있을 것이다. 보통의 식료품점에는 1만 개가 넘는 품목을 취급하지만, 여러분은 그 물건 대부분을 어디에서 찾아야 하는지 재빨리 말할 수 있다. 왜 그럴까? 그 가게는 범주별로 정리되어 있으며, 여러분은 그 가게에서 반복적으로 쇼핑했다. 다시 말해서, 여러분은 그 정리된 물건을 계속 봤고, 범주에 의한 배열은 여러분이 그 가게의 배치를 기억하기 쉽게 해 준다. 여러분은 한 매장에서만 1만 가지 품목을 범주화할 수 있다.

STEP ① 수능 어법 핵심 이론 총정리

p.91

기출+응용 문제로 핵심 어법 연습

정답 ⑤

해설 선행사인 a praise lover가 단수명사이므로, 주격 관계대명사 뒤에 단수동사 becomes를 써야 한다.

① 뒤에 '주어+동사'가 나오므로 접속사 Just as가 알맞다.

② sound의 보어로 형용사 positive가 적절히 쓰였다.

③ 앞에 on의 목적어 역할을 할 선행사가 없고, 뒤의 she did 는 목적어가 빠진 불완전한 문장이므로 선행사를 포함한 관계대명사 what이 알맞다.

④ from A to B의 A, B는 명사구이므로 동명사 pleasing을 썼다.

해석 "네가 참 자랑스럽구나"라는 칭찬에서 잘못된 점은 뭘까? 많다. 자녀에게 거짓된 칭찬을 하는 것이 잘못된 판단인 것과 마찬가지로, 자녀의 모든 성취에 보상하는 것 또한 실수이다. 보상이 꽤 긍정적으로 들리기는 하지만, 그것은 종종 부정적인 결과를 낳을 수 있다. 그것이 배움의 즐거움을 앗아갈 수 있기 때문이다. 만약 당신이 자녀의 성취에 지속적으로 보상해준다면, 자녀는 보상을 받기 위해 한 일보다도 보상을 받는 것에 더 집중한다. 자녀의 즐거움의 초점은 배움 그 자체를 즐기는 것에서 당신을 기쁘게 하는 것으로 옮겨 간다. 만약 당신이 자녀가 글자를 알아볼 때마다 박수쳐 준다면, 자녀는 결국 알파벳을 배우는 것 그 자체에는 관심을 덜 두고 당신의 박수 소리를 듣는 데 더 관심을 두는 칭찬 애호가가 될 수도 있다.

EXERCISE

A
01 ~ some plants [that eat insects to survive].
  선행사   관계대명사절

02 Participants [who complete all the activities] ~
   선행사   관계대명사절

03 An old man [whom society would consider a
   선행사   관계대명사절
   beggar] ~

04 ~ this special program [which will ~ three hours].
   선행사   관계대명사절

B
01 X (that you see → what you see)

02 X (died → who died)

03 X (in that → in which)

04 X (whom → whose)

C
01 that → what

02 with → with whom

03 shines → that[which] shines 또는 shining

04 that → which

---

p.93

기출+응용 문제로 핵심 어법 연습

정답 (A) that (B) tend (C) where

해설

(A) has a shared purpose는 주어가 없는 불완전한 문장이므로, 주격 관계대명사 역할을 할 수 있는 that이 적절하다.

(B) that절의 주어가 people이므로 tend가 적절하다. 'who ~ others'는 주어를 꾸미는 형용사절이고, such as volunteering은 삽입구이다.

(C) 뒤에 'they receive support and help ~'라는 완전한 문장이 나오므로 관계부사 where가 적절하다.

해석 Jacqueline Olds 교수에 따르면, 외로운 환자들이 친구를 사귈 한 가지 확실한 방법이 있다. 공동의 목적을 가진 집단에 가입하는 것이다. 이것은 외로운 사람들에게는 아마 어려운 일이겠지만, 연구에 따르면 도움이 될 수 있다. 여러 연구에 따르면 자원봉사와 같이 다른 사람에게 도움이 되는 일을 하는 사람이 더 행복한 경향이 있다. 자원봉사자들은 다른 사람들을 도우면서 자신의 사회적 관계망을 풍부하게 하는 데 만족감이 있다고 보고한다. 자원봉사는 두 가지 방식으로 외로움을 줄이는 데 도움이 된다. 우선, 외로운 사람은 다른 사람을 도와주는 일로부터 혜택을 받을지도 모른다. 또한 그들은 자기 자신의 사회적 관계망을 형성하는 데 지지와 도움을 받는 자원봉사 프로그램에 참여하는 데서 이득을 볼지도 모른다.

EXERCISE

A
01 when

02 how

03 where

04 why

B
01 which → where 또는 in which

02 however → whatever

03 Whatever → Wherever

04 the way how → the way 또는 how

C
01 O

02 O

03 X (which → where)

04 O

p.91에서 본 예문

A	B	C
01 eat	**01** what	**01** what
02 that, who	**02** who died	**02** with whom
03 who, whom	**03** in which	**03** that shines
04 which	**04** whose	**04** which

p.93에서 본 예문

A	B	C
01 when	**01** where	**01** when
02 how	**02** whatever	**02** why, that
03 where	**03** Wherever	**03** where
04 why	**04** the way, how	**04** wherever

01 ① **02** ② **03** ④ **04** ④ **05** ③ **06** ⑤ **07** ④ **08** ⑤
09 that[who] inspired me to study literature
10 whose shape looks like a boot **11** that **12** whose
13 who **14** in which **15** which **16** with whom **17** what
18 Whatever **19** which **20** what **21** ② **22** ④ **23** ⑤

01 ①

해설 • 뒤에 나오는 it rains가 완전한 1형식 문장이므로 복합관계대명사인 Whatever는 불가능하다. 문맥을 따져보면, '~할 때마다'가 적합하므로 정답은 Whenever이다.
• 뒤에 주어 없는 불완전한 절이 나오므로 관계대명사 자리이다. 따라서 that이 적절하다.

해석 비가 올 때마다 길이 미끄러워진다. / 나는 평생처럼 느껴지는 잠깐의 공포를 경험했다.

02 ②

해설 • 앞에 시간의 선행사 the month가 나오고 뒤에 자동사 begins가 포함된 완전한 문장이 연결되므로 관계부사인 when이 적절하다.
• 앞에 선행사가 없고 뒤에도 say and do의 목적어가 없는 불완전한 절이 연결되므로 What이 적절하다.
• 뒤에 주어 없이 동사로 시작하는 불완전한 문장이 나오므로 that이 적절하다. what은 선행사가 없을 때 사용 가능하다.

해석 한국에서 3월은 새로운 학년이 시작되는 달이다. / 여러분이 말하고 행하는 것은 여러분의 성격을 드러낸다. / Romeo는 그에게 잘 어울리는 역할이야!

03 ④

해설 관계대명사 that은 전치사 뒤에 나올 수 없으므로 to that을 to which로 고쳐야 한다. 혹은 전치사 to를 was referring 뒤로 이

동시키면 that을 남기고 that I was referring to라고 쓸 수 있다.
① 이유의 선행사 the reason 뒤에 why가 알맞게 쓰였다.
② 시간의 선행사 the year 뒤에 when이 알맞게 쓰였다.
③ 시간의 선행사 the day 뒤에 when이 알맞게 쓰였다.
⑤ Paris를 보충 설명하기 위해 where가 계속적 용법으로 쓰였다. 이때 where는 '~ 그리고 여기서'의 의미로 해석한다.

해석 ① 그가 세미나를 놓친 이유를 보고했나요?
② 2015년은 내가 초등학교에 들어간 해였다.
③ 목요일은 전통적으로 영국에서 투표하는 날이다.
④ 내가 말했던 그 식당은 문을 닫았다.
⑤ 그는 파리로 이사했고, 거기서 여생을 보냈다.

04 ④

해설 we received the most impressive application이 '주어+동사+목적어'를 갖춘 완전한 문장이므로 앞에 관계대명사 whom을 단독으로 쓸 수 없다. 문맥상 '학생에게서' 인상을 받은 것이므로 whom 앞에 전치사 from을 써주어야 한다.
① 목적격 관계대명사 that 뒤로 목적어 없이 '주어+동사+부사구'만 있는 문장이 알맞게 연결되었다.
② 앞에 선행사가 없고 뒤에 to get의 목적어가 빠진 불완전한 문장이 나오므로 What이 알맞게 쓰였다.
③ 선행사 Designers가 복수명사이므로 who 뒤에 복수동사 work가 알맞게 연결되었다.
⑤ 'to apologize ~ mistake'를 받는 계속적 용법의 which가 알맞게 쓰였다. which 뒤에는 to do의 목적어가 없는 불완전한 문장이 연결되었다.

해석 ① 네가 중고가게에서 산 토스터기가 작동하지 않아.
② 소년이 자기 생일에 받고 싶은 것은 전기 자전거였다.
③ 패션계에서 일하는 디자이너들은 최신 유행에 발맞출 필요가 있다.
④ 장학금은 우리가 가장 좋은 인상을 받은 학생에게 수여됐습니다.
⑤ 그녀는 그에게 실수에 대해 사과하라고 했는데, 그는 그렇게 하기를 거부했다.

05 ③

해설 that은 콤마 뒤에 나올 수 없으므로 대신 who(m)를 써야 한다.
① 앞에 사람 선행사가 있고 뒤에 with의 목적어가 없는 문장이 연결되므로 목적격 관계대명사 역할을 할 수 있는 who를 썼다. whom을 써도 알맞다. 단 with가 앞으로 나가면 whom만 써야 한다.
② 전치사 since(~한 이후로)가 알맞게 쓰였다.
④ looked의 보어인 형용사 perfect가 어법상 맞다.
⑤ 분사구문(~하면서)이 알맞게 쓰였다.

해석 Charlie는 내가 어릴 때부터 계속 친구인 남자애다. 지난주 그는 Shiela와 결혼했는데, 내가 2년 전에 그와 소개팅을 시켜줬다. 그 커플은 완벽하게 어울렸다. 그들이 결혼식을 올리는 것을 보면서 나는 행복했다.

06 ⑤

해설 <보기>의 복합관계대명사 Whatever(~한 것은 무엇이든)는 주어 역할의 명사절을 이끈다. ⑤ 또한 Whoever(~하는 사람은 누구든)가 이끄는 절이 주어 역할을 한다.

35

① 복합관계대명사 Whatever(무엇이 ~하든 간에)가 부사절을 이끈다.
② 복합관계부사 Whenever(~할 때마다)가 부사절을 이끈다.
③ 복합관계대명사 Whoever(누가 ~하든 간에)가 부사절을 이끈다.
④ 복합관계부사 However(얼마나/아무리 ~하든 간에)가 부사절을 이끈다.

해석 현실에서 일어나는 무엇이든 당신의 마음을 반영한다.
① 당신이 무엇을 믿든 간에, 그것을 지지하라.
② 무지개를 볼 때마다, 나는 행복과 희망을 느낀다.
③ 누가 탁자에 핸드폰을 두고 갔든 간에, 다시 와서 가져가라.
④ 얼마나 오래 걸리든 간에, 당신의 꿈을 추구해야 한다.
⑤ 사무실을 마지막으로 나가는 사람은 누구든 불을 꺼주세요.

07 ④

해설 '전치사+관계대명사'에서 관계대명사는 단독으로 생략 불가하다. 참고로 전치사 for는 grateful for(~에 감사하는)에서 나왔다.
① '주격 관계대명사+be동사'는 생략 가능하다.
② 이유의 선행사 the reason 뒤의 why는 자유롭게 생략된다.
③ 일반적 선행사 the place는 생략 가능하다.
⑤ 전치사가 앞에 없는 목적격 관계대명사는 자유롭게 생략된다.

해석 ① Lee는 종이에 스케치하고 있는 남자다.
② 그가 요가를 하는 이유는 내적 평화를 찾기 위해서다.
③ 나는 드디어 내가 차를 세웠던 장소를 찾았다.
④ 당신이 고마워하는 사람들의 목록을 작성해 보라.
⑤ 오염은 우리 모두가 안고 사는 문제이다.

08 ⑤

해설 • 목적격 관계대명사 자리이다.
• 진주어를 연결하기 위한 명사절 접속사 자리이다.
• boy를 수식하는 지시형용사 자리이다. 세 자리에 모두 적합한 말은 that이다.

해석 우리가 함께 본 노을은 너무나 멋졌다. / 세상 그 어느 것도 확실하지 않다는 것이 확실하다. / 자기 머리를 민 저 소년을 봐!

09 that[who] inspired me to study literature

해설 선행사에 the very가 있으므로 that을 써야 하지만, who를 써도 된다. 뒤이어 'inspire+목적어+to부정사' 구문을 활용하면 정답은 that[who] inspired me to study literature이다.

10 whose shape looks like a boot

해설 선행사인 a country의 소유격을 나타내기 위해 관계대명사 whose를 써야 한다. 이어서 '모양'에 해당하는 shape를 써준 뒤, 'look like+명사'에 맞춰 looks like a boot를 연결한다.

11 that

해설 앞에 선행사가 있으므로 that을 써야 한다. what은 선행사가 없을 때 쓴다.

해석 탁자에 놓인 음식은 당신의 식단에 큰 영향을 미친다.

12 whose

해설 문맥상 'The woman의' 자동차라는 의미를 나타낼 수 있도록 소유격 관계대명사 whose를 써야 한다.

해석 차가 고속도로에서 망가진 그 여자는 지나가던 운전자에게 도움을 받았다.

13 who

해설 선행사가 the expedition이 아닌, The leader이므로 사람을 받을 수 있는 who가 적절하다.

해석 수년간 극한 기후 조건에서 경험을 쌓은 탐험대장은 폭풍을 뚫고 팀을 안전하게 이끌었다.

14 in which

해설 뒤에 '주어+동사+목적어'가 모두 갖춰진 2개의 문장이 연결된 것으로 보아, '전치사+관계대명사' 형태의 in which가 적절하다.

해석 당신이 미소를 보았는데 그것이 진짜가 아니라고 느낄 수 있었던 경우들이 있었다.

15 which

해설 콤마 앞뒤로 절이 연결되므로 접속사가 필요한데, 동시에 galleries를 대신하는 대명사도 필요하다. 따라서 관계대명사인 which가 적절하다.

해석 그 박물관에는 갤러리가 몇 군데 있는데, 각각 서로 다른 예술사적 시기를 보여준다.

16 with whom

해설 'we ~ relationships'가 '주어+동사+목적어'를 모두 갖춘 완전한 문장이므로, '전치사+관계대명사' 형태의 with whom이 적절하다.

해석 우리가 안정적인 사회적 관계를 지속할 수 있는 사람들의 수는 우리의 뇌에 의해 자연적으로 제한될 수도 있다.

17 what

해설 앞에 on의 목적어 역할을 할 선행사가 없고, 뒤에도 had covered의 목적어가 없는 불완전한 문장이 연결된 것으로 보아 what이 적절하다.

해석 저녁이 되어 헤어질 때 우리는 우리가 그날 다룬 것을 되돌아봤다.

18 Whatever

해설 happens의 주어가 없으므로 복합관계대명사인 Whatever를 써야 한다. Whenever 뒤에는 완전한 문장이 나온다.

해석 좋든 나쁘든 무슨 일이 있든 간에, 적절한 태도가 차이를 낳는다.

19 which

해설 콤마 뒤에 that은 쓸 수 없으므로 which를 써야 한다. 이 which는 '80퍼센트'라는 비율에 관해 보충 설명한다.

해석 미국에서는 거의 80퍼센트의 응답자가 자선 단체에 돈을 기부했는데, 이것은 6개국 가운데 가장 높았다.

20 what

해설 앞에 of의 목적어 역할을 할 선행사가 없고, 뒤에도 have의 목적어가 없는 불완전한 문장이 연결된 것으로 보아 what이 적절하다.

해석 남이 가진 것을 부러워하는 것은 당신을 불행하게 만드는 데 일조할 뿐이다.

21 ②

해설 (A) 앞에 look at의 목적어 역할을 할 선행사가 없고, 뒤에도 frustrates or upsets의 주어가 없는 불완전한 문장이 연결된 것으로 보아 what이 적절하다.

(B) 콤마 앞이 목적의 부사구이고, 새로운 절이 시작되고 있다. 뒤에 따로 술어가 나오지 않는 것으로 보아, 동사원형인 reflect를 써서 명령문을 만들어주어야 문장이 성립한다. 참고로 'you've written ~'은 목적격 관계대명사가 생략된 형용사절이다.

(C) you가 '짜증을 느끼는' 상황이므로 annoyed를 써야 한다. annoying을 쓰면 '짜증을 유발하는' 주체임을 나타낸다.

해석 당신의 가치관을 알아보는 방법 중 하나는 무엇이 당신을 좌절시키고 화나게 하는지를 살펴보는 것이다. 화는 종종 무시된 가치나 방향이 엇나간 열정을 나타낸다. 당신이 매우 화가 났거나 좌절했던 특정한 때를 생각해 보라. 그 상황에서 무엇이 당신을 가장 화나게 했는가? 그것들에 관해 기술해 보라. 당신의 가치관을 찾으려면, 무엇이 당신에게 가장 중요한 것인지에 집중하려고 당신이 적었던 단어나 어구를 곰곰이 생각해 보라. 예를 들어, 만약 누군가 혼자 알아낼 수도 있는 것에 관해 당신에게 질문할 때 화가 난다면, 아마도 당신은 풍부한 지력, 자립심, 혹은 알아서 처리하기를 중시하는 것이다.

22 ④

해설 문맥상 the bone을 꾸미는 수식어구 자리이므로, is shared 앞에 주격 관계대명사인 that을 써주어서 형용사절로 만들어야 한다. 혹은, is shared에서 is를 지워서 과거분사만 남겨도 어법상 맞다.
① others의 소유격을 나타내는 복수대명사 their가 적절하다.
② 선행사가 a simple matter이므로, 주격 관계대명사 that 뒤에 단수동사 does가 적절히 연결되었다.
③ 'spend+시간+동명사' 구문이므로 동명사 volunteering이 적절히 쓰였다.
⑤ when절의 주어인 those times가 '희생을 요구하는' 주체이므로 현재분사가 알맞게 쓰였다. 동사는 come along이다.

해석 노력이 들어가는 다른 어떤 것과 마찬가지로, 연민은 연습이 필요하다. 우리는 곤경에 빠진 다른 사람들과 함께하는 습관을 기르는 데 매진해야 한다. 때때로 도움을 주는 것은 우리의 일상에서 벗어나지 않는 단순한 일이다. 즉 낙담한 사람에게 친절한 말을 해주는 것을 기억하거나(잊지 않고 친절한 말을 해주거나), 가끔 가장 좋아하는 대의명분을 위해 자원봉사를 하며 토요일을 보내는 것이다. 다른 경우, 남을 돕는 것은 진정한 희생을 수반한다. Jack London은 "개에게 뼈를 주는 것은 자선이 아니다. 당신이 딱 개만큼 배가 고플 때 그 개와 함께 나누는 그 뼈가 자선이다."라고 했다. 만약 우리가 다른 사람들을 돕기 위해 여러 작은 기회를 갖도록 연습하면, 우리는 진정한 힘든 희생이 필요한 시기가 올 때 행동할 준비가 되어 있을 것이다.

23 ⑤

해설 콤마 앞뒤로 문장이 연결되므로 접속사가 필요하고, 앞에 있는 the models를 대신하는 대명사도 필요하다. 따라서 접속사 기능을 할 수 없는 인칭대명사 them 대신, '접속사+대명사'의 역할을 하는 관계대명사 whom을 써야 한다.
① 'time+to부정사(~할 시간)' 구문이다.
② being이 생략된 분사구문이다. 원래 문장은 'as we were afraid ~'인데, 먼저 접속사와 주어가 생략되고, were가 being으로 바꿨다가 생략하자 형용사 보어 afraid만 남은 것이다.
③ minutes가 '남겨진' 대상이므로 과거분사 left가 알맞게 쓰였다.
④ '(이미) ~한 것으로 보이다'라는 의미를 나타내기 위해 seem to have p.p. 형태가 쓰였다.

해석 몇 시간 뒤 — 허리는 앉아 있어서 아프고, 머리는 스타일링된 채로 말랐으며, 거의 안 보이는(아주 옅은) 화장을 다 했을 때 — Ash가 내게 드레스로 갈아입을 시간이라고 말한다. 내가 먹는 다과가 우연히 드레스에 떨어져 얼룩을 남길까 두려워 우리는 마지막 순간까지 기다리고 있다. 쇼가 시작될 때까지 30분밖에 남지 않았고, Ash를 괴롭히던 초조함이 그녀에게서 (이미) 빠져나와 새로운 희생자로 나를 선택한 것 같다. 내 손바닥에서 땀이 나고, 나는 몹시 긴장된다. 거의 모든 모델이 준비를 마쳐서, 일부 모델은 19세기 복장을 이미 입은 상태다. Ash가 내 코르셋을 조인다.

STEP **1** 수능 어법 핵심 이론 총정리

p.101

기출+응용 문제로 **핵심 어법** 연습

정답 ①

해설 '수사+명사'가 연결된 복합형용사에서, 수사 뒤 명사는 항상 단수형으로 쓰인다. 따라서 years를 year로 고쳐야 한다.
② 콤마로 분리된 주절을 보충 설명하는 분사구문이다. 의미상 주어 his mom이 '기다리는' 주체임을 나타낸다.
③ 'tell+목적어+to부정사'의 5형식 구문이다.
④ 전치사 like(~처럼)이다. 뒤에 명사구가 나왔다.
⑤ 기대감이 '사라지기' 전에 '느꼈던' 것이므로 had felt가 과거완료 시제로 쓰였다.

해석 11살 소년 Ryan은 최대한 빨리 집으로 달려갔다. 마침내, 여름 방학이 시작되었다! 그가 집으로 들어갔을 때 그의 엄마는 냉장고 앞에 서서 그를 기다리고 있었다. 그녀는 그에게 가방을 싸라고 말했다. Ryan의 심장이 풍선처럼 날아올랐다. '왜 가방을 싸지? 우리 디즈니랜드라도 가나?' 그는 마지막으로 부모님이 자신을 데리고 휴가를 갔던 때가 기억나지 않았다. 그의 두 눈이 반짝거렸다. "너는 Tim 삼촌과 Gina 숙모와 함께 여름을 보내게 될 거야." Ryan은 불만의 신음을 냈다. "여름 내내요?" "그래. 여름 내내." 그가 느꼈던 기대감이 순식간에 사라졌다. 끔찍한 3주 내내, 그는 숙모와 삼촌의 농장에서 지내게 될 것이었다. 그는 한숨을 쉬었다.

p.103

기출+응용 문제로 **핵심 어법** 연습

정답 ③

해설 앞에서 식당을 두 곳으로(two empty restaurants)한 정한 후, 둘 중 한 곳을 먼저 언급하고(the empty one) 하나 남은 특정한 식당을 언급하는 문맥이다. 따라서 ③에는 another 대신 the other를 쓴다.
① 앞의 단수명사 a restaurant를 가리키는 단수대명사이다.
② 의문형용사 which는 '(주어진 선택사항 중) 어떤'이라는 의미가 있다.
④ 일반적인 '타인, 다른 사람들'을 언급하는 Others이다.
⑤ 식당 안에 이미 들어가 있는 '다른 여덟 명 전부'를 가리키는 것이므로 the other eight가 알맞게 쓰였다.

해석 어떤 식당이 대체로 붐빈다는 것을 알게 되면 우리가 그 식당에서 식사할 가능성이 더 크다. 아무도 우리에게 어떤 식당이 좋다고 말하지 않을 때조차도, 우리의 무리 행동은 우리의 의사를 결정한다. 당신이 두 곳의 텅 빈 식당 쪽으로 걸어가고 있다고 가정하자. 당신은 어느 곳에 들어가야 할지 모른다. 하지만, 갑자기 당신은 여섯 명의 무리가 둘 중 한 식당으로 들어가는 것을 보게 된다. 텅 빈 식당 혹은 나머지 식당 한 곳, 둘 중 어느 식당에 당신이 들어갈 가능성이 더 높겠는가? 대부분의 사람들은 사람들이 있는 식당에 들어갈 것이다. 당신과 친구가 그 식당에 들어간다고 가정하자. 이제, 그 식당 안에는 여덟 명이 있다. 다른 사람들은 한 식당은 텅 비어 있고 다른 식당은 여덟 명이 있는 것을 보게 된다. 그래서, 그들도 나머지 여덟 명과 같은 행동을 하기로 결정한다.

EXERCISE

A
01 the
02 a
03 the
04 a

B
01 O
02 X (a second → the second)
03 X (by the subway → by subway)
04 X (are → is)

C
01 such beautiful a city → such a beautiful city
또는 so beautiful a city
02 play violins → play the violin
03 twenty-dollars → twenty-dollar
04 clothings → clothing

EXERCISE

A
01 the other
02 another
03 others
04 One

B
01 Another → The other
02 my → mine
03 you → yourself
04 other → others

C
01 O
02 O
03 O
04 X (other → the other)

p.101에서 본 예문

A	B	C
01 the	**01** go to bed	**01** such a
02 a	**02** the	**02** the violin
03 the	**03** by subway	**03** twenty-dollar
04 a	**04** is	**04** clothing

p.103에서 본 예문

A	B	C
01 the other	**01** is	**01** herself
02 another	**02** friend of mine	**02** another
03 others	**03** yourself	**03** one
04 One	**04** others	**04** the other

01 ② **02** ① **03** ③ **04** ④ **05** ④ **06** ④ **07** ⑤
08 the other → another, a third → the third[the other]
09 The rich and the poor think differently
10 heals a broken one **11** bus **12** focuses **13** was
14 is **15** the other **16** himself **17** slices of cake
18 them **19** the **20** others **21** ⑤ **22** ⑤ **23** ⑤

01 ②

(해설) • this sweater를 그대로 대신할 대명사가 필요하므로 '그것'이라는 의미의 it이 적절하다.
• car를 대신하되 red라는 형용사의 수식을 받을 수 있는 부정대명사가 필요하므로 one이 적절하다. it은 수식어구를 동반할 수 없다.

(해석) 나 이 까만 스웨터 입었을 때 어때? 지난주에 세일해서 샀어. / 전 이 차가 정말 마음에 드네요. 빨간색 있을까요?

02 ①

(해설) • 'each of+복수명사'는 단수 취급하므로 has가 적절하다.
• 'every+단수명사'는 단수 취급하므로 was가 적절하다.
• 'all+복수명사'는 복수 취급하므로 were가 적절하다. of encouragement가 복수명사구인 his words를 꾸민다.

(해석) 그의 아들들은 각자 자기 방을 가지고 있다. / 모든 소녀가 작은 가방을 받았다. / 그의 격려의 말들은 다 내게 큰 위안이 되었다.

03 ③

(해설) 상자 다섯 개 중 세 개를 언급하고, 남은 두 개를 모두 지칭하는 상황이다. 따라서 특정한 복수의 대상을 지칭할 수 있는 the others를 써야 한다.
① 일반 사람을 언급하는 one이다. 이 one은 해석상으로는 생략할 때가 많다.

② 태블릿 두 대 중 하나를 one, 나머지를 the other로 자연스럽게 언급했다.
④ 사람들 중 등산을 좋아하는 불특정한 일부를 Some으로 가리킨 후, 또 다른 불특정한 일부를 others로 적절하게 가리켰다.
⑤ new라는 수식어를 동반할 수 있는 부정대명사 one이 적절히 쓰였다.

(해석) ① 성공하고 싶다면, 계속 집중하는 것이 중요하다.
② 우리는 태블릿이 두 대 있다. 하나는 내 것이고, 다른 하나는 우리 오빠 것이다.
③ 여기 상자가 다섯 개 있는데, 나는 세 개밖에 못 들어. 나머지를 다 가져와 줘.
④ 사람들은 여러 다양한 취미를 즐긴다. 어떤 사람들은 등산을 좋아하고, 또 어떤 사람들은 스노보드를 좋아한다.
⑤ 네 낡은 스마트폰을 새로운 거로 바꿔야겠네.

04 ④

(해설) iced tea는 셀 수 없는 명사이므로 직접 복수 어미를 붙이지 않고, 단위명사 glass에 복수형을 붙여 수를 헤아린다. 따라서 three glass of iced teas를 three glasses of iced tea로 고쳐야 한다.
① 교통수단 앞에 관사가 붙지 않은 by subway가 올바르다.
② '충고 한 마디'를 '단위명사+of+추상명사' 형태의 a piece of advice로 알맞게 썼다.
③ 대표단수를 나타내는 정관사 The가 주어 앞에 알맞게 쓰였다.
⑤ 식사명 앞에 관사가 붙지 않은 have breakfast가 올바르다.

(해석) ① 우리는 돈을 좀 아끼기 위해 지하철로 여행을 다니기로 했다.
② 네게 충고 한 마디 해줄 수 있어 기뻐.
③ 웰시코기는 많은 사람들의 마음을 사로잡는 종이다.
④ 그녀는 레몬 조각을 넣은 아이스티를 세 잔 주문했다.
⑤ 너 보통 아침 몇 시에 먹어?

05 ④

(해설) 문맥상 ④가 포함된 문장은 경찰이 '용의자를' 믿어주지 않았다는 의미이다. 즉 didn't believe의 주어와 목적어가 서로 다르다. 이때는 재귀대명사를 쓰지 않아도 되므로, himself를 him으로 고쳐야 한다.
① 전치사의 목적어인 동명사이다.
② found의 목적격보어인 현재분사이다.
③ 명사절 접속사 that이다.
⑤ the accused가 '유죄라고 밝혀진' 대상이므로 was found가 수동태로 쓰였다.

(해석) 경찰은 심야에 동네 식료품점에 침입한 혐의로 한 용의자를 체포했다. 그들은 그 용의자가 자기 배낭에 고기 꾸러미 여러 개를 쑤셔 넣으려 하는 것을 발견했다. 피의자는 그저 잠잘 곳을 찾고 있었던 거라고 주장했지만, 경찰은 그의 말을 믿지 않았다. 재판 끝에, 피고인은 고기를 훔치려 한 혐의로 유죄를 선고받았다.

06 ④

(해설) '~마다'의 의미를 갖는 관사는 a(n)이다.
① 서수 앞에는 정관사 the를 쓴다.
② 'the+형용사(~한 사람들)' 용법이다.

③ 신체 부위 앞에는 정관사 the를 쓴다.
⑤ 유일한 대상 앞에는 정관사 the를 쓴다.

해석 ① K2는 세계에서 2번째로 높은 산이다.
② 젊은 사람들은 성장 잠재력이 크다.
③ 누군가 내 어깨를 톡톡 쳤다.
④ 나는 건강을 유지하기 위해 일주일에 4번 체육관에 간다.
⑤ 북극점은 지구의 북쪽 끝을 가리킨다.

07 ⑤

해설 '직장에 가다'는 go to work와 같이 관사 없이 쓴다.
① 'every+단수명사'가 주어이므로 단수동사 has로 고치는 것이 타당하다.
② 명사 color를 꾸미면서 앞에 나온 an umbrella의 소유격을 나타내는 대명사가 필요하므로 Its로 고치는 것이 타당하다.
③ 일반 사람을 나타내는 대명사 one 앞에는 관사를 붙이지 않는다.
④ 'every+복수명사'는 '~마다'라는 의미로 특정 행위가 일어나는 주기를 묘사한다.

해석 ① 모든 팀원이 프로젝트의 성공에 기여해야 한다.
② 나 우산 가져왔어. 그것의 색깔은 까만색이야.
③ 사람들은 타인의 의견을 존중해야 한다.
④ 신발은 2주마다 화요일에 수거될 예정입니다.
⑤ 사람들이 뭐 때문에 일하러 간다고 생각하니?

08 the other → another, a third → the third[the other]

해설 세 명의 이모 중 처음 한 명을 One으로 언급한 후, 두 이모 중 '또 다른' 한 명을 언급하는 문맥에 맞춰 the other를 another로 고쳐야 한다. 또한 '셋째'를 나타내는 서수 앞에는 정관사를 써야 하므로 a third를 the third로 고친다. 이때 셋째 이모는 다른 두 이모를 언급하고 반드시 하나로 지정되는 특정 대상이기도 하므로, the other로 지칭해도 된다.

해석 난 이모가 세 명 있어. 한 명은 간호사로 일하고, 다른 한 명은 작은 가게를 운영하고, 나머지(셋째) 이모는 대학생이야.

09 The rich and the poor think differently

해설 정관사 the와 형용사를 함께 붙이면 '~한 사람들'의 의미가 되고, 이것이 주어 자리에 나오면 복수 취급한다. 따라서 The rich and the poor think differently가 답으로 적절하다.

10 heals a broken one

해설 a true heart라는 단수 주어 뒤에 동사 heals가 연결된다. 목적어인 '상처받은 마음'은 부정대명사 one과 수식어인 broken을 활용하여 a broken one이라고 영작한다.

11 bus

해설 교통수단은 관사 없이 쓰므로 bus가 적절하다.

해석 참가자들은 버스로 이동하여 쓰레기를 치울 것입니다.

12 focuses

해설 'each of+복수명사'는 단수 취급하므로 focuses가 적절하다.

해석 전문화는 우리 각자가 하나의 특정 기술에 집중하는 것으로, 모든 이의 복지를 전반적으로 향상시킨다.

13 was

해설 machinery는 절대 불가산명사로 항상 단수 취급한다. 따라서 was가 적절하다.

해석 더 낮은 가격에 고품질의 제품을 생산할 수 있는 새로운 기계가 수입되었다.

14 is

해설 'all+불가산명사' 주어이므로 is가 적절하다. equipment 또한 대표적인 절대 불가산명사이다.

해석 소시지를 만드는 데 필요한 모든 장비가 제공됩니다.

15 the other

해설 '상대방'이라는 의미는 부정대명사 the other로 나타낸다. 기본적으로 두 당사자를 전제로 하기 때문이다.

해석 거래는 양 당사자가 상대방이 제공해줄 것을 원하지 않는 한 발생하지 않을 것이다.

16 himself

해설 문맥상 '자기 자신'을 생각한다는 의미이므로 himself가 적절하다. 즉 thought of의 주어인 he와 himself가 모두 일반 사람(Man)을 가리킨다.

해석 인간은 자연계에 관해 자기 자신과 다른 사람들을 생각하는 것과 같은 관점으로 생각했다(인간은 자연을 인간처럼 생각했다).

17 slices of cake

해설 cake라는 물질명사를 세기 위해서는 단위명사의 복수형을 활용해야 하므로, slices of cake가 적절하다.

해석 Mandy는 친구들하고 나눠 먹기 위해 똑같은 크기의 케이크 몇 조각을 잘랐다.

18 them

해설 분사구문 making의 의미상 주어는 문장의 주어인 Frightening news이다. 한편 making의 목적어는 문맥상 people이므로 주어와 동일한 대상이 아니다. 따라서 재귀대명사 themselves가 아닌, 일반 인칭대명사 them이 적절하다.

해석 무서운 소식은 사람들에게서 내적 통제감을 빼앗아갈 수 있으며, 그들이 자기 자신과 타인을 돌볼 가능성을 낮춘다.

19 the

해설 최상급 widest 앞에는 정관사 the를 써준다.

해석 제일 광범위한 음악 모음, 엄청난 할인, 기타 등등 멤버십에 제공되는 모든 혜택을 놓치지 마세요!

20 others

(해설) '다른 사람들, 타인'이라는 의미의 부정대명사는 others이다.

(해석) 지식 노동자는 정보를 찾고 이메일에 답하고 타인과 협업하는 데 (업무)시간의 최대 60퍼센트를 쓴다.

21 ⑤

(해설) '나머지 모든 펭귄들'이라는 복수의 개체를 언급해야 하므로, all the other를 all the others로 고쳐야 한다.

① choice를 가리키는 지시대명사 that이다.

② 5형식 수동태인 'be found+현재분사' 구조이다. 이때 현재분사는 주어(They)를 보충 설명한다.

③ the leopard seal을 대신하고 이에 관해 보충 설명하는 관계대명사 which가 적절히 나왔다. 뒤에 주어 없이 불완전한 절이 나왔다.

④ 앞에 나온 the pioneer라는 단수명사구를 언급하기 위해 단수대명사 it을 썼다.

(해석) 여러분의 선택이 다른 사람들의 선택에 영향을 미칠지를 결정하는 중요한 요인 하나가 있는데, 바로 그 선택의 가시적 결과들이다. Adélie 펭귄들의 예를 들어보자. 종종 그들은 먹이를 찾아 물가를 향해 큰 무리를 지어 거니는 모습을 보인다. 하지만 얼음같이 차가운 물에는 위험이 기다리고 있다. 한 예로, 식사로 펭귄들을 먹는 것을 좋아하는 표범물개가 있다. Adélie 펭귄은 어떻게 할까? 펭귄의 해결책은 대기 전술을 펼치는 것이다. 그들은 자기들 중 한 마리가 포기하고 뛰어들 때까지 물가에서 기다리고 또 기다린다. 그 일이 일어나는 순간, 나머지 펭귄들은 다음에 무슨 일이 일어날지를 보기 위해 기대감을 갖고 지켜본다. 만약 그 선두 주자가 살아남으면, 다른 모두가 그대로 따를 것이다. 만약 그것이 죽는다면, 그들은 돌아설 것이다. 한 펭귄의 운명은 모든 나머지 펭귄들의 운명을 바꾼다. 여러분은 그들의 전략이 '배워서 사는' 것이라 말할 수 있다.

22 ⑤

(해설) to tell의 행위 주체와 목적어가 동일인(Matt)이므로 재귀대명사 himself를 써야 한다.

① 시간을 나타내는 비인칭주어 It이다.

② 그가 '의문을 가진' 시점보다 뭔가가 그를 '깨운' 시점이 먼저이므로 과거완료 시제 had wakened를 적절히 썼다.

③ had heard가 지각동사이므로, 능동의 목적격보어 자리에 원형부정사 come이 알맞게 쓰였다.

④ 문맥상 his mother's voice가 Matt를 '안심시키는' 주체이므로 현재분사 assuring이 적절히 쓰였다. 이 'assuring ~'은 voice를 꾸미는 수식어구이다.

(해석) 한밤중에, Matt는 갑자기 잠에서 깼다. 그는 시계를 흘긋 보았다. 3시 23분이었다. 잠시 동안 그는 무엇이 그를 깨웠는지 의문이었다. 그때 그는 기억했다. 그는 누군가가 자신의 방에 들어오는 소리를 들은 것이었다. Matt는 침대에 꼿꼿이 앉아 눈을 비비고 작은 방을 둘러보았다. "엄마?" 그는 모든 것이 괜찮다고 그를 안심시키는 엄마의 목소리를 들을 수 있기를 바라며 조용히 말했다. 그런데 답이 없었다. Matt는 그가 막 환청을 들은 거라고 혼잣말하려 애썼다. 그런데 그는 그가 그렇지 않다는 것을 알았다. 그의 방에는 누군가가 있었다. 그는 규칙적으로 긁는 듯한 숨소리를 들을 수 있었고, 그것은 자기 것이 아니었다. 그는 남은 밤을 뜬눈으로 지새웠다.

23 ⑤

(해설) 뒤에 복수명사 experiments가 나오는 것으로 보아, '다른 것들'이라는 의미로 단독 사용되는 others 대신 명사를 꾸밀 수 있는 단어가 필요하다. 따라서 others를 other로 고쳐야 문맥상 적절하다.

① '수사+명사'가 하이픈(-)으로 결합되면 명사는 단수로 표시하므로 five-month-olds에서 month가 바르게 쓰였다. 특히 이 문장에서는 five-month-old가 '5개월 된 아이들'이라는 의미의 명사로 쓰였으므로 이 명사 전체의 복수를 나타내기 위해 맨 끝에 복수 어미(-s)를 썼다.

② 앞에서 언급된 '영상 두 개' 중 하나(one video)를 먼저 설명한 뒤 나머지 하나(the other)에 관해 언급하는 흐름이 자연스럽다.

③ 주어 they(=the babies)가 '영상을 제공받을' 대상이므로 수동태 were shown이 바르게 쓰였다.

④ infants를 가리키는 복수 대명사 them이 바르게 쓰였다.

(해석) 2007년에 있었던 연구에서 Katherine Kinzler와 그녀의 하버드 동료들은 내(內)집단과 동일시하려는 우리의 경향이 상당 부분 유아기에 시작되고 선천적일 수 있음을 보여주었다. Kinzler와 그 팀은 가족들이 영어만을 말하는 한 무리의 5개월 된 아이들을 골라 두 개의 영상을 보여주었다. 한 영상에서 한 여성이 영어를 말하고 있었다. 다른 영상에서는 한 여성이 스페인어를 말하고 있었다. 그러고 나서 그들에게 두 여성 모두 말없이 나란히 있는 화면을 보여주었다. 유아 심리학 연구에서 애착이나 관심의 표준 척도는 주목인데, 아기들은 분명 그들이 더 좋아하는 것을 더 오래 쳐다보게 마련이다. Kinzler의 연구에서 아기들은 영어 사용자들을 더 오래 쳐다보았다. 다른 연구들에서 연구자들은 유아들이 자신들과 같은 언어를 사용하는 사람이 주는 장난감을 받을 가능성이 더 높다는 점을 발견했다. 심리학자들은 '우리와 같은 부류'에 대한 우리의 내재된 진화적 선호에 대한 증거로 이런 비슷한 실험들을 관례적으로 인용한다.

STEP **1** 수능 어법 핵심 이론 총정리

p.111 〔기출+응용 문제로 **핵심 어법** 연습〕

정답 (A) motionless (B) does (C) actively

해설

(A) might be lying의 보어 자리이므로 형용사 motionless 가 적절하다.

(B) 앞에 나온 일반동사구인 have no outcomes와 대구를 이뤄 have outcomes의 의미를 나타내기 위해 does를 써야 한다.

(C) are producing이라는 현재진행 동사구를 수식하기 위해 부사인 actively를 써야 한다.

해석 창의성은 상상력에서 한 단계 더 나아간 것이다. 상상력은 내적 의식의 오로지 사적인 과정일 수 있다. 여러분은 상상력의 흥분에 싸여 침대에 아무 움직임 없이 누워있는데 누구도 그 사실을 모를 것이다. 사적인 상상력들은 이 세상에 아무 영향도 끼치지 않을지도 모른다. (하지만) 창의력은 끼친다. 창의적인 것은 뭔가 하는 것을 수반한다. 전혀 아무것도 하지 않았던 사람을 창의적이라고 묘사하는 것은 이상할 것이다. 누군가를 창의적이라고 부르는 것은 그들이 의도를 갖고 어떤 것을 적극 만들어 내고 있다는 것을 암시한다. 사람들은 추상적인 것에서는 창의적이지 않지만, 수학, 공학, 글쓰기, 음악, 사업, 기타 등등 어떤 (구체적인) 것에서 창의적이다. 창의력은 상상력을 작동시키는 일을 수반한다. 어떤 면에서, 창의력은 상상력의 적용이다.

EXERCISE

A
01 매우
02 높이
03 늦은
04 거의 없는

B
01 X (difficultly → difficult)
02 X (a few → a little)
03 X (cleanly → clean)
04 O

C
01 like → alike
02 little → few
03 arrive usually → usually arrive
04 high → highly

p.113 〔기출+응용 문제로 **핵심 어법** 연습〕

정답 ④

해설 very는 비교급을 수식하지 못하므로, very 대신 even 을 써야 한다. 혹은 much, still, far, a lot 등을 써도 된다.
① the same tree를 꾸미는 목적격 관계대명사 that이다.
② 'it takes+시간+to부정사(~하는 데 …의 시간이 걸리다)' 구문의 to keep이 알맞다.
③ '형/부+enough+to부정사(~할 만큼 충분히 …한)' 구문이므로 long enough가 어순에 맞다.
⑤ they might run이라는 절을 이끄는 접속사 Although (~에도 불구하고)이다.

해석 Lewis Carroll의 <Through the Looking-Glass> 에서 붉은 여왕은 시골을 통과하는 한 경주에 Alice를 데리고 간다. 그들은 달리고 또 달리는데, 그러다 Alice는 자신들이 출발했던 나무 아래에 여전히 있음을 발견한다. 붉은 여왕은 Alice에게 설명한다. "'여기서는' 보다시피 같은 장소에 머물러 있으려면 네가 할 수 있는 모든 뜀박질을 해야 한단다." 생물학자들은 때때로 이 '붉은 여왕 효과'를 사용해 진화 원리를 설명한다. 만약 여우가 더 많은 토끼를 잡기 위해 더 빨리 달리도록 진화한다면, 오직 가장 빠른 토끼만이 충분히 오래 살아 훨씬 더 빨리 달리는 새로운 세대의 토끼를 낳을 텐데, 이 경우 물론 가장 빠른 여우만이 충분한 토끼를 잡아 번성하여 자신들의 유전자를 물려줄 것이다. 그 두 종이 달린다 해도, 그것들은 제자리에 머무를 뿐이다.

EXERCISE

A
01 sweetest
02 greater
03 many
04 bigger, harder

B
01 X (as → than 혹은 higher → as high)
02 X (are → do)
03 X (a → the)
04 X (as → than 혹은 more proficient → as proficient)

C
01 her → hers
02 are → is
03 those → that
04 much → more

STEP ② 핵심 어법 한 번 더 연습

p.111에서 본 예문

A	**B**	**C**
01 highly	01 difficult	01 alike
02 high	02 a little	02 few
03 late	03 clean	03 usually arrive
04 little	04 clearly	04 highly

p.113에서 본 예문

A	**B**	**C**
01 sweetest	01 than	01 hers
02 greater and greater	02 do	02 tools
03 many	03 longest	03 that
04 harder	04 is	04 less

STEP ③ 어법 실력 굳히기 — 단원 종합 Test

01 ④ **02** ② **03** ② **04** ③ **05** ⑤ **06** ④ **07** ①
08 The more coffee, the more alert
09 as routinely as possible
10 about three times bigger than[about three times as big as]
11 easy **12** usually get **13** more **14** do
15 did she have **16** a little **17** that **18** are seldom
19 softer **20** much **21** ⑤ **22** ② **23** ②

01 ④

해설 • 현재완료 시제와 함께 '최근에 ~한 적 있다'의 의미를 나타내는 부사는 lately이다.
• stayed와 함께 '늦게까지' 머물렀다는 의미를 나타내는 부사는 late이다.

해석 최근에 너 연애한 적 있어? / 최 선생님은 시험 문제를 내느라 학교에 늦게까지 있었다.

02 ②

해설 • 불가산명사 water 앞에서 '조금'이라는 의미를 나타내는 형용사 자리이므로 a little을 쓴다.
• 불가산명사 chance 앞에서 '거의 없다'라는 의미를 나타내는 형용사 자리이므로 little을 쓴다.
• 가산명사 opportunities 앞에서 '몇몇의'라는 의미를 나타내는 형용사 자리이므로 a few를 쓴다.

해석 반죽이 너무 건조하면, 물을 좀 넣으세요. / 그는 성공 가능성이 거의 없다는 것을 알고 매우 좌절했다. / 그들은 서로 만날 기회가 몇 번 있었다.

03 ②

해설 빈도부사는 be동사 뒤에 위치하므로 are rarely seen으로 고쳐야

한다.
① 'usually+일반동사'의 어순이 알맞게 쓰였다.
③ 부정의 의미를 갖는 빈도부사 never가 문장 맨 앞에 나왔으므로, 뒤에 의문문 어순(have+주어+p.p.)의 도치구문이 적절히 연결되었다.
④ '조동사+often+일반동사'의 어순이 알맞다.
⑤ 'be동사+always'의 어순이 알맞다.

해석 ① 나는 보통 퇴근길에 남자친구한테 전화를 건다.
② 어떤 연예인 커플들은 함께 있는 모습을 거의 볼 수 없다.
③ 나는 인생에서 그런 큰 위험을 감수해본 적이 없다.
④ 직장에서의 바쁜 일과에도 불구하고, 그는 종종 자기 가족을 위해 시간을 낸다.
⑤ Cho 선생님은 자기 학생들에게 항상 사려 깊게 대한다.

04 ③

해설 'the+비교급' 구문의 품사는 바로 뒤의 문장구조에 따라 결정된다. ③의 두 번째 'the+비교급 …'에서, 동사 becomes는 보어를 취하는 2형식 동사이므로 앞에 부사의 비교급이 아닌 형용사의 비교급을 써주어야 한다. 따라서 the more happily를 the happier로 고쳐야 한다.
① 'The hotter the star (is)'에서 is는 생략되었다.
② The higher는 부사의 비교급이고, the more excited는 형용사의 비교급이다.
④ The more는 부사 much의 비교급이고, the more worried는 형용사의 비교급이다.
⑤ The more는 choices를 꾸미는 형용사의 비교급이고, the more likely는 보어인 형용사의 비교급이다.

해석 ① 별이 뜨거울수록(온도가 더 높을수록), 그것은 더 밝게 빛난다.
② 열기구가 더 높이 갈수록, 당신은 더 신나는 기분이 들 거예요.
③ 당신이 개와 더 많은 시간을 보낼수록, 개는 더 행복해할 것이다.
④ 내 아내가 술을 더 많이 마실수록, 나는 더 걱정이 되었다.
⑤ 선택권이 더 많을수록, 소비자들은 더 망설이는 경향이 있다.

05 ⑤

해설 상태 변화를 나타내는 go(~하게 되다)는 보어를 필요로 하는 2형식 동사이므로 madly를 mad로 고쳐야 한다.
① deadly(치명적인)는 -ly로 끝나지만 부사가 아닌 형용사이다.
② 문장 맨 앞에서 문장 전체를 수식하는 부사이다.
③ 콤마 앞의 a group of lab rats라는 복수명사를 받는 대명사이다.
④ 뒤에 가산복수명사 hours가 나오므로 a few가 알맞다.

해석 Luke는 뛰어난 과학자였다. 그는 치명적인 질병을 고칠 신약을 연구하며 여러 해를 보냈다. 마침내, 그는 약을 발명하는 데 성공했다. 하지만 그가 그 약을 실험실 쥐 집단에 테스트하자, 쥐들 전부가 몇 시간 안에 죽어버렸다. 그 결과 Luke는 몹시 화가 났고 자기 자신에 실망했다.

06 ④

해설 ④의 'as+원급+as any other ~'는 '다른 사람들만큼 (평범하게) ~ 하다'는 의미이다. 여기서 as creative as를 more creative than으로 바꾸어야 '다른 누구보다도 더 ~하다'의 의미를 나타내는 최상급 대용표현이 된다.

①②③⑤ 모두 최상급의 의미를 나타낸다.

해설 ① Ms. Shin은 이 사무실에서 제일 창의적인 사람이다.
② 이 사무실의 누구도 Ms. Shin만큼 창의적이지 않다.
③ Ms. Shin은 이 사무실에 있는 모든 다른 사람들보다 창의적이다.
④ Ms. Shin은 이 사무실의 아무 다른 사람들만큼 창의적이다.
⑤ 이 사무실의 누구도 Ms. Shin보다 창의적이지 않다.

07 ①

해설 ①의 'skilled ~ marketing'은 -one으로 끝나는 대명사를 꾸미는 수식어 역할을 한다. 나머지는 모두 보어 역할의 형용사이다.
② was의 주격보어이다.
③ makes의 목적격보어이다. 'worth+동명사(~할 가치가 있는)' 구문이다.
④ found의 목적격보어이다. to take(~하기에)가 very hard를 꾸미는 부사구이다.
⑤ are에 연결되는 주격보어이다. 삽입구(including ~ brother)를 걷어내면 구조를 파악하기 쉽다.

해석 ① 온라인 마케팅에 능숙한 사람 좀 추천해주실래요?
② 종욱은 그의 세 아이들이 태어날 때 자리에 있었다.
③ 무엇이 어떤 책을 여러 번 읽을 만한 가치가 있게 만드는가?
④ 우리 모두 그의 완고한 성격이 받아들이기 아주 어렵다는 것을 깨달았다.
⑤ 내 남동생을 포함해서, 왜 그렇게 많은 사람들이 거미를 무서워하는 걸까?

08 The more coffee, the more alert

해설 문장이 '~할수록 더 …하다'의 의미를 나타내므로, 'the+비교급 ~, the+비교급 …'을 활용한다. 정답은 The more coffee, the more alert이다.

해석 커피를 더 많이 마실수록, 정신이 더 맑아진다.

09 as routinely as possible

해설 '가능한 한 ~하게'는 'as+원급+as possible'을 활용해 영작한다. 따라서 as routinely as possible이 정답이다.

10 about three times bigger than
[about three times as big as]

해설 배수 표현은 '배수사+비교급+than' 또는 '배수사+as+원급+as'을 활용한다. 배수사 앞에서 배수사를 꾸미는 부사 about(약)도 잊지 않고 써준다. 정답은 about three times bigger than 또는 about three times as big as이다.

11 easy

해설 find의 목적격보어 자리이므로 형용사인 easy가 적절하다.

해석 가끔 우리는 복잡한 작업에서 사소한 세부 사항의 중요성을 간과하기 쉽다는 것을 깨닫는다.

12 usually get

해설 빈도부사는 일반동사 앞에 위치하므로 usually get이 알맞다.

해석 감정은 대개 나쁜 평판을 얻는다. (감정을 안 좋게 보는 경우가 많다.)

13 more

해설 최상급 대용표현인 '비교급+than any other+단수명사' 구문이다. than이 있으므로 의미는 최상급일지라도 비교급을 써야 한다.

해석 그녀는 스포츠 역사상 그 어떤 다른 선수보다도 많은 메달을 땄다.

14 do

해설 to cooperate의 일반동사 cooperate을 대신할 동사로서 do가 적합하다. are는 앞에 be동사가 나올 때 사용한다.

해석 어떻게 하면 내 팀원들이 당신의 팀원들만큼 협력하도록 권할 수 있을까요?

15 did she have

해설 부정의 의미를 갖는 빈도부사 Never가 맨 앞에 나오므로, 뒤따르는 주어와 동사는 의문문 어순으로 도치되어야 한다. 따라서 did she have가 정답이다.

해석 그녀는 자기 자식을 한 명도 갖지 못했으나, 친구와 가족의 자녀들을 초상화로 그렸다.

16 a little

해설 불가산명사 money 앞에서 '조금의'라는 의미를 나타내는 단어는 a little이다.

해석 당신이 지금 돈을 조금 저축하더라도, 아직 백만장자는 아닐 것이다.

17 that

해설 '비교급+than' 앞뒤로 '~의 수'가 서로 비교되는 문맥이다. 즉 앞에 나온 단수명사구인 the number를 대신할 지시대명사가 필요하므로, that이 적절하다.

해석 채식주의 피자의 경우, 반대표의 수는 찬성표 수보다 세 배 많았다.

18 are seldom

해설 빈도부사는 be동사 뒤에 위치하므로 are seldom이 적절하다.

해석 사회과학자들은 사회적 행동을 통제할 위치에 있는 경우가 거의 없다.

19 softer

해설 get은 여기서 '~하게 되다'라는 의미의 2형식 동사로, 보어를 필요로 한다. 따라서 형용사의 비교급인 softer가 적절하다.

해석 데님을 더 많이 빨수록 더 부드러워졌다.

20 much

해설 misinformation이 불가산명사이므로 much를 써주어야 적절하다. 'many+가산복수명사', 'much+불가산명사'를 구별해서 기억해 둔다.

해설 뉴욕대의 연구는 65세 이상의 사람들이 젊은 사람들보다 7배나 많은 잘못된 정보를 공유했다고 밝혔다.

21 ⑤

해설 **(A)** (A)의 첫 번째 'the+비교급'에서 주어인 the expectations 뒤에 are가 생략되어 있다. 따라서 are의 보어 역할을 할 수 있도록 형용사의 비교급인 higher를 써주어야 한다.

(B) 'keep+목적어+형용사(~이 …한 상태로 계속 두다)' 형태의 5형식 구문이므로 rare가 적절하다.

(C) styled라는 과거분사를 꾸미는 말로는 부사인 elegantly가 적절하다. 준동사는 모두 부사의 수식을 받는다.

해설 사람들은 삶이 나아질수록 더 높은 기대를 갖게 된다. 그러나 기대치가 높을수록 만족하기 어렵다. 우리는 기대감을 통제하여 우리가 삶에서 느끼는 만족감을 높일 수 있다. 충분한 기대는 많은 경험이 유쾌한 놀라움이 될 여지를 남긴다. 적절한 기대를 가질 수 있는 방법을 찾는 것이 과제이다. 이를 위한 한 가지 방법은 멋진 경험을 드문 것으로 두는 거다. 당신이 무엇을 여유 있게 살 수 있든 간에, 훌륭한 와인은 특별한 경우를 위해 아껴두라. 우아한 스타일의 실크 블라우스를 (자신에게 주는) 특별한 선물로 만들라. 이것은 당신의 욕망을 부정하는 행동으로 보일 수 있지만, 나는 그렇게 생각하지 않는다. 반대로 이는 즐거움을 계속 경험케 하는 방법이다. 좋은 와인과 좋은 블라우스가 여러분의 기분을 좋아지게 하지 않으면 무슨 의미가 있을까?

22 ②

해설 비교급은 than과 호응한다. 따라서 as eating의 as를 than으로 고쳐야 한다. 단순하지만 시험에 빈출되는 문법 사항이므로 잘 기억해둔다.

① 동사구인 'is ~ fueled'를 꾸미는 부사 fully가 적절하다.
③ earlier는 여기서 '더 일찍'이라는 의미의 부사이다.
④ 'the+최상급'이 알맞게 쓰였다.
⑤ 주절과 콤마로 분리된 부사구 자리에 to부정사구(~하려면)가 알맞게 쓰였다.

해설 아침 식사를 거를 때, 여러분은 연료 없이 운행하려는 자동차와 같다. 전문가들은 영양가 많은 아침 식사는 두뇌의 연료라고 말한다. 연료가 가득 찬 두뇌는 집중을 더 잘하고 문제를 더 빠르게 해결한다. 어떤 학생들은 오트밀 죽 한 그릇을 먹는 것보다 몇 분 더 자는 것이 더 중요하다고 말하지만, 그들은 잘못 알고 있는 것이다. 물론 잠은 중요하지만, 30분 일찍 잠자리에 드는 것이 늦게까지 잠을 자고 아침을 거르는 것보다 더 나을 것이다. 학교에서 잘하고 싶어 하는 학생들에게 아침 식사는 하루 중 가장 중요한 식사이다. 두뇌가 잘 돌아가는 데 필요한 연료를 주라. 더 명료하고 더 빠르게 생각하려면 아침 식사를 잘하라.

23 ②

해설 'how+형/부+주어+동사'에서, 형용사와 부사 중 무엇이 올지는 뒤에 나오는 동사에 달려 있다. 여기서 how절의 동사는 보어를 필요로 하는 were이다. 따라서 similarly를 similar로 고쳐서 빠진 보어 자리를 채워야 한다.

① the time이 '소비되는' 대상이므로 과거분사 spent가 적절히 쓰였다.

③ 'to ~ do'라는 to부정사구를 꾸미기 위해 부사 effectively가 바르게 쓰였다.
④ '비교급+than'이 알맞게 쓰였다.
⑤ their hobby를 받는 단수대명사 it이 바르게 쓰였다.

해설 Sheffield 대학교의 몇몇 연구자들은 취미에 쓴 시간이 어떻게 직장 생활에 영향을 미치는지를 보기 위해 취미에 열정적인 사람들 129명을 모집했다. 먼저 연구팀은 "나는 이 (취미)활동을 위해 정기적으로 연습한다."와 같은 진술에 동의하는 정도를 평가하도록 요청하며, 각 참가자가 가지고 있는 취미의 진지함을 측정하고, 또한 일과 취미를 하는 데 필요한 것들이 얼마나 비슷한지도 평가했다. 그 뒤, 7개월에 걸쳐 달마다 참가자들은 취미활동에 몇 시간을 투자했는지를 기록하고, 자기 일을 효과적으로 수행하는 능력에 대한 믿음인 '자기효능감'을 측정하는 평가표를 작성했다. 연구자들은 참가자들이 보통 수준보다 길게 취미활동에 시간을 썼을 때 직업 수행 능력에 대한 믿음이 증가하였다는 것을 발견했다. 하지만 이는 그들이 직업과 다른 진지한 취미를 가지고 있을 때만 그러했다. 그들의 취미가 진지하면서 직업과 유사할 때, 취미에 시간을 많이 보내는 것은 실제로 그들의 자기효능감을 낮추었다.

STEP 1 수능 어법 핵심 이론 총정리

p.121 기출+응용 문제로 핵심 어법 연습

정답 ②

해설 If you did that의 did가 가정법 과거를 나타내므로, '조동사 과거형+동사원형'에 맞추어 주절의 동사를 will arrive에서 would arrive로 고쳐야 한다.
① 가정법 과거 구문의 be동사는 인칭에 관계없이 were이다.
③ a path를 꾸미는 주격 관계대명사 which이다. 즉 a path는 'that looks ~'와 'which is ~'의 수식을 받는다.
④ 'to first head ~'와 '(to) turn'이 병렬 연결된다.
⑤ 핵심 주어가 The difference이므로 단수동사 is를 썼다.

해석 당신이 거의 같은 위도에 있는 두 도시인 뉴욕에서 마드리드로 이동하고 싶어 한다고 상상해 보라. 만약 지구가 평면이라면, 최단 경로는 똑바로 동쪽을 향하는 것이다. 만약 그렇게 하면, 당신은 3,707마일을 여행한 후에 마드리드에 도착할 것이다. 하지만, 지구의 표면은 구면이기 때문에, 평면인 지도에서는 구부러져 보여서 더 길어 보이지만, 실제로는 더 짧은 경로가 있다. 당신이 만약 그 대권 항로(지구상 두 지점간의 최단 거리)를 따라간다면 3,605마일이면 갈 수 있는데, 이는 처음에는 북동쪽을 향하다가, 서서히 동쪽으로, 이후 남동쪽으로 트는 것이다. 두 경로 사이의 거리 차이는 지구의 곡면 때문에 생긴다. 항공사들은 이것을 알기에, 조종사들이 대권 항로를 따라가도록 계획한다.

EXERCISE

A 01 changed
02 would be
03 would have been
04 were

B 01 O
02 X (didn't oversleep → hadn't overslept)
03 X (would have had → would have)
04 O

C 01 won't feel → wouldn't feel
02 would have → would have had
03 would have been → would be
04 You should have → If you should have
또는 Should you have

p.123 기출+응용 문제로 핵심 어법 연습

정답 ⑤

해설 주변 문맥이 전체적으로 과거시제이므로, 과거 상황의 반대를 가정하는 가정법 과거완료 표현을 써야 한다. 따라서 would achieve를 would have achieved로 고쳐야 한다.
① 'a ~ work'가 '지루함을 유발하므로' boring이 알맞다.
② '-thing+형용사 수식어'의 어순이 알맞다.
③ '부분(about four-fifths)+of+전체(his time)' 주어이므로 동사는 전체 명사에 수일치하여 단수형(was)으로 썼다.
④ 앞에 선행사가 없고 뒤에 주어가 없는 불완전한 문장이 나오므로 What이 알맞다.

해석 많은 매일의 학업은 지루하고 반복적이므로, 그것을 계속하려면 동기부여가 잘 돼야 한다. 어느 수학자는 연필을 깎고, 어떤 증명에 매달리며, 몇몇 접근법을 시도해보고, 아무 성과도 못 내고는 하루를 마친다. 어느 작가는 책상에 앉아 단어 몇백 개를 써내고, 그것이 별로라고 판단하고는 쓰레기통에 버려 버리고, 내일 더 나은 영감을 기대한다. 가치 있는 것을 만들어내는 것은 (혹여라도 그럴 때가 있다면) 수년에 걸친 그런 노동을 필요로 할지도 모른다. 노벨상을 받은 생물학자 Peter Medawar는 자신이 과학에 들인 시간 중 5분의 4 정도가 낭비됐다고 말하면서 애석해하며 덧붙이길 "거의 모든 과학 연구가 성과를 내지 못한다"고 했다. 상황이 나빠져 갈 때 이들을 계속하게 한 것은 자기 주제에 대한 그들의 열정이었다. 그런 열정이 없었더라면, 그들은 아무 성취도 못했을 것이다.

EXERCISE

A 01 had been
02 had studied
03 have failed
04 faced, went 또는 should face, go

B 01 O
02 O
03 X (would have → would have had)
04 X (You had been → Had you been[If you had been])

C 01 didn't do → hadn't done
02 get to work → got to work
03 is → were
04 was → (should) be

p.121에서 본 예문

A	B	C
01 changed	01 were	01 were
02 would be	02 have missed	02 have had
03 have been	03 would have	03 would be
04 were	04 were	04 Should you

p.123에서 본 예문

A	B	C
01 had been	01 had already come	01 hadn't done
02 had studied	02 were	02 stopped
03 have failed	03 would have had	03 were
04 went	04 Had you, If you had	04 be shortened

01 ① 02 ① 03 ⑤ 04 ③ 05 ⑤ 06 ④ 07 ②
08 If it had not been for
09 would not[wouldn't] be this muddy
10 she had taken care of everything 11 had listened
12 had had 13 were 14 Were I 15 might be
16 If it were, Were it 17 be 18 to change
19 wouldn't write 20 had 21 ③ 22 ⑤ 23 ③

01 ①

해설 • 현재 상태가 아닌 일을 가정하므로 가정법 과거의 were가 적절하다.
• 주절에 would have p.p. 형태가 나오는 것으로 보아 가정법 과거완료 문장이다. 따라서 had read가 적절하다.

해석 만일 네가 시간 여행자라면, 어느 시대로 가고 싶어? / 그녀가 내 메시지를 읽었더라면, 나한테 바로 연락해줬을 거야.

02 ①

해설 • 현재 상태가 아닌 일을 가정하는 가정법 과거 문장이다. 따라서 If I were 또는 Were I가 적절하다.
• 'it's time+주어+과거시제 동사 ~' 구문이므로, had가 적절하다. 이 had 대신 should have를 써도 된다.

해석 내가 만일 프랑스에 있다면, 나는 파리의 에펠탑을 방문하고 싶어. / 우리 연애에 대해서 솔직한 대화를 할 때야.

03 ⑤

해설 it was your birthday가 과거 시점을 나타내는 것으로 보아, 과거 상황의 반대를 가정하는 가정법 과거완료를 써야 한다. 따라서 종속절의 didn't forget을 hadn't forgotten으로 고쳐야 한다.

---

① 가정법 과거 문장이다.
② 가정법 과거완료 문장이다.
③ 혼합가정법 문장이다.
④ 가정법 과거 문장이다. Without은 If it were not for로 바꿀 수 있다.

해석 ① 그녀가 만일 진실을 안다면 상처받을 거야.
② 그 재킷이 조금만 더 쌌더라면 난 그걸 샀을 거야.
③ 그녀가 그에게 거짓말을 안 했더라면, 그들은 아직 친구일 텐데.
④ 이 엘리베이터가 없으면, 우리는 계단으로 가고 있었을 거야.
⑤ 그가 네 생일인 걸 까먹지 않았더라면 너에게 뭔가 사줬을 건데.

04 ③

해설 남자친구가 아닌 상황에서 '마치 남자친구인 것처럼' 손을 잡았다는 의미가 되도록 as if 뒤에 가정법 과거의 be동사 were를 써야 한다.
① I wish 가정법 과거완료 문장이다.
② 가정법 도치 구문이다. 가정법 미래 문장인 'If you should see ~'에서 If를 생략했다.
④ I wish 가정법 과거 문장이다. 주어가 3인칭인 He로 바뀌면서 wish에도 -es가 붙었다.
⑤ 'it's time+주어+과거시제 동사 ~' 구문이다.

해석 ① 그 이야기가 어떻게 끝나는지 안 들었다면 좋았을 텐데.
② 혹시 이 남자를 보시면, 저희한테 즉시 연락 주세요.
③ 그는 마치 내 남자친구라도 되는 양 내 손을 잡았다.
④ 그는 자기가 여기 없었을 때 무슨 일이 있었는지 알면 좋겠다고 생각한다.
⑤ Kim은 다른 직장으로 옮길 때라고 생각한다.

05 ⑤

해설 지금 가지고 있는 것을 '가지고 있지 않았으면' 하고 바라는 마음은 현재 상태의 반대를 가정하는 것이므로, 가정법 과거에 맞춰 doesn't have 대신 didn't have를 써야 한다.
① 앞에 is('s) doing이 나오므로, 현재진행을 대신하는 대동사 are가 알맞게 쓰였다.
② feel의 보어인 형용사 inadequate가 알맞게 쓰였다.
③ 전치사 for의 목적어로 'not+동명사'가 알맞게 쓰였다.
④ desire는 to부정사의 수식을 받는 명사이므로 to meet가 알맞게 쓰였다. for someone은 to meet의 의미상 주어이다.

해석 우리가 우리보다 더 잘하고 있는 사람과 우리 자신을 비교할 때, 우리는 그만큼 못하는 것에 대해 부족함을 느낀다. 이것은 간혹 누군가가 불행과 조우하기를 바라는 마음('그녀가 지금 가진 것을 안 가지고 있으면 좋을 텐데.')으로 이어진다.

06 ④

해설 현재시제의 wishes 뒤로 가정법 과거의 had가 나오는 것으로 보아, 현재 상태의 반대를 가정하는 문장이다. 실제로 Max의 전화번호가 '없는' 상황에서 그 전화번호를 '갖고 있으면' 좋겠다고 말하는 것이다. 따라서 '갖고 있지 않다'라는 현재 사실을 있는 그대로 기술하는 ④가 정답이다.

해석 <보기> 그녀는 자신이 Max의 전화번호를 갖고 있으면 좋겠다고 소망한다.
→ ④ 그녀가 Max의 전화번호를 갖고 있지 않은 것은 유감이다.

07 ②

해설 과거 사실의 반대를 가정하는 가정법 과거완료 문장이다. 계획을 완벽히 세웠더라면 길을 잃지 않았을 것이라는 말은 실제로는 '계획을 제대로 세우지 않아 길을 잃어버렸다'는 의미이다. 따라서 과거 사실을 있는 그대로 기술한 ②가 답으로 적절하다.

해석 <보기> 그들이 완벽한 여행 계획을 세웠더라면, 그들은 그 도시에서 길을 잃어버리지 않았을 것이다.
→ ② 그들이 완벽한 여행 계획을 세우지 않았기에, 그들은 그 도시에서 길을 잃어버렸다.

08 If it had not been for

해설 but for[without]는 '~이 없다면' 또는 '~이 없었더라면'의 의미로, 가정법 과거 또는 과거완료의 의미를 모두 나타낼 수 있다. 따라서 주절을 살펴봐야 하는데, 여기서 주절은 가정법 과거완료 형태(조동사 과거형+have p.p.)로 쓰여 있다. 따라서 If it had not been for가 답으로 적절하다.

해석 당신의 세심한 준비가 없었더라면, 제 일정은 엉망이 되었을 거예요.

09 would not[wouldn't] be this muddy

해설 과거 상황이 실제와 달랐다면 현재의 결과 또한 달랐을 것이라는 의미의 혼합가정법 문장이다. 종속절에 had p.p.의 과거완료 시제가 포함되어 있지만 주절에는 '조동사 과거형+동사원형'을 써야 한다는 것이 포인트이다. 따라서 would not[wouldn't] be this muddy가 답으로 적절하다.

10 she had taken care of everything

해설 '이야기한' 시점보다도 더 전에 실제로 혼자 모든 일을 처리하지 않았으나 '마치 처리했던 것처럼' 이야기했다는 의미로 as if 가정법 과거완료 문장을 써야 한다. 따라서 had p.p. 형태를 넣어 she had taken care of everything을 답으로 작성한다.

11 had listened

해설 주절이 wouldn't have p.p. 형태인 것으로 보아 가정법 과거완료 문장이다. 따라서 had p.p. 형태의 had listened가 적절하다.

해석 그들이 날씨 예보를 들었더라면, 그들은 야영을 안 갔을 것이다.

12 had had

해설 when I was growing up이라는 과거의 상황과 반대되는 내용, 즉 실제로는 여동생이 없었지만 '있었더라면' 좋았을 것임을 나타내는 문장이다. 따라서 had had가 적절하다.

해석 내가 어릴 때, 옷을 같이 입고 남자애들에 대해 수다를 떨 수 있는 여동생이 있었으면 좋았을 텐데.

13 were

해설 그녀가 '우리를 쳐다본' 시점은 '우리를 유령이라고 여긴' 시점과 동일하므로, as if 가정법 과거를 써야 한다. 따라서 were가 적절하다.

해석 그녀는 우리가 자기 바로 앞에 서 있는데도 불구하고 마치 우리가 유령이라도 되는 양 우리를 쳐다보았다.

14 Were I

해설 가정법 과거의 종속절은 'if+주어+과거시제 동사 ~'인데, 특히 동사 자리에 were가 나올 때 if를 생략하여 'were+주어 ~' 어순으로 쓰기도 한다. 여기서도 if가 없기 때문에 Were I의 어순이 적절하다.

해석 내가 남들 앞에서 말을 잘한다면, 나는 네 결혼식에서 기꺼이 연설(축사)를 할 텐데.

15 might be

해설 주절에 right now라는 현재시제 표현이 나오는 것으로 보아 혼합 가정법 문장이다. 즉 'if+주어+had p.p. ~, 주어+조동사 과거형+동사원형 …' 공식에 맞춰 might be를 써야 한다.

해석 내가 (과거에) 스키를 배웠더라면, 바로 지금 슬로프 위에 있었을지도 모르는데.

16 If it were, Were it

해설 if it were not for(~이 없다면) 구문은 if를 생략하고 주어와 동사 위치를 바꾸어 were it not for로도 쓸 수 있다.

해석 내 친구와 가족이 없다면, 나는 지금 내가 있는 위치에 있을 거라고 생각지 않는다.

17 be

해설 요구의 동사 require 뒤에 '~해야 한다'라는 의미의 that절이 목적어로 나온다. 이때 that절의 동사는 '(should)+동사원형' 형태로 써야 하므로, be가 정답이다.

해석 어떤 식품에 설탕이 다른 어떤 성분보다도 많이 들어 있다면, 정부 규정은 설탕이 라벨에 첫 번째로 표시되어야 한다고 요구한다.

18 to change

해설 'it's time+주어+과거시제 동사(아직 ~하지 않았지만 이제 ~할 시간이다)' 가정법은 to부정사를 활용해 'it's time+for+목적격+to부정사'로 바꿀 수 있다. 여기서도 for us 뒤에 to change를 써야 한다.

해석 우리가 인간과 동물의 권리에 대한 생각을 바꿀 때이다.

19 wouldn't write

해설 'if+주어+과거시제 동사 ~, 주어+조동사 과거형+동사원형 …'에 맞춰 wouldn't write를 써야 한다.

해석 여러분이 수학 등식을 써야 한다면, 아마도 여러분은 '28+14=42' 대신 '이십팔 더하기 십사는 사십이'라고 쓰지 않을 것이다.

20 had

해설 우리가 '지금' 만일 6천만 광년 떨어진 곳에서 망원경으로 지구를 쳐다본다면 (현재 존재하지도 않는) 공룡들을 보게 될 것이라는 의미의 가정법 과거 문장이다. 따라서 had가 적절하다.

해석 우리가 지금 6천만 광년 떨어진 위치의 별에 있다고 해보자. 우리에게 지구 쪽으로 향해 있는 정말 근사한 망원경이 있다면, 우리는 공룡이 돌아다니는 광경을 보게 될 것이다.

21 ③

해설 **(A)** '~인지 아닌지' 확신하지 못했다는 의미로 명사절 접속사 **if**를 써야 한다. 이 **if**는 **whether**와 동의어이다.

(B) 뒤에 비교급 형용사가 나오므로 **very**가 아닌 **much**(훨씬)를 써야 한다.

(C) 문맥상 상담 당시에 실제로는 다른 공간에 있는 상담사가 마치 한 방에 있는 듯한 기분을 받았다는 의미이므로, **as if** 가정법 과거를 써야 한다. 따라서 **were**가 적절하다.

해설 첫 온라인 상담 시간에 접속하면서, Natalie는 "내가 컴퓨터 화면을 통해 상담사에게 어떻게 나의 마음을 열 수 있을까?" 하는 의문이 들었다. 상담 센터가 차로 오래 가야 하는 곳에 있었어서, 그녀는 이것이 자신에게 많은 시간을 절약해 줄 것임을 알고 있었다. 다만 Natalie는 이것이 상담사를 직접 만나는 것만큼 도움이 될지 확신할 수 없었다. 하지만 일단 상담이 시작되자, 그녀의 걱정은 사라졌다. 그녀는 실제로 그것이 예상했던 것보다 훨씬 더 편리하다고 생각하기 시작했다. 그녀는 마치 상담사가 방 안에 함께 있는 기분이 들었다. 상담 시간이 끝났을 때, 그녀는 미소를 지으며 그에게 말했다. "온라인에서 꼭 다시 만나요!"

22 ⑤

해설 주절에 'may+동사원형'이 나오는 것으로 보아 단순 조건문(~라면 …일 것이다)이다. 따라서 **failed**를 **fail**로 고쳐야 한다. 조건의 부사절에서는 미래의 의미가 있더라도 현재시제 동사를 쓰므로 **won't fail**은 쓸 수 없다.

① 'if+주어+were ~, 주어+조동사 과거형+동사원형 …'의 가정법 과거 문장이다.

② 'if+주어+were to+동사원형 ~, 주어+조동사 과거형+동사원형 …'의 가정법 미래 문장이다.

③ 접속사 **once**(일단 ~한다면)이다.

④ **without** 뒤에 동명사가 목적어로 나왔다.

해설 여러분이 큰 건물에서 사교 모임에 있고 누군가가 '지붕이 불타고 있어'라고 말하는 것을 우연히 듣게 된다면, 여러분의 반응은 무엇일까? 여러분이 더 많은 정보를 알 때까지, 여러분의 맨 처음 마음은 안전과 생존을 향할 것이다. 그러나 만에 하나 이 특정한 사람이 '지붕이 불타고 있어'라고 불리는 노래 이야기를 하고 있었다는 것을 알게 된다면, 위협감과 위기의식은 줄어들 것이다. 그러므로, 그 사람이 진짜 화재가 아니라 노래를 언급하고 있다는 추가적인 사실이 일단 이해되면, 맥락은 더 잘 이해되고, 여러분은 더 나은 위치에서 판단하고 반응하게 된다. 너무도 흔히 사람들은 맥락을 규명하지 않은 채 정보에 대해 지나치게 성급하고 감정적으로 반응한다. 우리가 정보와 관련된 맥락을 확인하는 것이 매우 중요한데, 만약 그렇게 하지 못하면, 우리는 너무 성급하게 판단하고 반응할 수 있기 때문이다.

23 ③

해설 가정법 과거완료 종속절인 'if+주어+had p.p. ~'에서 if를 생략하면 'Had+주어+p.p. ~'의 어순이 된다. 따라서 **Beethoven had been**을 **Had Beethoven been**으로 고쳐야 어법상 맞다.

① '이미 이전에' 버렸던 버전으로 다시 돌아간다는 의미를 나타내기 위해 대과거를 나타내는 **had earlier discarded**를 썼다.

② **work**를 수식하는 최상급 형용사이다.

④ 'many of+복수명사'는 복수 취급한다.

⑤ 'get+비교급 형용사' 형태의 2형식 구조(~해지다)에서 보어를 꾸미는 부사 **consistently**가 알맞게 쓰였다.

해설 만약 창작자가 자신이 언제 걸작을 만들어내고 있는지 안다면, 그들의 작품은 오직 앞으로만 나아갈 것이다. 즉 그들은 금을 캤을 때 아이디어를 만들어내는 노력을 멈출 것이다. 그러나 사실, 그들은 역추적해서 이전에 부적절하다고 폐기했던 버전으로 되돌아간다. 베토벤의 가장 유명한 작품인 5번 교향곡에서, 그는 1악장의 결론부가 너무 짧다고 느껴져 폐기했다가 결국 나중에 그것으로 돌아왔다. 베토벤이 비범한 작품과 평범한 작품을 구분할 수 있었다면 그는 자기 작품을 바로 성공으로 받아들였을 것이다. 피카소가 파시즘에 저항하고자 그 유명한 <Guernica>를 그릴 당시에, 그는 79점의 각기 다른 스케치들을 그렸다. 이 그림의 많은 이미지들은 나중에 나온 변형들이 아닌, 초기 스케치에 바탕을 두었다. 만약 피카소가 자기 작품을 만드는 도중에 판단할 수 있었다면, 그는 일관되게 '더 뜨거워지고(정답에 근접하고)' 나중에 그린 스케치를 사용했을 것이다. 하지만 실제로는 그가 '더 차가워진' 것은 그만큼 흔한 일이었다.

STEP ① 수능 어법 핵심 이론 총정리

p.131

기출+응용 문제로 **핵심 어법** 연습

정답 (A) were (B) because (C) kept

해설

(A) than 앞에 be동사 are가 나오므로 than 뒤에도 be동사인 were를 써야 한다. 과거와 현재를 비교하는 것이므로 시제는 과거로 바뀌었다.

(B) 뒤에 'group work ~ are ~'와 같이 '주어+동사' 형태가 나오므로 절을 이끄는 because를 써야 한다.

(C) 문맥상 소음이 '제거되거나' 최소한으로 '유지돼야' 한다는 의미이므로, can be 뒤의 eliminated와 병렬 연결되도록 과거분사 kept를 써주어야 한다.

해석 학교 도서관 내 소음에 대한 걱정은 과거보다 오늘날 훨씬 더 중요하고 복잡하다. 오래 전, 전자 장비들이 도서관 환경의 아주 중요한 일부가 되기 전에는 사람들이 만들어내는 소음을 처리하기만 하면 되었다. 오늘날에는 컴퓨터, 프린터, 다른 장비들의 폭넓은 사용이 기계 소음을 더하게 되었다. 사람의 소음 또한 증가했는데, 집단 활동과 교사의 설명이 학습 과정의 필수적인 부분이기 때문이다. 그래서 현대의 학교 도서관은 더는 예전처럼 조용한 구역이 아니다. 그러나 많은 학생들이 조용한 학습 환경을 원하므로, 도서관은 여전히 공부와 독서를 위한 조용함을 제공해야 한다. 도서관 환경에 대한 이러한 요구를 고려할 때, 원치 않는 소음이 제거되거나 적어도 최소한으로 유지될 수 있는 공간을 만드는 것이 중요하다.

EXERCISE

A 01 left
02 gets
03 (to) donate
04 to run

B 01 X (is → are)
02 X (to do → do)
03 O
04 X (Despite → (Al)though 또는 tired → being tired)

C 01 impossibly → impossible
02 is → are
03 are → do
04 has → have

p.133

기출+응용 문제로 **핵심 어법** 연습

정답 (A) handling (B) being regulated (C) is

해설

(A) 뒤에 목적어가 나오는 것으로 보아 능동 표현이 필요하므로, handling이 적절하다. 참고로 원래 문장은 'when (we are) handling fresh produce'이다.

(B) 'with+명사+분사'의 명사 'the levels ~ moisture'가 '조절되고 있는' 대상이므로, 진행과 수동을 나타내는 being regulated를 써야 한다.

(C) '보어+동사+주어' 어순의 도치 구문이므로, 동사 뒤 주어 the need에 맞춰 단수동사 is를 써야 한다.

해석 신선한 농산물을 취급할 때, 온도 조절뿐 아니라 공기의 관리도 중요하다. 저장 기간 중 탈수를 막기 위해 공기 중에 약간의 습기가 필요하지만, 너무 많은 습기는 곰팡이의 증식을 조장할 수 있다. 일부 상업용 저장 시설은 저온 저장과 함께 공기의 농도를 조절하는 장치를 지니고 있어, 이산화탄소와 습기 수준 모두가 세심하게 조절되고 있는 상태다. 때때로 에틸렌 가스와 같은 다른 기체가 통제된 수준으로 유입되어, 바나나 및 다른 청과물의 최적 품질 달성에 도움을 줄 수 있다. 저장된 식품에서 약간의 공기 순환을 시킬 필요성이 기체 및 습기 관리와 연관되어 있다.

EXERCISE

A 01 It was his hard work that brought him both rank and wealth.
02 Liam does love being in places where so few have ventured.
03 It was at his best friend's wedding that Joe met his wife-to-be last spring.
04 It was a plate of spaghetti that she ate the night before a race.

B 01 X (a statue stands → stands a statue)
02 X (is → are)
03 O
04 X (he realized → did he realize)

C 01 Enclosed is → Enclosed are
02 During → While
03 it is → is it
04 is → that[which] is

p.131에서 본 예문

A	B	C
01 left	**01** are	**01** impossible
02 gets	**02** to continue	**02** are
03 donate	**03** are	**03** do
04 to run	**04** Although	**04** who

p.133에서 본 예문

A	B	C
01 brought	**01** stands a statue	**01** are
02 does	**02** are	**02** While
03 that	**03** when, that	**03** it is
04 that	**04** did he realize	**04** that is

01 ③ **02** ⑤ **03** ③ **04** ③ **05** ② **06** ④ **07** ⑤

08 is → that[which] is

09 It was three hours later that[when] Melanie came back from her dance lesson.

10 He did borrow money from me to open a stand to sell homemade pastries.

11 is **12** who has influenced **13** necessary **14** and

15 are **16** stop **17** turned **18** does my girlfriend

19 that **20** lived a lonely old man **21** ② **22** ① **23** ③

01 ③

해설 • 부정어구 Not only가 문장 앞에 나온 도치 구문이므로, '조동사+주어+동사원형'의 어순을 쓴다.
• both A and B(A와 B 둘 다) 구문이다.

해석 그 작가는 연설도 할 뿐 아니라 책 사인회도 열 것이다. / 그녀는 Ella가 자신에게 준 립글로스와 아이라이너가 둘 다 마음에 들었다.

02 ⑤

해설 • as/than 뒤의 주어가 대명사인 경우에는 도치가 일어나지 않는다. 따라서 이 경우 do you는 불가능하고, you do만 가능하다. 이때, 대명사 do를 생략하고 you만 남겨도 어법상 맞다.
• 앞에 나온 부정문에 이어 '~도 그렇지 않다'라는 의미의 부정 동의 구문을 넣어야 한다. 완료시제의 대동사는 have[has]이므로 Neither has Emma가 적절하다.

해석 유미는 스페인어를 너만큼 유창하게 말하고 쓴다. / 난 아직 에세이를 제출하지 않았어. Emma도 안 했고.

03 ③

해설 A as well as B(B뿐만 아니라 A도) 구문이 주어로 나오면 동사는 A에 수일치시킨다. 여기서 A에 해당하는 말은 복수명사인 The

team members이므로, 동사도 needs가 아닌 need로 바꾸어야 한다.
① either A or B(A, B 둘 중 하나)는 B에 수일치한다.
② neither A nor B(A도 B도 아닌)는 B에 수일치한다.
④ '비교급+than'의 병렬 구조에서, the tax burden을 대신하기 위해 than 뒤에 단수대명사 that이 적절하게 쓰였다.
⑤ not only A but also B(A뿐만 아니라 B도)는 B에 수일치한다.

해석 ① 주전 선수들 또는 코치가 선발 라인업을 결정한다.
② 내 상사도 내 동료들도 내 제안에 동의하지 않았다.
③ 리더뿐 아니라 팀원들도 프로젝트 지침을 따라야 한다.
④ 국내 기업의 세금 부담은 국제 기업의 부담보다 30% 더 높다.
⑤ 비뿐만 아니라 강한 바람 또한 운전을 어렵게 한다.

04 ③

해설 준부정어 hardly(거의 ~않다)가 문장 앞에 나오면 의문문 어순 도치가 일어난다. 따라서 I had finished를 had I finished로 고쳐야 한다.
① 부정어구 Little 뒤로 '조동사+주어+동사원형'이 적절히 연결되었다.
② 'only+부사구' 뒤로 '조동사+주어+동사원형'이 적절히 연결되었다.
④ 긍정 동의 구문의 'so+대동사+주어'가 올바르다.
⑤ 비교 구문의 than 뒤에는 도치가 일어나도 되고, 일어나지 않아도 된다. does가 앞에 나온 일반동사 knows를 받는다.

해석 ① 나는 내가 대학에서 교직을 맡을 줄은 꿈에도 몰랐다.
② 오로지 금요일과 토요일에만 나는 늦게까지 밖에 있을 수 있다.
③ 내가 내 발표 부분을 끝내자마자 Jack이 모습을 드러냈다.
   (hardly ~ when …: ~하자마자 …하다)
④ 그는 오디션을 고대하고 있고, 나도 그렇다.
⑤ 내 남자친구는 다른 누구보다 나를 잘 안다.

05 ②

해설 <보기>는 'it is[was] … that ~(~한 것은 바로 …이다[였다])'인데, ②는 가주어-진주어 구문이므로 that의 쓰임이 서로 다르다.
① 부사구(at the post office)를 강조하는 'it was … that ~' 구문이다.
③ 부사구(thanks to your support)를 강조하는 'it was … that ~' 구문이다.
④ 명사(Jinny)를 강조하는 'it was … that ~' 구문이다.
⑤ 부사구(through tragedy)를 강조하는 'it was … that ~' 구문이다.

해석 <보기> 비 오는 밤에 문을 두드린 것은 다름 아닌 Seb이었다.
① 내가 Mia를 다시 마주친 건 바로 우체국에서였다.
② 여기서 우리가 깨끗한 물을 이용할 수 없다는 것은 심각한 문제다.
③ 내가 그 슬픔을 극복한 것은 다름 아닌 네 도움 덕분이었다.
④ 우리가 지난 수업 시간에 치른 깜짝 퀴즈에서 1등을 한 것은 다름 아닌 Jinny였다.
⑤ 우리가 현재를 살아가는 것의 중요성을 깨닫는 것은 바로 비극을 통해서이다.

06 ④

해설 'there goes+주어' 구문에서, 주어가 대명사인 경우 도치는 일어나지 않는다. ④에서도 주어가 she이므로, goes she 대신 she goes를 써야 한다.
① 문맥상 Cindy에게 도움을 구해보겠다는 것이 확실하므로 give you a hand를 생략하고 이를 대신하는 대부정사 to이다.
② '장소 부사구+동사+주어' 어순의 도치 구문이다.
③ 주격 관계대명사 that과 동사 is 사이에 I believe가 삽입된 형태이다.
⑤ '설령 있다고 하더라도'라는 의미의 삽입절 if any이다.

해석 ① 나 좀 도와줄래? / 미안, 나 바빠. Cindy한테 도와달라고 해볼게.
② 방 안에 그녀의 향수 냄새가 남아 있다.
③ 지난 주말 나는 내가 걸작이라고 생각하는 드라마 시리즈를 보았다.
④ 저기 그녀가 가네, 버스 타러 뛰어가고 있어.
⑤ 기술 스타트업은 처음 몇 년 동안에는 흔히, 설령 있다고 한들, 수익이 거의 없다.

07 ⑤

해설 'only+부사구'가 문장 맨 앞에 쓰이면 뒤에 나오는 주어와 동사는 의문문 어순으로 배치된다. 따라서 '조동사+주어+동사원형' 어순에 맞춰 did she realize를 써야 한다.
① attention이 불가산명사이므로 앞에 수량형용사 much가 적절히 쓰였다.
② 접속사 when(~할 때)이다.
③ 명사를 강조하는 the very(바로 그 ~)이다.
④ 형용사적 용법의 to부정사이다.

해석 Jenny는 항상 오빠가 자기한테 별 관심이 없다고 생각했다. 그런데 그녀가 실직했을 때, 오빠가 바로 도움을 주겠다고 제안한 첫 번째 사람이었다. 그때 비로소 그녀는 오빠가 자기를 신경 쓴다는 것을 깨달았다.

08 is → that[which] is

해설 주어(Scientists)+동사(have located)+목적어(the part of the brain)으로 주절이 완성되었다. 문맥상 'is responsible ~'은 목적어를 수식하는 말이므로, is 앞에 주격 관계대명사 that[which]를 넣어줘야 한다. 주격 관계대명사는 단독으로 생략되지 않음을 염두에 둔다.

09 It was three hours later that[when] Melanie came back from her dance lesson.

해설 'it was … that ~' 강조구문을 이용해 부사구 three hours later를 강조하면 'It was three hours later that[when] Melanie came back from her dance lesson.'과 같다. 원래 문장이 과거시제이므로 was를 썼으며, three hours later가 시간 표현이므로 관계부사 when을 that 대신 써도 맞다.

해석 3시간 뒤, Melanie는 춤 수업에서 돌아왔다.
→ Melanie가 춤 수업에서 돌아온 것은 3시간 뒤였다.

10 He did borrow money from me to open a stand to sell homemade pastries.

해설 과거시제 동사 borrowed를 강조해야 하므로 'did+동사원형'을 활용하면, 정답은 'He did borrow money from me to open a stand to sell homemade pastries.'이다.

해석 그는 집에서 만든 페이스트리를 팔 판매대를 열고자 내게 돈을 빌렸다.
→ 그는 집에서 만든 페이스트리를 팔 판매대를 열고자 내게 진짜로 돈을 빌렸다.

11 is

해설 핵심 주어가 삽입된 문장(she argues) 앞의 The influence이므로, 정답은 is이다.

해석 그녀가 주장하기로, 또래의 영향력은 부모의 영향력보다 훨씬 강하다.

12 who has influenced

해설 목적격보어 the artist를 수식하는 자리이므로, 주격 관계대명사가 생략되지 않은 who has influenced가 답으로 적절하다.

해석 우리 학생들은 귀하가 자신들에게 가장 큰 영향을 끼친 아티스트라고 여기고 있습니다.

13 necessary

해설 '주어+be동사(it is)'가 생략된 부사절 축약 구문이다. 즉 생략된 be동사의 보어가 접속사 if와 바로 연결되는 구조이므로, 보어 역할을 할 수 있는 형용사 necessary가 적절하다.

해석 여러분은 필요하다면 탈출 시간을 충분히 확보하기 위해 위협에 대한 결정을 즉시 내릴 수 있다.

14 and

해설 문맥상 '명령문+and(~하라, 그러면 …)'의 and를 써준다.

해석 창문 닫아, 그러면 모기들을 밖에 둘 수 있어(모기가 안 들어올 거야).

15 are

해설 '보어+동사+주어' 어순의 도치 구문이다. 즉 복수명사 주어 the days에 맞춰 are를 써야 한다.

해석 사람들이 뉴스를 보러 신문에 전적으로 의지하던 시절은 갔다.

16 stop

해설 A or B 형태의 병렬구조이다. 앞에 나온 동사가 choose인 것으로 보아, 목적어인 to부정사가 A or B 형태로 연결되어 '~하거나 …하기로 선택하다'의 의미임을 알 수 있다. 따라서 to start와 병렬 연결되도록 (to) stop을 써야 한다.

해석 언제든 여러분은 스스로를 더 존중하기 시작하거나, 혹은 여러분을 힘들게 하는 친구들과는 그만 놀기로 선택할 수 있다.

17 turned

(해설) 주어인 His assumption 뒤에 동사가 필요하므로 turned가 적절하다. 'that ~ joke'는 주어를 꾸미는 관계절이다. 주격 관계대명사 that과 동사 was 사이에 they all believed가 삽입되었다.

(해석) 그들이 모두 장난이라고 믿었던 그의 가정은 맞다고 판명되었다.

18 does my girlfriend

(해설) 'neither+대동사+주어' 어순의 부정 동의 구문이다.

(해석) 나는 매운 음식을 좋아하지 않고, 내 여자친구도 마찬가지라서, 우리는 식당에서 늘 순한 음식을 주문한다.

19 that

(해설) 뒤에 주어 없는 불완전한 문장이 나오는 것으로 보아, 강조되는 말이 장소 명사이지만 that만 써야 한다. 강조구문의 that을 when, where 등으로 바꾸려면 뒤에 완전한 문장이 나와야 한다.

(해석) 2016년에 에너지 소비량이 가장 많았던 곳은 바로 미국이었다.

20 lived a lonely old man

(해설) 'there+동사+주어' 구문이므로 lived a lonely old man이 답으로 적절하다.

(해석) 강가의 작은 오두막집에 외로운 노인이 한 명 살았다.

21 ②

(해설) **(A)** 주어인 many situations가 '여겨지는' 대상이므로 are considered가 적절하다.
(B) 문맥상 '도주하거나 싸워야' 했다는 의미여야 하므로, flee와 연결되는 fight를 써야 한다. fought를 쓰면 '도주해야 했거나 싸웠다'는 의미가 되어 미묘하게 어색하다.
(C) 앞에 '주어+동사+목적어'를 모두 갖춘 문장이 나왔다. 문맥상 (C) 이하는 목적어를 꾸미는 수식어구일 것이므로, '주격 관계대명사+be동사' 형태의 that is가 어법상 적절하다.

(해석) 오늘날 우리의 세계는 비교적 무해하다. 우리는 우리 뒤에 호랑이가 있는지 매 순간 주의해야 할 필요가 없다. 우리는 굶주림에 대해 걱정할 필요가 없다. 예를 들어, 오늘날 우리의 위험은 고혈압이나 당뇨병이다. 정확히 하자면, 우리는 현대 세계에 사는 석기 시대의 뇌를 가지고 있다. 이 때문에 많은 상황이 우리의 생존에 무해할지라도 우리 뇌에 의해 위협으로 간주된다. 과거에는 위험이 우리가 도망치거나 싸워야만 한다는 것을 의미했다. 만약 우리가 약속이 있지만 교통 체증에 갇혀 있다면, 그것이 우리의 생명을 실제로 위협하지는 않는다. 하지만 우리 뇌는 이것을 위험으로 간주한다. 그것이 핵심이다. 위험은 없지만, 우리 뇌는 그것을 그렇게 여긴다. 만약 우리가 파트너와 불쾌한 대화를 나눈다면, 그것은 우리의 생명을 위협하지 않으며, 우리는 도망치거나 싸울 필요가 없다. 그 위험은 착각이다. 우리의 석기 시대적 뇌는 거기에 존재하지 않는 치명적인 위험을 본다.

22 ①

(해설) than 뒤로 '대동사+주어' 어순의 도치 구문이 연결되는 것이므로, 주어인 복수명사(acquaintances)에 맞춰 does를 do로 고쳐야 한다.
② 명령문을 여는 동사원형(~하라)이다.
③ your physical space가 '침범당하는' 대상이므로, 과거분사 violated를 썼다.
④ 'another(또 다른)+단수명사'가 문맥에 맞게 쓰였다.
⑤ '주어+조동사 과거형+동사원형 ~, if+주어+과거시제 동사 …' 형태의 가정법 과거 구문이다.

(해석) 거리는 두 사람 간 관계에 관한 믿을 수 있는 지표이다. 모르는 사람들은 지인들보다 더 멀리 떨어져 서고, 지인들은 친구들보다 더 멀리 떨어져 서며, 친구는 연인들보다 더 멀리 떨어져 선다. 물론 때로는 이런 규칙이 깨진다. 마지막으로 완전히 모르는 사람들로 가득찬 엘리베이터를 타고 20층을 이동했던 때를 떠올려 보라. 승객이 빽빽이 들어찬 경험은 분명히 그 상황을 약간 불편하게 만들었을 것이다. 물리적 공간을 침범당한 상태에서, 여러분은 눈을 마주치지 않고, 대신에 엘리베이터 버튼에 집중해 '심리적' 공간을 만들어 내려고 했을 수도 있다. 한 가지 비언어적 채널(눈맞춤)에서의 가까움을 줄여서, 또 다른 채널(근접성)에서의 원치 않는 가까움을 상쇄할 수 있다. 마찬가지로, 여러분이 큰 테이블에서 몇 피트 떨어져 앉아 있는 누군가와 이야기하고 있다면 아마도 계속 눈을 마주칠 것인데, (이것은) 만일 여러분이 서로 옆에 서 있다면 하기 불편한 것일지도 모른다.

23 ③

(해설) 뒤에 형용사구가 나오므로, 명사구와 결합하는 전치사를 쓸 수 없다. 따라서 같은 의미의 접속사 Although로 바꾸면, 'Although (it is) different ~'의 부사절 축약 구문임을 알 수 있다.
① every adult (who is) alive 형태가 알맞게 쓰였다. '주격 관계대명사+be동사'가 생략된 것이다.
② 조동사 will('ll) 뒤에 wake up과 realize가 등위접속사 and 앞뒤로 알맞게 병렬 연결되었다.
④ 접속사 as(~함에 따라)이다.
⑤ 'the+비교급 ~, the+비교급 …(~할수록 더 …하다)' 구문에서, 비교급의 품사는 'the+비교급' 뒤의 구조에 의해 결정된다. 여기서는 뒤에 2형식 동사 feels가 나오는 것으로 보아, 'the+비교급'이 feels의 보어 역할을 할 수 있는 형용사여야 한다. 따라서 the slower가 알맞게 쓰였다.

(해석) 현재를 살아가는 모든 어른들이 삶의 어느 순간에 다음의 표현을 변형해 사용하거나 다른 사람으로부터 들어봤을 거라고 생각하는 것은 타당하다. "그 시간이 다 어디로 간 거지?" "벌써 새해라니 믿을 수 없어. 시간 빠르네!" "(지금) 즐겨. 어느 날 눈 뜨면 50살일 거야." 표면상으로는 다르지만, 이런 표현 뒤에 숨어 있는 감정은 매한가지다. 우리가 나이가 들수록 시간이 더 빨리 가는 것처럼 느껴진다는 것이다. 하지만 왜 이런 일이 일어나는 걸까? 심리학자 Robert Ornstein에 따르면, 시간의 속도와 이것에 대한 우리의 인지는 우리 정신이 흡수하고 처리할 새로운 정보가 얼마나 있는가에 크게 영향을 받는다. 핵심은, 우리가 새로운 정보를 더 많이 받아들일수록, 시간은 더 천천히 느껴진다는 것이다.

실전 Test · 1회 Day 14 01~15번

01 ③	02 ②	03 ④	04 ②	05 ⑤	06 ⑤
07 ③	08 ③	09 ⑤	10 ③	11 ①	12 ①
13 ③	14 ②	15 ④			

---

01 ③ (interesting → interested)

✅ 출제 Point 분사 ▶ 현재분사 vs. 과거분사

해설 every face가 '흥미를 느끼는' 것이므로 interesting 대신 interested를 써야 한다. interesting은 '흥미를 유발하는' 주체를 묘사할 때 쓴다.

① 시간 선행사 뒤에서 관계부사 when을 대신하는 that이 알맞게 쓰였다. 선행사에 서수나 only가 포함되어 있으면 흔히 that을 쓴다.

② '의미상 주어+현재분사, 주어+동사 ~' 형태이다. 즉 His hands trembling은 독립분사구문이다.

④ 사역동사 made의 목적격보어로 원형부정사 feel을 썼다.

⑤ and로 연결되는 두 동사(smiled ~ and went on) 사이에 삽입되어 주어의 상태를 보충 설명하는 분사구문이다.

해석 Salva는 남부 수단을 돕기 위한 프로젝트에 쓸 돈을 모아야 했다. Salva가 관중 앞에서 말하는 것은 처음이었다. 사람들이 백 명 넘게 있었다. Salva가 마이크 쪽으로 걸어갈 때 그의 무릎은 후들거리고 있었다. "아-아-안녕하세요," 그가 말했다. 손을 떨면서, 그는 관중을 바라보았다. 모든 사람들이 그를 보고 있었다. 그때, 그는 모든 얼굴이 그가 해야 할 말에 관심이 있어 보인다는 것을 알아챘다. 사람들은 미소 짓고 있었고 우호적으로 보였다. 이것이 그의 기분을 좀 더 나아지게 해서, 그는 다시 마이크에 대고 말했다. "안녕하세요," 그는 반복했다. 그는 안심하여 미소 지으며 말을 이어갔다. "저는 남부 수단을 위한 프로젝트에 관해 여러분께 말씀드리려고 이 자리에 섰습니다."

---

02 ② (appearing → appeared)

✅ 출제 Point 준동사 vs. 동사

해설 주어인 The face 뒤에 동사가 필요하므로 appearing을 appeared로 고친다. 'you saw ~ this morning'은 주어를 꾸미는 수식절이다.

① 비교급을 꾸미는 부사 far(훨씬)이다.

③ 앞에 is, cannot be 등 be동사가 나오므로 대동사 자리에 be동사를 써야 한다. 문맥상 '10분 전'이라는 과거에 '당신이 그러했던' 모습을 설명하는 것이므로 과거시제 was를 썼다.

④ a photograph가 '찍히는' 대상이므로 과거분사 taken을 썼다.

⑤ 'if+주어+과거시제 동사 ~, 주어+조동사 과거형+동사원형 …'의 가정법 과거 문장이다. 이는 현재 사실이 아닌 상황을 가정한다.

해석 때때로 변화의 속도는 훨씬 더 느리다. 오늘 아침 거울 속에 비친 당신의 얼굴은 아마도 당신이 그 전날 또는 일주일이나 한 달 전에 본 얼굴과 다르지 않아 보였을 것이다. 그러나 우리는 거울로부터 우리를 쳐다보는 얼굴이 10분 전의 모습과 같지도 않고, 같을 수도 없음을 안다. 증거는 당신의 사진 앨범에 있는데, 5년 또는 10년 전에 찍은 사진을 보면 당신은 스냅사진 속의 얼굴과 거울 속 얼굴 사이의 명확한 차이를 보게 될 것이다. 만약 당신이 일 년간 거울이 없는 세상에 살고 그 이후 (거울에) 비친 당신의 모습을 본다면, 당신은 그 변화 때문에 깜짝 놀랄지도 모른다. 자신을 보지 않고 10년의 기간이 지난 후, 당신은 거울에서 쳐다보고 있는 사람을 처음에는 알아보지 못할지도 모른다. 심지어 우리 자신의 얼굴처럼 아주 기본적인 것조차도 순간순간 변한다.

---

03 ④ (11-year-old — that — had been)

✅ 출제 Point (A) 형용사와 부사 ▶ 복합형용사
(B) 명사절과 부사절 ▶ 동격 that
(C) 시제/조동사 ▶ 과거완료

해설 (A) '수사+명사'가 하이픈(-)으로 결합된 복합형용사에서 수사 뒤 명사는 항상 단수로 쓴다. 따라서 11-year-old가 적절하다.

(B) she had to leave everything she knew가 '주어+동사+목적어'를 모두 갖춘 완전한 문장인 것으로 보아, 추상명사 The fact의 내용을 설명하는 동격의 접속사 that 자리이다.

(C) '이사를 가는' 과거 시점보다 더 먼저부터 있었던 상황을 묘사하는 문맥이므로 과거완료 시제인 had been을 써야 적절하다.

해석 11살짜리 소녀 Clara는 창문을 내린 채 자기 어머니 차 뒷좌석에 앉았다. 바깥에서 불어온 바람이 그녀의 창백한 상아색 피부에 갈색 머리카락을 흩날렸다. 그녀는 한숨을 깊이 쉬었다. 그녀는 이사하게 되어 슬펐고 웃고 있지 않았다. 그녀의 마음은 상처받은 것 같았다. 자신이 알았던 모든 것을 떠나야 한다는 사실이 그녀의 마음을 아프게 했다. 11년, 그것은 한곳에 머물며 추억을 쌓고 친구를 사귀기에 긴 시간이었다. 그녀는 자기 친구들과 함께 학년을 마칠 수 있었고, 그 점이 좋았으나, (이제) 그녀는 여름 전체와 다가오는 학년을 홀로 마주하게 될 것이 두려웠다. Clara는 한숨을 크게 쉬었다.

---

04 ② (that → it)

✅ 출제 Point 명사와 대명사 ▶ it vs. that

해설 진주어 'to allow ~'에 대응되는 가주어 자리이므로 that을 it으로 고쳐야 한다. 이 that을 접속사로 오해하지 않도록 한다.

① 'by+동명사(~함으로써)' 구문이다.

③ 'all/half/double+관사+명사' 어순이다.

④ 주어 a milestone이 '이르게 되는' 대상이므로 수동태를 써야 하는데, 시점은 '캐치볼을 하는' 과거 시점보다도 더 이전이다. 따라서 과거완료 수동태인 had been p.p. 형태를 썼다.

⑤ and 앞의 was와 병렬 연결되는 과거 동사 commented이다.

해석 Jack은 아들 Mark가 키워가던 완벽주의의 순환을 멈추게 했다. Mark는 8살이 되자 시합에서 지는 것을 참지 못했다. Jack은 Mark가 체스 시합에서 항상 이기게 하여 Mark의 태도에 일조하고 있었는데, Mark가 화가 나서 우는 것을 보고 싶지 않았기 때문이었다. 어느 날, Jack은 Mark가 패배를 좀 경험하게 하는 것이 더 중요하다는 것을 깨달았고, 그래서 그는 최소한 시합의 절반은 이기기 시작했다. Mark는 처음에는 화를 냈지만, 더 흔쾌히 이기고 지기 시작했다. Jack은 자신이 Mark와 캐치볼을 하다가 공을 잘못 던졌던 어느 날 중대한 시점에 이르렀음을 느꼈다. 공을 놓쳐 화를 내는 대신에, Mark는 유머 감각을 사용할 수 있게 되어 말하기를, "잘 던졌어

요, 아빠. 잡는 게 엉망이네, Mark."라고 했다.

05 ⑤ (During → While)

✅ 출제 Point 명사절과 부사절 ▶ 접속사 vs. 전치사 /
특수구문 ▶ 부사절 축약

해설 시간 부사절 While he was there에서 '대명사 주어+be동사'를 생략한 축약 구문이다. 따라서 During을 While로 고쳐야 한다. During은 원칙적으로 시간 명사(구)와 결합하므로 부사 there와 쓰지 않는다.

① 복합관계형용사 whatever(~하는 어떤 …이든지)가 뒤에 나온 관사 없는 명사 materials를 꾸미고 있다. 전체 절은 with의 목적어 역할을 한다.
② 목적(~하기 위해서)의 의미를 나타내는 to부정사구이다. 참고로 목적의 to부정사가 동사 use와 어울려 쓰이면 우리말로는 '~을 사용해 …하다'와 같이 해석하면 더 자연스럽다.
③ 장소 선행사 Cedar Rapids, Iowa를 보충 설명하는 계속적 용법의 관계부사이다.
④ 'the+최상급'이 알맞게 쓰였다.

해석 Grant Wood는 농장에서 자랐고, 마련될 수 있는 어떤 재료로든 그림을 그렸다. 종종 그는 장작불에서 나온 숯을 이용해 쓰다 남은 포장용 갈색 종이 위에 스케치했다. 그가 겨우 열 살 때 아버지가 돌아가셨고, 그의 어머니는 가족을 데리고 아이오와주의 Cedar Rapids로 이사했는데, 그곳에서 그는 학교에 다녔다. 그는 아이오와 주립 대학교에서 시간제로 공부했고, 시카고 미술 학교에서 야간 수업을 들었다. 32살이 되었을 때, 그는 파리로 가서 Académie Julian에서 공부했다. 1927년에 그는 독일의 뮌헨으로 여행을 갔는데, 그곳에서는 당대의 가장 뛰어난 몇몇 예술가가 활동 중이었다. 거기 있는 동안, 그는 그에게 크게 영향을 준 독일과 플랑드르 지역의 작품들을 보았는데, 특히 Jan van Eyck의 작품에서 영향을 받았다. 그 여행 이후, 그의 스타일은 바뀌어 그 화가들의 사실주의를 반영하게 되었다.

06 ⑤ (had been → were)

✅ 출제 Point 가정법 ▶ as if 가정법

해설 Zoe가 상을 타려고 불려가는 바로 그 시점에 실제로는 천국에 있지 않았지만 마치 천국에 있는 것 같다고 느꼈다는 의미이다. 따라서 had been을 were로 고쳐 as if 가정법 과거 문장을 완성해야 한다.

① 사람 선행사 the student를 꾸미는 주격 관계대명사 who가 적절히 쓰였다.
② Zoe를 제외한 '나머지' 최종 후보자들을 전부 가리키기 위해 'the other+복수명사'를 썼다.
③ 최우수상 발표를 기다리는 시점에 앞서 '이미 상을 탄' 상태였다는 의미를 나타내기 위해 had won이라는 과거완료 동사를 썼다.
④ 주어인 The Trophy for General Excellence가 '수여되는' 대상이므로 수동태를 적절히 썼다.

해석 교장 선생님이 무대 위로 올라갔다. "이제, 최고 등수를 차지한 학생에게 올해의 학업 최우수상을 수여하겠습니다." 그는 열두 명의 최종 입상 후보자가 모여 있는 좌석 열을 향해 미소 지었다. Zoe는 땀에 젖은 손을 손수건에 문질러 닦고는 나머지 다른 최종 입상 후보자들을 흘긋 보았다. 다들 그녀만큼 창백하고 불안해 보였다. Zoe와 나머지 최종 입상 후보자 중 한 명이 4개 과목에서 1위를 차지했으므로, 그들의 노력과 자신감을 선생님들이 어떻게 평가했느냐로 좁혀졌다. "전체 최우수상을 위한 트로피는 Zoe Perry 양에게 수여됩니다."라고 교장 선생님은 공표했다. "Zoe는 이쪽으로 나와 주시겠습니까?" Zoe는 마치 천국에 있는 기분이었다. 그녀는 활짝 웃음을 지으며 우레와 같은 박수갈채를 받으며 걸어갔다.

07 ③ (will make → make)

✅ 출제 Point 시제/조동사 ▶ 현재시제의 미래 대용

해설 시간과 조건의 부사절에서는 현재시제가 미래시제를 대신하므로, will make를 make로 고쳐야 어법상 맞다.

① 'be required+to부정사(~하도록 요구받다)' 구문이다. 이는 5형식 구조인 'require+목적어+to부정사'의 수동태이다.
② seemed라는 2형식 동사 뒤에 형용사 보어인 ridiculous를 알맞게 썼다.
④ 'encourage+목적어+to부정사' 형태의 5형식 구문이다.
⑤ '그, 저'라는 의미의 지시형용사 that이 알맞게 쓰였다.

해석 내가 군대에 있을 때, 교관들이 나의 병영 생활관에 모습을 드러내곤 했는데, 그들이 맨 먼저 검사하곤 했던 것은 우리의 침대였다. 단순한 일이지만, 매일 아침 우리는 침대를 완벽하게 정돈하도록 요구받았다. 당시에는 이것이 약간 우스꽝스럽게 보였지만, 이 단순한 행위의 지혜는 여러 차례 반복해서 내게 입증되었다. 여러분이 매일 아침 침대를 정돈한다면, 여러분은 하루의 첫 번째 과업을 성취해놓게 된다. 그것은 여러분에게 작은 자존감을 주고, 또 다른 과업을 잇따라 이어가도록 용기를 줄 것이다. 하루가 끝날 때쯤에는, 완수된 그 하나의 과업이 여러 개의 완수된 과업으로 변해 있을 것이다. 여러분이 작은 일들을 제대로 할 수 없다면 큰일들도 결코 제대로 할 수 없을 것이다.

08 ③ (Increase → Increasing)

✅ 출제 Point 동명사 ▶ 동명사 주어 / 준동사 vs. 동사

해설 문장 전체의 동사 became 앞에 주어가 필요하므로, 주어 역할을 할 수 없는 Increase 대신 동명사인 Increasing을 써야 한다.

① 명사구 their profession, their marriage, or their religion과 연결되는 전치사 regarding(~에 관해)이다. 콤마 사이의 for instance는 삽입구이다.
② 가주어 It에 대응되는 진주어 역할의 명사절을 이끌고자 접속사 that을 썼다.
④ something이 '발견되어야 할' 대상이므로 수동의 의미를 나타내는 to be p.p. 형태를 썼다.
⑤ 문맥상 선행사의 소유격을 받아 '사람들의' 진짜 자아라는 의미를 완성하는 소유격 관계대명사 whose가 적절히 쓰였다. whose 뒤에는 관사 없는 명사로 시작하는 완전한 절이 연결된다.

해석 현대에는 사회가 더욱 역동적이 되었다. 사회적 유동성이 증가하였고 사람들은 예를 들어 자신의 직업, 결혼 혹은 종교와 관련하여 더 높은 정도의 선택권을 행사하기 시작했다. 이것은 사회의 전통적인 역할에 이의를 제기했다. 대안이 실현될 수 있는 상황에서 개인이 자신이 타고난 역할에 전념할 필요가 있다는 것은 덜 분명해졌다. 개인의 삶의 선택에 대한 통제력을 늘리는 것이 가능해졌을 뿐만 아니라 바람직해졌다. 그러자 정체성이 문제가 되었다. 그것은 더 이상 태어날 때 거의 주어진 것이 아닌, (후천적으로) 발견되어야 할 것이었다. 사회에 의해 규정된 역할 정체성은 자신의 진짜 자아를 아래 어딘가

에서 발견해야 할 사람들에게 부여된 가면처럼 보이기 시작했다.

09 ⑤ (has been given — that — do you achieve)

✓출제 Point (A) 수동태 ▶ 4형식 문장의 수동태
(B) 명사절과 부사절 ▶ that vs. what
(C) 특수구문 ▶ 부정어구의 도치

해설 (A) memory가 이름을 '부여받는' 대상이므로 has been given이 적절하다.
(B) understanding is the key to learning이 완전한 2형식 문장이므로 명사절 접속사 that이 적절하다.
(C) 문장 맨 앞에 'only+부사절'이 나오면 의문문 어순 도치가 일어나므로, '조동사+주어+동사원형'의 어순에 맞춰 do you achieve를 써야 한다.

해설 수년에 걸쳐 기억은 오명을 받았다. 그것은 무턱대고 외우는 것 및 정보를 뇌에 쑤셔 넣는 것과 연관되었다. 교육자들은 이해가 학습의 핵심이라고 계속 말했지만, 만약 여러분이 어떤 것을 기억해내지 못한다면 어떻게 그것을 이해할 수 있겠는가? 우리는 모두 정보를 인식하고 이해하지만, 그게 필요할 때 기억해내지 못하는 그런 경험을 해본 적이 있다. 예를 들어, 여러분은 몇 개의 농담을 알고 있는가? 여러분은 아마도 수천 개를 들었겠지만 지금 당장은 대략 네다섯 개만 겨우 기억해 낼 수 있다. 네 개의 농담을 기억하는 것과 수천 개를 인식 또는 이해하는 것 사이에는 큰 차이가 있다. 이해는 사용을 만들어 내지 않는다. 여러분이 이해한 것을 즉각적으로 기억하고, 여러분의 기억된 이해를 사용하는 것을 행할 수 있을 때에야, 여러분은 숙달에 이른다. 기억은 여러분이 배운 것을 저장한다는 의미인데, 그게 아니라면 우리가 애초에 왜 배우려고 애쓰겠는가?

10 ③ (very → even)

✓출제 Point 형용사와 부사 ▶ 비교급 수식 부사

해설 비교급은 very로 강조할 수 없고, 대신 even, much, still, far, a lot 등을 쓴다.
① 뒤에 완전한 문장이 연결되므로 관계부사 why는 적절하다. 일반적 선행사 the reason은 생략되었다.
② when it is needed였던 문장에서 '대명사 주어+be동사'를 생략한 것이다.
④ 앞 문장을 가리키는 지시대명사 That이 알맞게 쓰였다.
⑤ 'how+형/부+주어+동사(얼마나 ~한지)'의 어순이 알맞다.

해설 뇌는 몸무게의 고작 2퍼센트를 차지하지만 우리 에너지의 20퍼센트를 사용한다. 갓 태어난 아기의 경우, 그 비율은 자그마치 65퍼센트에 달한다. 그것은 부분적으로 아기들이 항상 잠을 자고 — 뇌 성장이 그들의 진을 빼놓는다 — 많은 체지방을 보유하는 이유인데, 필요 시에 에너지 비축고로서 사용하기 위한 것이다. 우리 근육은 훨씬 더 많은 에너지를 써서, 전체의 약 4분의 1 정도를 쓰지만, 우리에게는 근육이 많기도 하다(근육은 많이 있어서 에너지도 많이 쓰는 것이다). 실제로 뇌는 물질 단위당으로 보면 다른 기관에 비해 훨씬 많은 에너지를 사용한다. 그것은 우리 장기 중 뇌가 단연 가장 에너지 소모가 많다는 것을 의미한다. 하지만 그것은 또한 놀랍도록 효율적이다. 뇌는 하루에 약 400칼로리의 에너지만 필요로 하는데, 블루베리 머핀 하나에서 얻는 것과 거의 같다. 머핀으로 24시간 동안 노트북을 돌아가게 해서 얼마나 가는지 보라.

11 ① (translating → translate)

✓출제 Point to부정사 ▶ to부정사의 부사적 용법 /
동명사 ▶ 동명사의 관용표현

해설 문맥상 '~하기 위해 사용된다'는 의미이므로 'be used to+동사원형'을 써야 한다. 따라서 translating을 translate로 고쳐야 한다. 'be used to+동명사'는 '~하는 데 익숙해지다'라는 의미이다.
② occasions를 꾸미는 시간의 관계부사 when이 적절하게 쓰였다.
③ 뒤에 나오는 전치사구를 꾸미는 부사 mainly가 적절하게 쓰였다. is seen을 5형식 수동태로 착각하지 않도록 한다.
④ 'allow+목적어+to부정사' 형태의 5형식 구문이다.
⑤ 주어 The Persian language dialogue와 동사 is not subtitled 사이에서 주어를 꾸미는 수식어구 자리이므로, 과거분사 spoken이 알맞게 쓰였다. 이는 주어가 '이야기되는' 대상이라는 수동의 의미를 나타낸다.

해설 영화에서 외국어가 사용되는 대개의 경우, 관객을 위해 대화를 통역하고자 자막이 이용된다. 하지만 외국어 대화가 자막 없이 (그리하여 주요 대상 관객 대부분이 이해하지 못하게) 처리되는 경우가 있다. 영화가 주로 그 언어를 할 줄 모르는 특정한 등장인물의 관점에서 보여지는 경우에 흔히 이렇게 처리된다. 그러한 자막의 부재는 그 등장인물이 느끼는 것과 비슷한 몰이해와 소외의 감정을 관객이 느끼게 한다. 이것의 한 예를 <Not Without My Daughter>에서 볼 수 있다. 주인공 Betty Mahmoody가 페르시아어를 하지 못하고, 관객은 그녀의 시선에서 영화를 보는 것이기 때문에, 이란인 등장인물들이 하는 페르시아어 대화는 자막 처리가 되어 있지 않다.

12 ① (are — Being — to find)

✓출제 Point (A) 주어와 동사의 수일치
(B) 준동사 vs. 동사 / 분사 ▶ 분사구문
(C) to부정사 ▶ 가주어-진주어 구문

해설 (A) that절의 주어인 classrooms가 복수명사이므로 복수동사 are를 쓴다. with too much decoration은 주어를 꾸민다.
(B) 콤마 앞에서 주절을 보충 설명하는 분사구문 자리이므로 Being이 적절하다. 이 Being은 생략 가능하다.
(C) it's our job에서 it은 가주어이므로 진주어가 필요하다. 따라서 to find를 쓰는 것이 적절하다. in order to support their attention은 삽입된 목적의 부사구이다.

해설 피츠버그의 Carnegie Mellon University가 진행한 '좋은 것이 너무 많아 나쁠 수도 있을 때'라고 불리는 최근 한 연구는, 장식이 너무 많은 교실이 어린이들의 주의 산만의 원인이며 그들의 인지적 수행에 직접적으로 영향을 미친다는 점을 보여준다. 시각적으로 지나치게 자극받을 때, 아이들은 집중하는 데 많이 어려워하고 결국 더 나쁜 학습 결과를 얻게 된다. 반면에, 교실 벽에 장식이 많지 않으면, 아이들은 덜 산만해지고, (학습) 활동에 더 많은 시간을 들이고, 더 많이 배운다. 그리하여 그들의 집중을 돕기 위해 지나친 장식과 장식이 전혀 없는 것 사이 적절한 균형을 찾는 것이 우리가 할 일이다.

13 ③ (what → how)

✓출제 Point 관계사 ▶ 복합관계사

해설 뒤에 accomplished라는 형용사가 나오는 것으로 보아 'no matter how[however]+형/부+주어+동사'를 떠올려야 한다. 따

라서 what을 how로 고쳐야 한다. 형용사 뒤의 '주어+be동사 (they are)'는 생략되었다.

① 복수명사인 The laws를 가리키는 지시대명사 those가 알맞게 쓰였다.

② isn't의 not과 어울려 '반드시 ~하지는 않은'의 의미를 나타내는 부사 necessarily가 알맞게 쓰였다.

④ 콤마 앞의 주절 뒤에서 '~하면서'의 의미로 주절을 보충 설명하는 분사구문 hoping이 알맞게 쓰였다.

⑤ is의 보어인 명사구 'to try ~ and then to communicate ~'가 병렬 연결된다.

[해석] Robert Schumann은 언젠가 "도덕의 법칙은 예술의 법칙이다."라고 말했다. 여기서 이 위인이 말하고 있는 것은 좋은 음악과 나쁜 음악이 있다는 것이다. 가장 위대한 음악은 심지어 그것이 사실상 비극적일지라도 우리를 이 세상보다 더 높은 세상으로 데려간다. (그래서) 어떻게든지 아름다움은 우리를 고양시킨다. 반면에 나쁜 음악은 우리를 격하시킨다. 연주도 마찬가지인데, 나쁜 연주가 반드시 무능의 결과는 아니다. 일부 최악의 연주는 연주자들이 아무리 기량이 뛰어날지라도 연주하고 있는 곡보다 자기 자신을 더 생각하고 있을 때 발생한다. 이 미덥지 못한 사람들은 작곡가가 말하는 것을 정말로 듣고 있지 않다. 그들은 대중적으로 큰 '성공'을 거두기를 바라며 그저 (자기 솜씨를) 뽐내고 있을 뿐이다. 연주자의 기본 임무는 음악의 의미를 이해하려고 노력한 후 그것을 다른 사람들에게 정직하게 전달하는 것이다.

---

14 ② (other → another)

출제 Point 명사와 대명사 ▶ 부정대명사

[해설] 'another+단수명사', 'other+복수명사'를 구분해 기억하도록 한다. 여기서는 뒤에 character라는 단수명사가 오므로 another가 적합하다.

① '명령문+and(~하라, 그러면 …)' 구조이다.

③ 시간 부사절에서는 현재시제(arises)가 미래시제를 대신한다.

④ 'if (it were) told ~'라는 부사절(가정법 과거 종속절)에서, '대명사 주어+be동사'가 생략되었다.

⑤ 'what if+주어+과거시제 동사(실제 ~이지 않지만 만일 ~한다면 어떨까)' 형태의 가정법 과거 구문이다.

[해석] '누구의' 이야기인지가 '무슨' 이야기인지에 영향을 미친다(이야기의 화자가 내용에 영향을 미친다). 주인공을 바꿔보라, 그러면 이야기의 초점도 틀림없이 바뀐다. 만약 우리가 다른 어떤 등장인물의 눈을 통해 사건을 본다면, 우리는 그것을 다르게 해석할 것이다. 우리는 새로운 누군가에게 공감할 것이다. 이야기의 핵심인 갈등이 발생할 때, 우리는 다른 결과를 간절히 바랄 것이다. 예를 들어, 신데렐라 이야기가 사악한 의붓자매의 관점에서 이야기된다면 어떻게 바뀔지 생각해보라. <Gone with the Wind>는 Scarlett O'Hara의 이야기이지만, 만약 같은 사건이 Rhett Butler나 Melanie Wilkes의 관점에서 제시된다면 어떨까?

---

15 ④ (work → working)

출제 Point 특수구문 ▶ 병렬구조

[해설] A, B, or C의 병렬구조인데, 문맥상 A와 B에 해당하는 말이 focusing과 (being) unable이다. 둘 다 분사구문이므로, work 또한 현재분사인 working으로 고쳐야 한다. 만일 unable에 연결

되는 to have or express와의 병렬구조로 오해하면, '감정을 갖거나 표현하거나, 열심히 일하지 못한다'는 의미가 되어 문맥상 어색하다. 병렬구조는 이처럼 형태적으로 가능해 보여도 의미를 꼭 확인해 본 후 정답을 확정해야 한다.

① 사역동사 make가 수동태(hadn't ~ been made)로 바뀐 후, 원형부정사였던 보어 또한 to부정사(to feel)로 바뀌었다.

② have been에 연결되는 과거분사 exposed를 꾸미기 위해 중간에 부사 painfully가 삽입된 형태이다.

③ 형용사 hard를 꾸미는 부사적 용법(~하기에)이다. 의미상 목적어가 주어인 one's parents이므로 to impress 뒤에 목적어가 따로 나오지 않았다.

⑤ why절의 주어 one, 동사 dreams 뒤에 목적절을 이끄는 접속사 that이 알맞게 연결되었다.

[해석] 명성에 대한 욕망은 무시당한 경험에 그 뿌리를 둔다. 과거 어느 시점에 자신이 또한 대단히 하찮다고 느끼게 되지 않아본 사람이라면 그 누구도 유명해지려 하지 않을 것이다. 우리는 더 일찍이 고통스럽게 박탈감을 겪어봤을 때 우리를 대단하게 여겨주는 관심을 많이 필요로 한다. 어쩌면, 부모가 감명시키기 어려운 이들이었을 것이다. 그 부모는 결코 관심을 많이 주지 못했고, 다른 유명한 사람들에 관심을 갖거나, 다정한 감정을 느끼거나 표현해주지 못했거나, 아니면 그냥 일을 너무 열심히 하는 등 다른 일로 너무 바빴다. 잠들기 전에 읽어주는 이야기가 없었고, 성적 통지표는 칭찬과 감탄의 대상이 아니었다. 그러한 이유로 세상이 관심을 기울여주게 되기를 꿈꾸는 것이다. 우리가 유명하면, 우리 부모님 역시 우리를 찬탄할 테니까 말이다.

16 ②	**17** ②	**18** ①	**19** ⑤	**20** ①	**21** ①
22 ①	**23** ③	**24** ④	**25** ④	**26** ⑤	**27** ②
28 ⑤	**29** ①	**30** ①			

16 ② (needs — messy — look)

✅ 출제 Point   (A) 관계사 ▶ 주격 관계대명사절의 수일치
                (B) 형용사와 부사 ▶ 형용사의 역할
                (C) 동사 ▶ 사역동사의 목적격보어

해설 (A) 선행사가 동사 앞의 a problem이므로, 주격 관계대명사 that 뒤에는 단수동사가 나와야 한다. 따라서 needs가 적절하다. 주어가 너무 길어지는 것을 피하고자 선행사-관계절을 분리시킨 구조임을 기억해 둔다.
      (B) makes가 '~을 …하게 만들다'라는 의미의 5형식 동사이므로, 목적격보어 자리에 형용사 messy를 써야 적절하다.
      (C) will make는 '~이 …하게 할 것이다'라는 의미의 사역동사이다. 사역동사 make는 목적어와 목적격보어가 능동 관계일 때 원형부정사를 보어로 취하므로 look이 적절하다.

해석 저는 Anthony Thompson이라고 하고 입주민 조합을 대표하여 이 글을 씁니다. 우리 재활용 프로그램은 여러분의 참여 덕택에 잘 운영되고 있습니다. 그런데 최근에 여러분의 관심이 필요한 문제가 생겼습니다. 재활용을 위해 정해진 날이 없어서 입주민들은 아무 때나 재활용품을 배출하고 있습니다. 이것은 재활용 구역을 어지럽히고, 추가 노동과 비용을 요구합니다. 이 문제를 처리하고자 입주민 조합에서는 재활용하는 날을 결정했습니다. 여러분이 수요일에만 재활용품을 배출하실 수 있음을 알려드리고자 합니다. 이것이 우리 아파트 단지를 훨씬 더 쾌적해 보이게 만들 것이라 확신합니다. 여러분의 협조에 미리 감사합니다.

17 ② (ask — another — increasing)

✅ 출제 Point   (A) 가정법 ▶ 가정법 현재 명사절
                (B) 명사와 대명사 ▶ 부정대명사
                (C) 분사 ▶ 분사구문

해설 (A) 주장, 요구, 명령, 제안의 동사 뒤에 나온 that 목적절이 당위(~해야 한다)의 의미를 나타낸다면 that절의 동사 자리에는 '(should)+동사원형'을 쓴다. 여기서도 새로 이사 온 사람이 이웃에게 도움을 '요청해야 한다고' 제안했다는 의미이므로 동사원형인 ask를 써야 한다.
      (B) '또 다른 호의'라는 의미를 나타내기 위해 another를 써야 한다. other는 가산복수명사 또는 불가산명사와 함께 써야 하며, 단독으로는 쓰지 않는다.
      (C) 콤마 뒤로 접속사가 없으므로 또 다른 동사를 연결할 수 없다. 따라서 준동사인 increasing을 써야 한다. 이 increasing은 주절의 결과로 나타난 일을 보충 설명하는 분사구문이다.

해석 Benjamin Franklin은 예전에 '너에게 친절을 행한 적이 있는 사람은 네 자신이 친절을 베풀었던 사람보다도 너에게 또 다른 친절을 행할 준비가 더 되어 있을 것이다.'라는 옛 격언을 인용하면서, 동네에 새로 온 사람은 새 이웃에게 도움을 요청해야 한다고 제안했다.

Franklin의 의견에 따르면, 누군가에게 무언가를 요구하는 것은 사회적 상호작용에 대한 가장 유용하고 즉각적인 초대였다. 새로 온 사람 쪽이 하는 그런 요청은 이웃이 자신을 좋은 사람으로 보여줄 수 있는 기회를 첫 만남에 제공했던 것이다. 또한 그것은 이제 반대로 후자(이웃)가 전자(새로 온 사람)에게 부탁할 수 있으며 이는 친밀함과 신뢰를 증진시킨다는 것을 의미했다. 그러한 방식으로, 양쪽은 당연한 머뭇거림과 낯선 사람에 대한 상호 두려움을 극복할 수 있을 것이었다.

18 ① (which → when)

✅ 출제 Point   관계사 ▶ 관계대명사 vs. 관계부사

해설 시간 선행사 his teens 뒤로 이 시점에 관해 보충 설명하는 완전한 2형식 문장(he became ~ paper)이 이어진다. 따라서 관계대명사 which 대신 관계부사 when을 써야 한다.
      ② 전치사 as(~로서)의 쓰임이 적절하다.
      ③ a daily evening newspaper가 '출간되는' 대상이므로 과거분사 published가 적절히 쓰였다.
      ④ 목적(~하기 위해서)의 의미를 나타내는 to부정사구이다.
      ⑤ he took이 목적어가 없는 불완전한 문장이므로, 목적격 관계대명사 역할을 할 수 있는 that이 적절히 쓰였다.

해설 Eddie Adams는 펜실베이니아주 New Kensington에서 태어났다. 그는 십 대 시절에 사진에 대한 열정을 키웠는데, 이때 그가 다닌 고교 신문의 사진 기자가 되었다. 졸업 후, 그는 미국 해병대에 입대했고, 그곳에서 종군 사진 기자로 한국전쟁 장면을 촬영했다. 1958년, 그는 필라델피아에서 발간된 석간신문 <Philadelphia Evening Bulletin>의 직원이 되었다. 1962년에 그는 연합통신사(AP)에 입사했고, 10년 뒤 그는 <Time> 잡지사에서 프리랜서로 일하기 위해 연합통신사를 떠났다(연합통신사를 떠나 <Time> 잡지사 프리랜서로 일했다). 그가 베트남에서 촬영한 사진인 Saigon Execution(사이공식 처형)으로 그는 1969년 특종기사 보도 사진 부문의 퓰리처상을 받았다. 그는 Deng Xiaoping, Richard Nixon, George Bush와 같은 정치 지도자들의 잡지 표지 사진을 350장 이상 촬영했다.

19 ⑤ (necessarily → necessary)

✅ 출제 Point   특수구문 ▶ 부사절 축약

해설 원래 as it is necessary였던 문장에서 '대명사 주어+be동사'를 생략하고, 접속사 뒤에 보어인 형용사가 이어지는 문맥이다. 따라서 necessarily를 necessary로 바꿔야 한다. '접속사+보어' 구조는 가능해도 '접속사+부사' 구조는 없음을 기억해 둔다.
      ① target이 '움직이고 있는' 주체이므로 현재분사 moving을 써서 꾸몄다.
      ② 사역동사 to make의 목적격보어인 원형부정사 conform이다.
      ③ 과거 사건의 가능성에 대한 추측(~할 수 없었을 것이다)을 나타내고자 could not have p.p. 형태가 알맞게 쓰였다.
      ④ 판단의 형용사(foolish) 뒤에서 그 이유를 설명하는 부사적 용법의 to부정사이다.

해설 비전은 움직이는 목표물을 쏘아 맞히는 것과 같다. 많은 것이 미래에 잘못될 수 있고, (그보다) 더 많은 것들이 예측 불가한 방식으로 변할 수 있다. 그런 일들이 일어날 때, 여러분은 새로운 현실에 여러분의 비전을 맞출 준비가 되어 있어야 한다. 예를 들어, 한 사업가의 낙관

적인 예측은 극악의 경기 침체나 공격적인 경쟁에 의해 그가 예견할 수는 없었을 방식으로 타격받을 수 있다. 혹은 또 다른 상황에서는, 그의 매출이 급등하거나 수익이 훨씬 좋아질 수 있다. 어떤 상황이든, 그가 새로운 데이터에 직면했을 때 기존의 비전을 고수한다면 어리석은 일이 될 것이다. 필요할 때 여러분의 비전을 수정하거나 심지어는 버린다고 전혀 잘못된 게 없다.

20 ① (show → shows)

✓ 출제 Point 주어와 동사의 수일치 / 특수구문 ▶ 삽입 구문

해설 주어가 삽입구(without ~ be) 앞의 단수명사구인 The known fact of contingencies이므로, 복수동사인 show를 단수동사인 shows로 고쳐야 한다.

② 앞에 나온 복수명사구인 mock disasters를 받기 위해 복수대명사 them을 썼다.

③ 앞에 비교급 more가 나오므로 than(~보다)을 썼다.

④ by running에 병렬 연결되는 동명사 building이 적절하게 쓰였다.

⑤ a range of weather conditions가 '예측되는' 대상이므로 과거분사인 predicted를 쓴 것은 적절하다.

해석 비상사태에 관해 이미 알려진 사실은 그 비상사태가 어떨지 정확히 알지 못하고서야, 재난 대비가 재난 예행연습과 똑같지 않다는 것을 보여준다. 아무리 많은 모의 재난이 사전 계획에 따라 실행되어도, 실제 재난은 그런 것 중 아무것도 그대로 반영하지 않을 것이다. 재난 대비 계획 세우기는 높이뛰기 시합이나 단거리 달리기 경주를 위한 훈련이라기보다는 마라톤 훈련을 하는 것과 더 유사하다. 마라톤 선수들은 전체 코스 26마일을 달려 연습하는 것이 아니라, 외려 더 짧은 거리를 달리고 여러 가지 운동을 조합하여 행하는 훈련법으로 지구력을 강화하여 건강을 유지한다. 만약 그들이 성공적으로 준비했다면, 그들은 미리 정해진 마라톤 코스와 길이에 걸쳐서, 예측되었든 안 되었든 다양한 기상 조건을 상정하며 마라톤을 달릴 수 있는 최적의 상태에 있다. 이것이 통상적인 마라톤 준비이다.

21 ① (are → do)

✓ 출제 Point 대동사

해설 ①은 앞에 나온 일반동사 referred to를 현재시제로 받아, 오늘날 우리가 '일컫듯이' 과거에는 일컫지 않았다는 의미를 나타내는 것이다. 따라서 are를 do(= refer to)로 고쳐야 한다.

② 과거시제 동사를 강조하는 'did+동사원형'이 알맞게 쓰였다.

③ 주어 World War I이 이름을 '부여받는' 대상이라는 의미로 수동태 동사 was given이 바르게 쓰였다. give는 4형식 동사이므로 수동태로 쓰여도 뒤에 목적어가 1개(that name) 남을 수 있다.

④ 과거(back in 1918)에 실제 일어나지 않았던 일에 관해 '만일 일어났더라면 어땠을까'라고 가정하는 문맥이다. 따라서 가정법 과거완료의 동사 had called가 바르게 쓰였다.

⑤ 'such+a(n)+(형)+명'의 어순이 올바르다.

해석 사진이 생생한 색으로 되어 있지 않던 시기로 돌아가 보자. 그 시절에 사람들은 사진을 오늘날 우리가 일컫듯이 '흑백 사진'이라고 말하기보다는 (그냥) '사진'이라고 일컬었다. 색의 가능성은 존재하지 않았고, 그렇기에 '흑백'이라는 형용사를 끼워넣는 것은 불필요했다. 하지만, 우리가 컬러 사진의 존재에 앞서 '흑백'이라는 어구를 포함시켰다고 가정해 보자. 그 현실을 강조함으로써, 우리는 현재의 한계를

의식하게 되고 그에 따라 새로운 가능성과 잠재적 기회에 마음을 연다. 제1차 세계대전은 우리가 제2차 세계대전에 깊이 휘말린 후에야 비로소 그 이름을 얻었다. 끔찍한 시기였던 1940년대 전에는, 제1차 세계대전은 단순히 '대전쟁' 또는 더 심하게는 '모든 전쟁을 끝내는 전쟁'이라 불렸다. 만약 우리가 과거 1918년에 그것을 '제1차 세계대전'이라고 불렀더라면 어땠을까? 그런 명칭은 두 번째 세계적 충돌의 가능성을 정부와 개인에게 더 큰 현실로 만들었을지도 모른다. 우리는 문제를 명시적으로 확인할 때 그것을 의식하게 된다.

22 ① (appear — turning — would be)

✓ 출제 Point (A) 수동태 ▶ 수동태 불가동사
  (B) 분사 ▶ with 분사구문
  (C) 가정법 ▶ 가정법 과거

해설 (A) appear(나타나다)는 수동태로 쓸 수 없는 1형식 동사이다. 따라서 appear가 적절하다.

(B) 'with+명사+분사' 구문이다. 의미상 주어인 humans가 스위치를 '돌리는' 주체이므로 현재분사 turning이 적절하다.

(C) 종속절에 'if+주어+과거시제 동사 ~'가 나오는 것으로 보아 가정법 과거 문장이다. 따라서 would be가 적절하다.

해석 한두 세대 전만 해도, '알고리즘'이라는 단어를 언급하는 것은 대부분의 사람들로부터 아무 반응을 얻지 못했다. 오늘날, 알고리즘은 문명의 모든 부분에서 나타난다. 그것들은 일상에 연결되어 있다. 그것들은 여러분의 휴대 전화나 노트북 속뿐 아니라 자동차, 집, 전자 제품과 장난감 속에도 있다. 여러분의 은행은 알고리즘의 거대한 망이며, (그 안에 있는) 인간들은 여기저기서 스위치를 돌리고 있다. 알고리즘은 비행 일정을 잡고 비행기를 운항한다. 알고리즘은 공장을 운영하고, 상품을 거래하며, 기록 문서를 보관한다. 만일 모든 알고리즘이 갑자기 작동을 멈춘다면, 이는 우리가 알고 있듯이 세상의 끝이 될 것이다.

23 ③ (which → with which)

✓ 출제 Point 관계사 ▶ 전치사+관계대명사

해설 they track your purchasing behaviors precisely가 '주어+동사+목적어'를 모두 갖춘 3형식 문장인 것으로 보아, 불완전한 문장과 결합하는 관계대명사 which를 단독으로 사용할 수 없다. 문맥상 선행사인 loyalty cards를 '가지고' 구매 행위를 분석한다는 의미가 적합하므로, which 앞에 전치사 with를 써서 '전치사+관계대명사' 형태를 만들어야 뒤에 완전한 문장이 연결될 수 있다. 또는 문장 끝에 with를 써도 된다.

① 5형식 동사 force는 수동태로 쓰면 'be forced+to부정사'가 된다. 여기서는 are forced 뒤에 'by+목적격'이 먼저 나오고 'to reconsider ~ and to collect ~'가 보어로 이어졌다.

② Supermarkets의 행위를 보충 설명하는 분사구문이다. 슈퍼마켓이 '파는' 주체이므로 selling이 현재분사로 알맞게 쓰였다.

④ and 앞의 동사 perform과 병렬 연결되는 resell이 알맞게 쓰였다. 분사구문인 'slicing ~ ways'가 중간에 삽입되었다.

⑤ 단수 취급되는 명사구 every company를 받기 위해 단수대명사 its가 알맞게 쓰였다.

해석 수익을 내고자 물적 제품을 판매하는 기업조차도 이사회와 투자자에 의해 어쩔 수 없이 자신의 근본적 동기를 재고하게 되고, 고객에게서 가능한 한 많은 정보를 수집하게 된다. 슈퍼마켓은 더 이상 농산물과

생산품을 판매해서 모든 돈을 벌지 않는다. 그들은 여러분의 구매 행동을 정밀히 추적하게 해 주는 고객 우대 카드를 여러분에게 준다. 그러고 나서 슈퍼마켓은 이 구매 행위를 마케팅 분석 기업에 판매한다. 마케팅 분석 기업은 그 정보를 새로운 방식으로 쪼개서 머신 러닝(기계가 경험을 통해 스스로 배우고 수행을 개선하는 것) 절차를 수행하고, 행동 정보를 제품 제조 기업에 통찰력 있는 마케팅 정보로 다시 되판다. 정보와 머신 러닝이 자본주의 체제에서 가치 있는 통화가 되면, 모든 기업의 자연스러운 경향은 고객을 관찰하는 능력을 최대화하는 것인데, 고객 자체가 새로운 가치 창출 장치이기 때문이다.

24 ④ (which → that)

✅ 출제 Point 명사절과 부사절 ▶ that 명사절(동격절)

해설 추상명사 the message의 내용을 설명하는 완전한 절(you're someone ~ for the position)이 뒤에 연결되는 것으로 보아, 관계대명사 which 대신 동격의 접속사 that을 써야 한다.

① and 앞의 내용을 포괄적으로 받는 지시대명사 that이 올바르다. this, that, it은 단수명사뿐 아니라 앞의 구나 절을 받기도 한다.

② 문장의 주어이자 동명사의 의미상 주어인 Nobody가 기회를 '받는' 대상이므로 수동동명사(being p.p.)가 알맞게 쓰였다.

③ 주어가 동명사구인 'Being ~'이므로 단수동사 is가 적절하게 쓰였다. you meet other people은 the moment를 꾸미는 관계절로, 앞에 when이 생략되었다.

⑤ how to say에 병렬 연결되는 (how) to present가 알맞게 쓰였다.

해석 이 세상에서 똑똑하거나 능력이 있는 것으로는 충분치 않다. 사람들은 때때로 재능을 봐도 이를 알아차리지 못한다. 그들의 시야는 우리가 주는 첫인상에 의해 가려지고, 이것은 우리가 원하는 일이나 원하는 관계를 잃게 할 수 있다. 우리가 스스로를 보여주는 방식은 우리가 그 보여주는 방식을 적극 연마한다면 우리가 제시하는 기술에 관해 더 설득력 있게 말해줄 수 있다. 아무도 자기 자신을 남들에게 보여줄 기회를 갖기도 전에 목록에서 지워지고 싶어 하지 않는다. 여러분이 남들을 만나는 그 순간부터 여러분 자신의 이야기를 할 수 있다는 것은 여러분이 고려될 만한 사람이자 그 자리에 적합한 사람이라는 메시지를 전달하려면 적극 연마되어야 할 기술이다. 바로 그 이유로, 우리 모두는 올바른 방식으로 적절한 것들을 말하는 방법과 다른 사람에게 매력적인 방식으로 자신을 보여주는 방법, 즉 훌륭한 첫인상을 재단하는 법을 배우는 것이 중요하다.

25 ④ (other → another)

✅ 출제 Point 명사와 대명사 ▶ 부정대명사

해설 other는 가산복수명사 또는 불가산명사와 결합하는데, comedian은 가산단수명사이다. 이 경우 another를 쓰는 것이 어법상 맞다. '불특정한 다른 코미디언 누군가'보다 팔로워가 많은 코미디언이 선택될 가능성이 커진다는 의미이다.

① 술어 enhances 앞에 주어가 필요하므로 동명사 having을 쓴 것은 적절하다.

② 문장의 주어이자 동명사의 의미상 주어인 she가 '질문을 받는' 대상이므로 수동동명사(being p.p.)가 올바르게 쓰였다.

③ can promote에 병렬 연결되는 동사 (can) increase가 알맞게 쓰였다.

⑤ those가 여기서 '~한 사람들'이라는 의미이므로, 이를 보충 설명하는 관계대명사 who가 적절하게 쓰였다.

해석 만약 당신이 전문가라면, 당신의 소셜 미디어 계정에 많은 팔로워 수를 갖고 있다는 것은 당신이 실제 생활에서 하는 모든 일을 향상시킨다. 한 가지 좋은 예는 코미디언이다. 이들은 매일 여러 시간을 들여 기술을 연마하지만, 자기 인스타그램 팔로워 수에 관해 계속 질문받는다. 이는 기업들이 늘 자사 상품들을 홍보할 더 쉽고 더 값싼 방법들을 찾기 때문이다. 10만 팔로워를 둔 코미디언은 곧 있을 자기 쇼를 홍보할 수 있고, 사람들이 이 사람을 보러 오려고 표를 살 가능성을 높일 수 있다. 이것은 코미디 클럽이 쇼를 홍보하는 데 쓰는 비용을 줄이고, 기획사가 다른 코미디언보다 이 사람을 선택할 가능성을 더 높인다. 많은 사람들은 팔로워 수가 재능보다 더 중요해 보인다는 것에 언짢아하지만, 사실 이것은 전력을 다하고 있는가에 관한 것이다. 오늘날의 쇼 비즈니스에서, 비즈니스 부분은 온라인상에서 일어난다. 여러분은 적응해야 하는데, 적응하지 못하는 사람들은 그리 멀리 가지 못할 것이기 때문이다.

26 ⑤ (known → is known)

✅ 출제 Point 동사 vs. 준동사

해설 주어 This dilemma에 연결되는 동사가 필요하므로 known을 is known으로 고쳐야 한다. 'the need ~ conservatism'은 주어와 동사 사이에 삽입된 동격의 명사구이다.

① a wide selection of plants and animals가 '발견되는' 대상이므로 과거분사 found를 써서 꾸몄다.

② is의 보어 자리인데 뒤에 완전한 문장이 연결되므로 명사절 접속사 that을 썼다.

③ 형용사 necessary가 명사인 the nutrition을 후치 수식하는 구조이다.

④ '형/부+enough+to부정사'의 어순에서, to부정사가 부정형인 'not+to+동사원형' 형태로 제시되었다. 또한 to부정사를 꾸미는 부사가 'to+동사원형' 사이에 삽입되어 'to+부사+동사원형'의 형태가 되었다.

해설 인간은 잡식성인데, 이것은 그들이 자신의 주변 환경에서 발견되는 다양한 식물과 동물을 먹고 소화할 수 있다는 뜻이다. 이것의 주된 이점은 그들(인간)이 지구의 거의 모든 환경에 적응할 수 있다는 것이다. 불리한 점은 단 하나의 음식이 생존에 필요한 영양분을 제공하는 경우가 없다는 것이다. 인간은 신체 성장과 유지에 충분한 다양한 품목을 먹을 수 있을 만큼 충분히 융통성 있어야 하지만, 생리학적으로 해롭고 어쩌면 치명적일 수 있는 음식을 무작위로 먹지 않을 만큼은 조심스러워야 한다. 이 딜레마, 즉 보수성에 대한 필요와 결합돼 있는 실험의 필요는 잡식 동물의 역설이라고 알려져 있다. 그것은 음식과 관련된 모순된 심리적 충동 두 가지를 낳는다. 첫 번째는 새로운 음식에 대한 끌림이고, 두 번째는 익숙한 음식에 대한 선호이다.

27 ② (which → that)

✅ 출제 Point 명사절과 부사절 ▶ 결과 부사절 구문(so ~ that …)

해설 앞에 so much가 있는 것으로 보아 'so ~ that …(너무 ~해서 …하다)' 구문이다. 따라서 관계대명사 which 대신 결과의 부사절 접속사 that을 써야 한다. 뒤에 이어지는 'we think ~'가 완전한 문장이라는 점에서도 which가 들어갈 수 없다는 힌트를 얻을 수 있다.

① 분사구문 using에 and로 병렬 연결된 keeping이다.

③ '접속사+분사구문'의 현재분사이다.

④ 주절 'we have to keep in mind ~' 앞에서 '~하려면, ~하기 위해' 등 목적의 의미를 나타내기 위해 To be를 썼다.

⑤ 'the+형용사(~한 것들)'에서, 형용사를 꾸미는 부사가 중간에 삽입되었다.

(애석) 기술은 의문의 여지가 있는 이점을 지니고 있다. 우리는 너무 많은 정보 대(對) 적절한 정보만을 사용하고 의사 결정 과정을 단순하게 유지하는 것 사이에서 균형을 맞춰야만 한다. 인터넷은 어떤 문제에 대해서든 너무 많은 공짜 정보를 이용 가능하게 만들어서 우리는 어떤 결정을 하려면 그 모든 정보를 고려해야 한다고 생각한다. 그래서 우리는 계속 인터넷에서 답을 검색한다. 이것이 우리가 개인적, 사업적, 혹은 다른 결정을 하려고 애쓸 때 전조등 불빛에 노출된 사슴처럼 우리가 정보에 눈멀게 만든다. 오늘날 어떤 일에 있어서 성공하려면, 우리는 눈먼 사람들의 세계에서는 한 눈으로 보는 사람이 겉보기에 불가능한 것들을 이룰 수 있음을 명심해야 한다. 한 눈으로 보는 사람은 어떤 분석이든 단순하게 하는 것의 힘을 이해하고, 직관이라는 한 눈을 사용할 때 의사 결정자가 될 것이다.

28 ⑤ (to be → being)

(출제 Point) 동명사 ▶ 동명사/to부정사를 목적어로 취하는 동사

(애설) 마지막 문장은 앞뒤 문맥상 만일 배를 그 부분의 총합으로만 여기면 부분을 조금이라도 잃었을 때 그 배는 원래의 그 배와 달라졌을 거라는 의미이다. 즉, '같은 배이기를 멈추다'라는 의미에 맞게 'stop+동명사'를 써야 하므로 to be를 being으로 고쳐야 한다.

① the ship이 단수명사 주어이므로 동사 was가 적절히 쓰였다. 'that ~ his men'은 주어를 꾸미는 관계절이다.

② ship이 '수리되는' 대상이므로 과거분사 repaired를 사용해 꾸몄다.

③ once가 조건의 접속사(일단 ~하면)이므로, 미래의 의미가 내포돼 있더라도 미래시제 대신 현재(완료) 시제를 사용했다.

④ 시간의 부사절 접속사 as(~일 때)이다.

(애석) Theseus는 아테네 사람들에게 위대한 영웅이었다. 그가 전쟁 후 집으로 돌아왔을 때, 그와 그의 병사들을 태우고 다녔던 배는 매우 소중히 여겨져, 시민들은 그 배의 낡고 썩은 널빤지를 새로운 나무 조각으로 교체하면서 그 배를 오랜 세월 보존했다. Plutarch가 철학자들에게 하는 질문은 이것이다. 수리된 배는 여전히 Theseus가 타고 항해했던 바로 그 배일까? 널빤지 하나를 제거하여 교체하는 것은 차이가 없을 수도 있지만, 모든 널빤지가 교체되었을 때도 여전히 그러할 수 있을까? 어떤 철학자들은 그 배가 모든 부분의 총합이어야 한다고 주장한다. 그러나 만일 이것이 사실이라면, 그 배가 항해하는 동안 이리저리 밀쳐져 작은 조각들을 잃었을 때, 그것은 이미 Theseus의 배가 아니게 되었을 것이다.

29 ① (having been shared → having shared)

(출제 Point) 동명사 ▶ 동명사의 시제와 태

(애설) 뒤에 a fake news story라는 목적어가 나오는 것으로 보아 완료 동명사를 수동형(having been p.p.)이 아닌 능동형(having p.p.)으로 써야 한다. 따라서 having been shared를 having shared로 고쳐야 한다. 이 완료동명사는 주절의 동사(admit)보다 먼저 있었던 일을 설명한다.

② 전치사 to 뒤에 연결되는 목적어로 동명사 being을 써준 것이다. people은 동명사의 의미상 주어를 나타낸다.

③ 관계부사 why 뒤에 주어인 동명사 navigating을 썼다. it은 navigating의 목적어이고, is는 navigating에 연결되는 동사이다.

④ When we are in doubt에서 we are를 생략한 부사절이므로 접속사 when이 적절하다.

⑤ what 앞에 선행사가 없고, 뒤에 나오는 문장 또한 주어 없이 불완전한 것으로 보아 what이 적절히 쓰였다. 이 what은 의문대명사(무엇)이다.

(애석) 2016 Pew Research Center 조사에 따르면, 23퍼센트의 사람들이 한 인기 있는 사회 관계망 사이트에서 우연히든 고의로든 가짜 뉴스의 내용을 공유해 봤다고 시인한다. 나는 이것의 이유를 사람들이 의도적으로 무지하다는 점에 돌리고 싶은 마음이 든다. 그러나 뉴스 생태계가 너무나 붐비고 복잡해졌기에 나는 그곳을 항해하기가 힘든 이유를 이해할 수 있다. 의심이 들 때, 우리는 내용을 스스로 교차 확인할 필요가 있다. 사실 확인이라는 간단한 행위는 잘못된 정보가 우리의 생각을 형성하는 것을 막아준다. 무엇이 진실인지 거짓인지, 사실인지 의견인지를 더 잘 이해하려면 우리는 FactCheck.org와 같은 웹 사이트를 참고할 수 있다.

30 ① (whether — asking — them)

(출제 Point) (A) 명사절과 부사절 ▶ that vs. whether
(B) 동명사 ▶ 동명사 주격보어
(C) 명사와 대명사 ▶ 인칭대명사 vs. 재귀대명사

(애설) (A) 뒤에 or not이 있는 것으로 보아 '~인지 아닌지'라는 의미의 명사절이다. 따라서 whether를 써야 한다.

(B) 앞 문장인 'It may be the respect ~'에 이어서 첫 문장의 sources (of motivation)를 열거하는 문장이다. '~하는 것'이라는 의미로 may simply be에 연결될 명사구 보어가 필요하므로, 동명사 asking을 써야 한다. asked가 들어가면 수동태가 되므로 의미가 어색해진다.

(C) care about의 주어가 you로, 목적어(the students)와 동일하지 않다. 따라서 them을 써야 한다.

(애석) 동기 부여는 여러 원천에서 올 수 있다. 그것은 내가 모든 학생에게 하는 존중일 수도 있고, 교실 문에서 매일 하는 인사일 수도 있고, 학생의 말을 들을 때의 완전한 집중일 수도 있고, 일을 잘했든 못 했든 어깨를 토닥여주는 것일 수도 있고, 포용적인 미소일 수도 있고, 혹은 '사랑해'라는 말이 가장 필요할 때 그저 그 말을 해주는 것일 수도 있다. 그것은 그저 집에 별일이 없는지를 물어보는 것일지도 모른다. 학교를 중퇴할까 생각하던 한 학생에게, 이것은 그 학생의 잦았던 결석 중 어느 한 번 뒤에 내가 그를 학교에서 보니 매우 기뻤다고 썼던 나의 짧은 편지였다. 그 학생은 눈물을 글썽이며 그 편지를 들고 내게 와 고맙다고 했다. 그 학생은 올해 졸업할 것이다. 어떤 기법이 사용되든, 학생들은 여러분이 그들을 신경 쓴다는 것을 틀림없이 알 것이다. 그런데 그 관심은 진짜여야 한다. 학생들을 속일 수는 없기 때문이다.

Memo